EINLADUNG

Jürgen Engel ist einer unserer Spezialisten für die französischen Regionen, das hat er in seinen Pyrenäen-, Bretagne-und Normandie-Führern sowie zwei Bänden über die französische Atlantikküste hinreichend bewiesen.
Jetzt präsentiert er uns im Team mit Esther Vergenz die wildromantische Auvergne.

"Die Auvergne ist eine Region in Zentralfrankreich. Charakteristisch für diese Landschaft sind die Kraterkuppen ihrer längst erloschenen Vulkane wie der Puy de Dôme und der Puy de Sancy; die vielen Seen, die Kette der Heilbäder mit dem weltberühmten Vichy, die einzigartigen Städte Clermont-Ferrand und Le Puy.
Der Name der Region leitet sich von dem Gallier-Stamm der Arverner ab, der diese Gegend zur Römerzeit besiedelte. Mit einer Bevölkerung von ca. 1,3 Millionen Einwohnern auf einer Fläche von 26.013 km² und einer Bevölkerungsdichte von 51,5 Einwohnern/km² ist die Auvergne dünn besiedelt."

Was das für den WOMO-Touristen bedeutet? Nur Positives: Viel Natur mit der größten Vulkanlandschaft Europas (nicht einmal Island kommt da mit), der heißesten Quelle Europas, dem größten zusammenhängenden Eichenwald Europas (10.000 ha), der historischen Straße der Auvergne-Schlösser (immerhin 40 Stück), viele Flüsse mit einem hohen Lachsvorkommen und natürlich Vichy, Napoleons Lieblingsbadeort (auch Sie können sich dort verwöhnen lassen!).
Das Klima ist eher rau, aber im Sommer sonnig und nicht zu heiß, im Winter locken die Skigebiete in den Hochlagen.
Reicht das fürs erste?
Na gut, Souvenirs müssen Sie unbedingt auch mitnehmen bei einem Bummel durch die gemütlichen, alten Städte: Würzigen Fromage, Lentilles, Genziane, Pastilles de Vichy, Lapalisses, Potée, formschöne Couteaus...
Was das ist? Wird Ihnen alles erklärt, während Sie an einem der schönen, ruhigen Übernachtungsplätze einen Pastis oder einen "vin rouge" genießen.
Viel Spaß dabei wünscht Ihnen.

Ihre

Sehr geehrter Leser, lieber WOMO-Freund!

Reiseführer sind für einen gelungenen Urlaub unverzichtbar – das beweisen Sie mit dem Kauf dieses Buches. Aber aktuelle Informationen altern schnell, und ein veralteter Reiseführer macht wenig Freude.
Sie können helfen, Aktualität und Qualität dieses Buches zu verbessern, indem Sie uns nach Ihrer Reise mitteilen, welchen unserer Empfehlungen Sie gefolgt sind (freie Stellplätze, Campingplätze, Wanderungen, Gaststätten usw.) und uns darüber berichten (auch wenn sich gegenüber unseren Beschreibungen nichts geändert hat).
Bitte füllen Sie schon während Ihrer Reise das Info-Blatt am Buchende aus und schreiben Sie evtl. Korrekturen auch in unser Forum unter: www.forum.womoverlag.de
Dafür gewähren wir Ihnen bei Buchbestellungen direkt beim Verlag (mit beigefügtem, vollständig ausgefülltem Info-Blatt oder entsprechender eMail) ein Info-Honorar von 10%.
Aktuelle Korrekturen finden Sie unter: www.forum.womoverlag.de

Um die freien Übernachtungs- und Campingplätze auf einen Blick erfassen zu können, haben wir diese im Text in einem Kasten nochmals farbig hervorgehoben und, wie auf den Karten, fortlaufend durchnummeriert. Wir nennen dabei wichtige Ausstattungsmerkmale und geben Ihnen eine kurze Zufahrtsbeschreibung. "Max. WOMOs" soll dabei andeuten, wie viele WOMOs dieser Platz maximal verträgt und nicht, wie viele auf ihn passen würden (schließlich gibt es auch Einwohner und andere Urlauber)!
Übernachtungsplätze mit **B**ademöglichkeit sind mit hellblauer Farbe unterlegt. **W**anderparkplätze sind grün gekennzeichnet. **P**icknickplätze erkennen sie an der violetten Farbe. Auf Schlafplätzen, denen die gerade genannten Merkmale fehlen – also auf einfache **S**tellplätze – weist die Farbe Gelb hin.
Empfehlenswerte **C**ampingplätze haben olivgrüne Kästchen.
Wanderungen, die wir Ihnen besonders ans Herz legen möchten, haben wir ebenfalls grün unterlegt.

INHALT

Zeichenerklärung für die Tourenkarten

Touren / abseits der Touren

Autobahn (Gebühr)	Kirche, Kloster
4-spurige Straße	Burg, Schloss, Ruine
Hauptstraße	Berggipfel
Nebenstraße	Ausgrabungsstätte
Schotterstraße	Sehenswürdigkeiten
Wanderweg	Aussicht, Rundsicht
(11) WOMO-Stellplatz geeignet für Übernachtungen	Trinkwasser, Dusche
(W) (P) (B) Wander-, Picknick-, Badeplatz	VE Ver-/Entsorgung
(12) (13) (14) geeignet für Übernachtungen	WC Toilette
	15 Campingplatz
	Megalith
	Atomare Anlage
Alle übernachtungsgeeigneten Plätze sind im Text und auf den Tourenkarten durchnummeriert.	N 50°36'15.2" E 10°07'2.8" GPS

Anleitung für den Erlebnisurlaub

Sie spielen mit dem Gedanken, mit dem Wohnmobil in die Auvergne zu reisen, und haben sich daher für den Kauf dieses Bandes entschieden? Wir wünschen Ihnen, dass Sie genauso viel Freude beim Bereisen haben werden wie wir.

Als Frankreichliebhaber dachten wir, dass wir Frankreich in- und auswendig kennen würden, doch als wir begannen, uns mit der Region näher zu beschäftigen, mussten wir feststellen, dass wir auf dem Weg waren, ein Stück Frankreich zu erforschen, das uns bei Weitem noch nicht so bekannt war, wie angenommen. Also begannen wir zu recherchieren.

Was uns dort erwartete, übertraf bei Weitem das, was wir erhofften. Sehr schnell mussten wir unsere Vorurteile bezüglich der Mentalität der Auvergnaten revidieren. Verließen wir uns auf Quellen wie „Asterix und der Arvernernschild" oder zahlreiche andere Schriften, in denen wiederholt betont wird, dass die Bevölkerung sehr wortkarg und schwer verständlich sei, so konnten wir feststellen, dass genau das Gegenteil der Fall ist: Wir kamen auch in diesem Teil Frankreichs schnell mit den Bewohnern ins Gespräch, sie waren hilfsbereit und freundlich. Besonders uns Wohnmobilfahrern gegenüber zeigten sich die Auvergnaten extrem offen.

Was erwartet Sie aber nun neben der freundlichen und aufgeschlossenen Bevölkerung weiterhin in der Auvergne? Sollten Sie Anhänger der weißen Pracht sein, so finden Sie besonders im nördlichen Teil sowie auf den Hochplateaus und in Teilen der Südauvergne im Winter häufig eine geschlossene Schneedecke vor. Gelegenheit zum Wintersport haben Sie besonders in den Monts Dores sowie rund um den Plomb du Cantal. Im Herbst erwarten Sie milde Temperaturen sowie Regen. Auch im Frühjahr ist die Wetterlage nicht genau vorhersehbar, so hatten wir beispielsweise 2010 bis in den April hinein auf den Höhenlagen noch Schnee. Als ideale Reisezeit würden wir den Sommer bezeichnen, der Ihnen eine recht stabile Wetterlage mit warmen und trockenen Tagen präsentiert. Wir selber sind auf unseren Touren mit dem Womo im Sommer sowie im Frühling unterwegs gewesen.

Was aber unterscheidet nun die Auvergne von anderen Regionen Frankreichs? In erster Linie kann Ihnen als Womo-Freund, der Sie sicherlich genauso wie wir das freie Leben, die Natur und die Unkonventionalität lieben, die Auvergne schon alleine deshalb empfohlen werden, weil sie aus noch unberührter, wilder Natur besteht, weil zahlreiche Sehenswürdigkeiten zu entdecken und Wohnmobilisten willkommen sind.

Schranken, die unsere Einfahrt verhinderten, trafen wir so gut wie nie an. Nicht selten passierte es, dass wir unser Wohnmobil abstellten, um zu wandern, einzukaufen oder zu übernachten, und schon nach kurzer Zeit gesellten sich weitere Womos zu uns. Ein netter Plausch war die Folge. Dieser lässt sich natürlich dann besonders intensiv betreiben, wenn Sie der französischen Sprache mächtig sind, ansonsten hilft nur die international bekannte „Hände-und-Füße-Sprache".

Berühmt ist die Auvergne unter anderem durch ihre zahlreichen Vulkane - wie im Gebiet Puy-de-Dôme -, durch ihre vielen klaren, fischreichen und idyllisch gelegenen Flüsse – wie die Truyère, die Allier oder die Loire – sowie durch Thermal- und Mineralquellen. Bekannte Mineralwasser wie Volvic und St. Yorre stammen ebenso aus der Auvergne wie die berühmten Lentilles vertes – die Linsen. Köstliche Weine haben neben dem Enzianlikör hier ihre Heimat. Von der Qualität der würzigen, nicht immer geruchsneutralen, Käsesorten – wie etwa dem Bleu d'Auvergne, dem Salers oder dem St. Nectaire – konnten wir uns selber überzeugen. Die schmackhaften Eintopfgerichte – das Poté - vervollständigen das Bild vom Schlaraffenland. Ein weiterer Hochgenuss sind die Pastilles de Vichy, nach Pfefferminz oder Anis schmeckende Bonbons. Nicht zuletzt ist die Auvergne bekannt durch die formschönen Messer aus Thiers sowie die zahlreichen Spitzenklöppeleien aus Le-Puy-en-Velay und dem Haute-Loire.

Zahlreiche Festivals und religiöse Feste laden Sie rund ums Jahr ein. So durften wir einer Osterprozession in Le-Puy-en-Velay beiwohnen. Auch das Treiben des Viehs in Allache zur Sommerweide am letzten Maiwochenende ist ein Hochgenuss. Besonders beeindruckt haben uns die idyllischen Dörfchen sowie die zahlreichen Kirchen. Einige schwarze Madonnen konnten wir ebenso wie den schwarzen Jesus bestaunen. Nicht zuletzt begegnete uns die Bestie – la Bête du Gévaudan – in der Margeride. Der Weitwanderweg GR70 und der Jakobsweg durchqueren die Auvergne.

Sportler finden zahlreiche Gelegenheiten, ihrem Hobby nachzugehen. Wandern ist ebenso angesagt wie Mountainbiken, Canyoning, Rafting, Kanu und Kajak fahren. Angler kommen voll auf ihre Kosten, mehr dazu finden Sie im Allgemeinen Teil auf der Seite 233.

Lassen Sie uns abschließend sagen, dass wir uns freuen würden, wenn wir Sie mit unserer Begeisterung ein wenig anstecken konnten. Je nach Zeit, können Sie die komplette Route oder aber einzelne Touren nachfahren. Wir selber sind alle Touren gefahren, allerdings ist die Gesamtroute eine „fiktive", die aus vielen einzelnen Etappen und Erlebnissen resultiert. Für Ihren Urlaub und Ihre persönliche Reiseroute soll dieser Führer lediglich ein Gerüst sein, denn wir können nicht erwarten, dass Sie dieselben Vorlieben hegen wie wir. Nehmen Sie vor allen Dingen reichlich Zeit mit und stellen Sie sich Ihre eigene Route zusammen. Kürzen Sie ab oder bleiben Sie mehrere Tage dort, wo es Ihnen gefällt. Die Übersichtskarte auf der vorletzten Umschlagseite hilft Ihnen dabei weiter. Als weitere Hilfe für die Planung geben wir Ihnen zu einigen Stichworten die Nummern der Touren an, die dafür besonders empfehlenswert sind:

Wandern	Tour 1, 2, 3, 6, 7, 9, 10, 11, 13
sehenswerte Orte	Tour 1, 2, 3, 7, 8, 9
Burgen, Kirchen	Tour 2, 4, 9, 11, 12, 13
Beeindruckende Landschaft	überall
Baden	Tour 1, 5, 8, 9, 11, 12, 13

Bezüglich der Preise sowie der Stellplätze können wir keine Gewähr übernehmen. Es gibt sehr viele Stellplätze, und man kann beinahe zusehen, wie sie aus dem Boden wachsen, so dass es sein kann, dass bereits nach Erscheinen dieses Buches einige hinzu gekommen sind, andere geschlossen wurden. Generell gilt: Für eine Nacht kann man vielerorts frei übernachten, wie uns von den Touristenbüros bestätigt wurde. Einige Stellplätze sind gebührenpflichtig, meist jedoch nur in der Saison. Wir haben sie in drei Kategorien eingeteilt: Von einer „geringen Gebühr" sprechen wir, wenn weniger als 5 EUR verlangt wird. Bei Preisen um 5 - 6 EUR ist von „mittlerer Gebühr" die Rede. Eine „hohe Gebühr" beginnt ab 6,50 EUR. Die Bezahlung erfolgt ganz unterschiedlich. Oft kommt gegen Abend mehrmals ein Gemeindebediensteter, kassiert den Betrag und stellt eine Quittung aus, die hinter die Windschutzscheibe gelegt wird. Hin und wieder zahlen Sie an einem Horodateur, einem Parkscheinautomaten. „Abartigere" Zahlungssysteme werden bei den entsprechenden Stellplätzen erwähnt.

Für den Fall, dass Sie uns etwas mitteilen möchten, hier unsere Adressen:

Jürgen Engel	Esther Vergenz
Turnerstr. 2	Richard-Wagner-Str. 49
67685 Weilerbach	35460 Staufenberg
Engel@Womo.de	Vergenz@Womo.de

Selbstverständlich können Sie sich auch direkt an den Verlag wenden, dessen Adresse Sie auf Seite 2 finden.

In diesem Sinne wünschen wir Ihnen allseits frohe sowie unfallfreie Fahrt. Vielleicht trifft man sich ja unterwegs?

Esther Vergenz und Jürgen Engel

An- und Rückreiserouten

Die AUVERGNE liegt ziemlich genau in der Mitte FRANKREICHS. Von FRANKFURT/MAIN — um einen Ort zu nennen — fahren Sie etwa 800 Kilometer bis Sie zum Beginn unserer ersten Tour kommen. Im Sommer begleiten Sie auf Ihrem Weg nach Süden Heerscharen von Fahrzeugen mit ähnlicher Zielrichtung. Glücklicherweise biegen wir in der Nähe von BEAUNE nach rechts ab. Die meisten ihrer Begleiter werden weiter nach Süden fahren, um die Strände der CÔTE D'AZUR zu übervölkern oder dasselbe mit den Stränden an SPANIENS Küsten zu praktizieren.

Ich gehe einmal davon aus, dass Sie sich bereits eine Straßenkarte unseres Nachbarlandes gekauft haben. Wenn Sie meiner Tourenbeschreibung folgen wollen schlage ich Ihnen für die Hinfahrt vor sich zuerst einmal nach BEAUNE zu orientieren. Von dort aus ist NEVERS unser nächstes Ziel.

In der Karte auf den nächsten Seiten habe ich, der Übersicht halber, oft nur die Autobahn eingezeichnet. Wie Sie bestimmt wissen, kostet sie in FRANKREICH Gebühren. Einige Abschnitte sind auch gebührenfrei. Das erkennen Sie in den Karten an der Mittellinie. Ist sie durchgängig, fallen Kosten an, wenn sie gestrichelt ist, ist sie frei. Aber bei allen gebührenpflichtigen Autobahnen gibt es parallel dazu gut ausgebaute Straßen. Damit haben wir auch schon den Grund, warum ich die Landstraßen nicht immer eingezeichnet habe. Zwischen Mulhouse und Besançon schmiegt sich die Landstraße teilweise so dicht an die Autobahn, dass die Karte unübersichtlich werden würde.

Für die Heimreise sind sie eigentlich wieder auf die selbe Route angewiesen. Unser Startpunkt LURCY-LÉVIS und unser Endziel GANNAY liegen nicht weit voneinander entfernt. Aber vielleicht haben Sie ja auch noch jede Menge Zeit übrig und wollen noch andere Teile FRANKREICHS erkunden. Nur zu!

BEAUNE erreichen Sie entweder über METZ — NANCY — LANGRES oder über FREIBURG — MULHOUSE — BESANÇON. Welche Route Sie bevorzugen hängt in erster Linie von Ihrem Wohnort ab. Sie können jetzt tief Luft holen und die Strecke einfach hinnehmen oder aber, wie wir das machen, die Anfahrt bereits in den Urlaub mit einbeziehen. Denken Sie immer dran: Sie sind im Urlaub und nicht auf der Flucht! Selbst wenn Sie kein Problem damit haben, stundenlang am Steuer zu sitzen, fragen Sie mal ihre Mitfahrer...

Da die Strecken daher kaum an einem Tag zu bewältigen sind, habe ich auf den nächsten Seiten die wichtigsten

Übernachtungsplätze, sowie Ver- und Entsorgungsstationen eingezeichnet. Die Ziffern sind nachstehend näher erläutert. Dabei bedeutet die Abkürzung VE, dass es sich um eine Ver- und Entsorgungsstation handelt, Ü steht für Übernachtungsmöglichkeit.

Die Kurzbeschreibungen der Übernachtungsplätze und Servicestationen folgen den vorgenannten An- bzw. Rückreiserouten, wobei bis BEAUNE zuerst die Route über METZ und danach die Route über MULHOUSE aufgeführt wird.

Metz — Beaune

Das ist wohl die Route, die für alle diejenigen interessant ist, die nicht gerade im tiefsten Süden Deutschlands in Österreich oder der Schweiz wohnen. Je nach Lage Ihres Wohnortes kann auch eine Fahrt über Luxembourg in Betracht gezogen werden. Vor allem, wenn man die Spritpreise dort betrachtet.

A01 LANDSTUHL: (VE + Ü) [GPS N 49° 24' 56.5" E 7° 34' 15.3"] Die BAB 6 MANNHEIM — SAARBRÜCKEN an der Ausfahrt LANDSTUHL verlassen und weiter in Richtung LANDSTUHL fahren. Ab Ortseingang LANDSTUHL gut ausgeschildert: zweimal rechts abbiegen, am Bahnhof vorbei, am Schild dann nochmals rechts. 4 Plätze in Zentrumsnähe. Abwasserentsorgung problematisch.

A02 PONT-À-MOUSSON: (VE + Ü) [GPS N 48° 54' 09.4" E 6° 03' 40.6", Promenade Winston Churchill] Die gebührenfreie A 31 an der Ausfahrt 28 - PONT-À-MOUSSON - verlassen. In den Ort hinein fahren und der Richtung „Centre Ville“ folgen, nicht die Mosel überqueren! Dann geradeaus weiter, bis die unübersehbaren Schilder zum Stellplatz auftauchen. Wenn Sie am Kreisel am Ortsende ankommen, sind Sie etwas zu weit gefahren, können dort aber einmal drumrumfahren und dann in die erste Straße nach links abbiegen. 7 EUR pro Nacht, darin enthalten sind Wasser, Strom, Toilette und Dusche.

A03 MILLERY: (VE + Ü) [GPS N 48° 48' 56.8" E 6° 07' 38.0"] Abfahrt von der gebührenfreien Autobahn METZ — NANCY Nummer 25, dann Richtung POMPEY. Im nächsten Ort (MARBACHE) ist MILLERY ausgeschildert. Fahren Sie langsam, die Verkehrsführung ist ein bisschen kompliziert! Nach einer Unterführung müssen Sie scharf links abbiegen! Folgen Sie jetzt Immer den Schildern nach MILLERY. Im Ort finden Sie ziemlich am Anfang die Einrichtungen auf einem Parkplatz auf der linken Seite zwischen der Straße und der *Moselle*. Am Wochenende Jugend-Moped-Treff aber schön gelegen. Werk-

ANREISEROUTEN

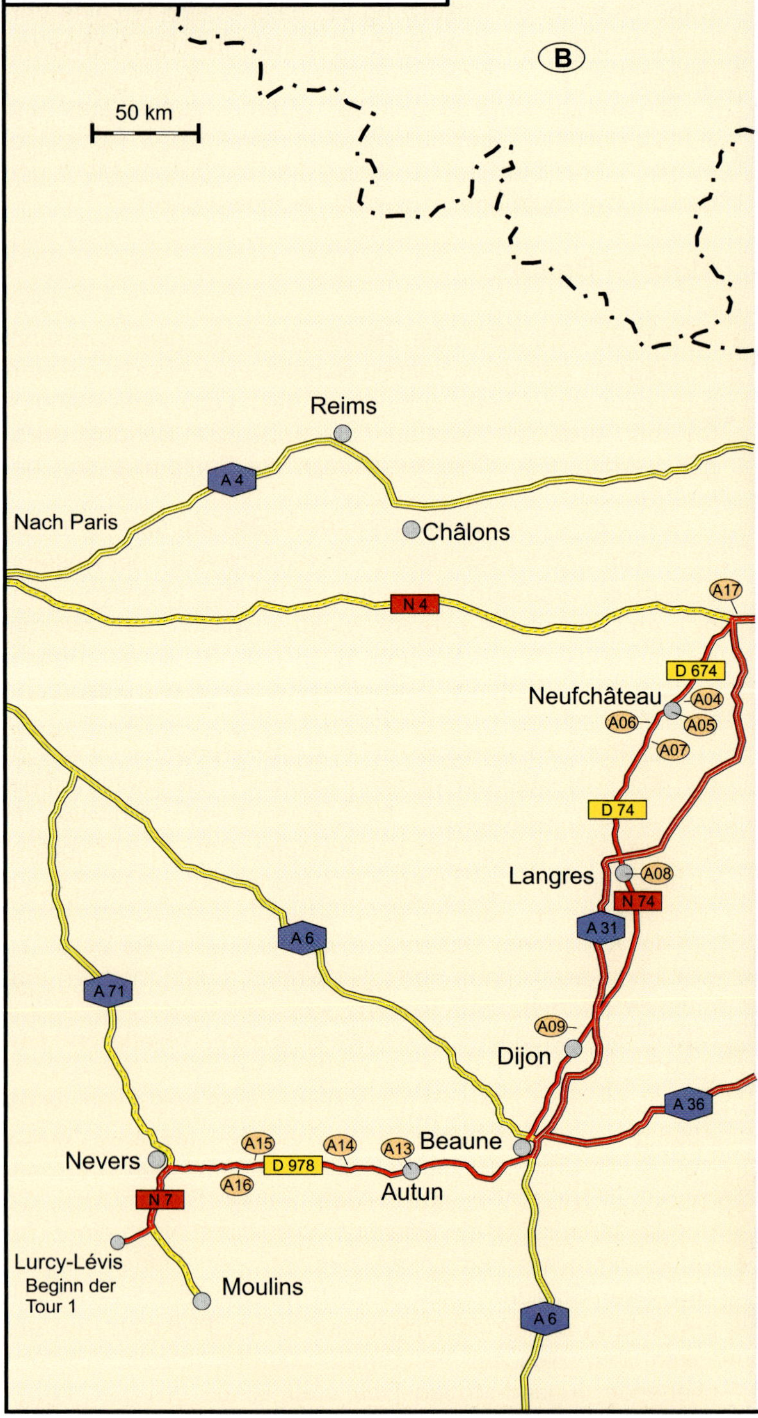

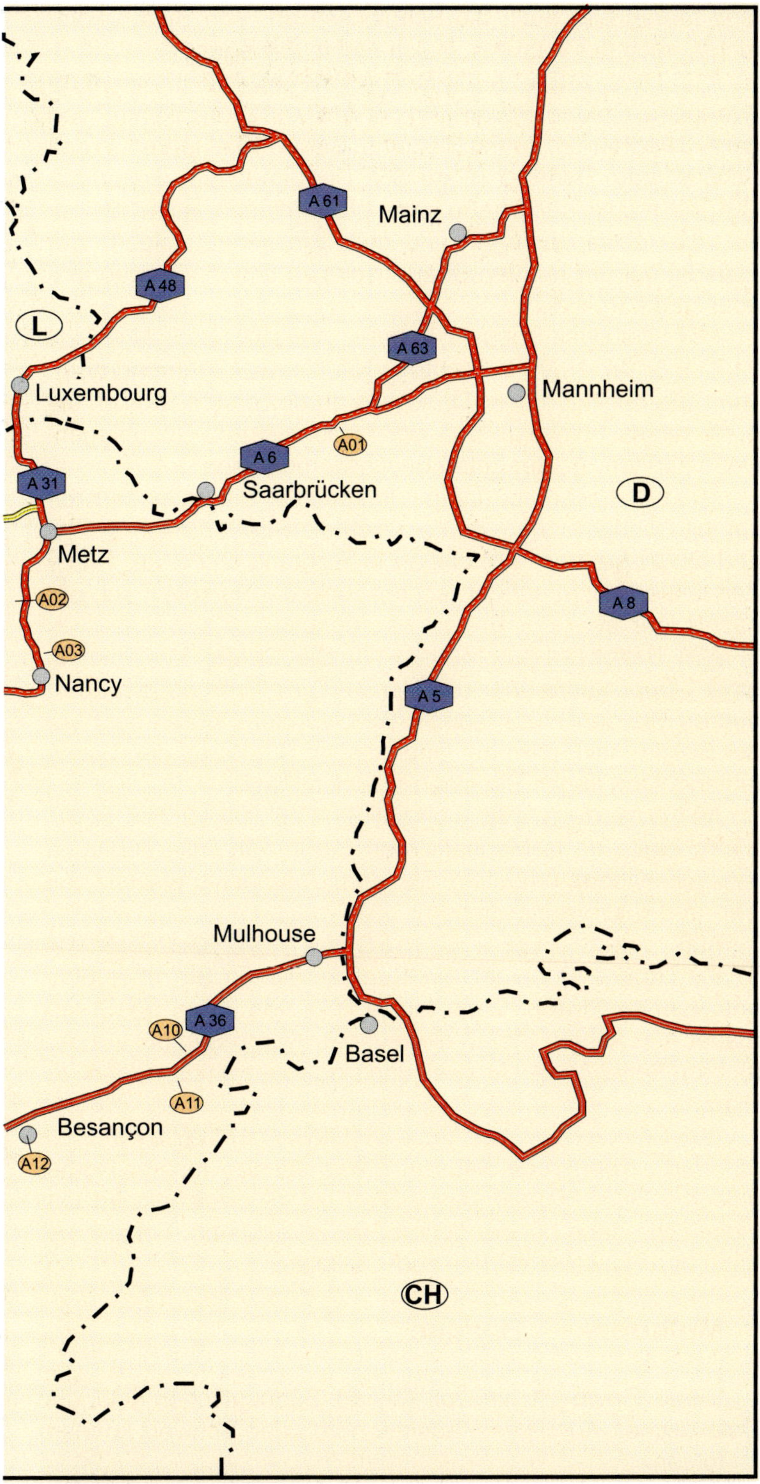
A 61
Mainz
A 48
L
A 63
Mannheim
Luxembourg
A01
A 6
A 31
Saarbrücken
D
Metz
A02
A 8
A03
Nancy
A 5
Mulhouse
A 36
A10
Basel
A11
Besançon
A12
CH

tags fahren hier auch die Schulbusse ab. Von Süden kommend, nach der Ausfahrt, gleich rechts abbiegen.

A17 TOUL: (VE + Ü) [GPS: N 48° 40' 45.4" E 5° 53' 16.6", Avenue du Colonel Péchot] An der Ausfahrt „TOUL Centre" von der A 31 abfahren. Zuerst Richtung „Centre Ville" fahren. Wenn Schilder zum Bahnhof (Gare SNCF) auftauchen, diesen folgen bis rechts der Straße eine Wasserfläche zu sehen ist. Danach rechts abbiegen und dem Wasserlauf folgen. Der Platz ist auf der rechten Straßenseite zu finden, links gegenüber ist die Polizei.

A04 SOULOSSE-SOUS-ST-ÉLOPHE: (VE + Ü) [GPS: N 48° 24' 34.3" E 5° 44' 19.9"] In Richtung NEUFCHÂTEAU fahrend brauchen Sie nur nach dem Ortsschild an der ersten Straße, die nach rechts abzweigt, von der Nationalstraße abzubiegen. Dann können Sie der guten Beschilderung folgen.

A05 NEUFCHÂTEAU: (Ü) Im Ort kommen Sie an einen Kreisel mit Springbrunnen, an dem sich die Straßen nach ÉPINAL und DIJON trennen. Wir biegen in Richtung DIJON ab. Kurze Zeit später taucht auf der rechten Seite ein Parkplatz auf, der nachts leer ist.

A06 BAZOILLES-SUR-MEUSE: (Ü) Die Straße führt hier in einer Doppelkurve über die *Meuse*. Zum Übernachten überqueren Sie den Fluss jedoch nicht, sondern fahren kurz vor der Brücke nach links auf einer kleinen Straße an der *Meuse* entlang. Dort finden Sie einen schönen Platz.

A07 GONCOURT: (VE + Ü) [GPS: N 48° 14' 12.7" E 5° 36' 35.9", Place de la Meuse] Wenn Sie im Ort links abbiegen (ausgeschildert) erreichen Sie den Übernachtungsplatz mit Ver- und Entsorgungsstation.

A08 LANGRES: (VE + Ü) [GPS N 47° 51' 27.1" E 5° 19' 47.6", Espace Eponine] Die Stadt erreichen Sie über eine ansteigende Straße. Dann taucht links von Ihnen die Stadtmauer auf. Achten Sie ab hier auf das Womo-Symbol auf der rechten Seite. Ab der Abzweigung sind es etwa noch 200 m zu Platz.

A09 SAVIGNY-LE-SEC: (VE + Ü) [GPS: N 47° 26' 01.8" E 5° 02' 45.8", Chemin de Saussy] Etwas abseits unserer Route gelegen. Über MARSANNAY-LE-BOIS gut zu erreichen. Im Ort biegen Sie dann bei der dritten Straße rechts ab. Folgen Sie dann den Hinweisschildern zum Stellplatz.

Mulhouse — Beaune

Diese Route ist sinnvoll für die Süddeutschen und die Österreicher. Auch Leser aus der nördlichen Schweiz können ihr folgen.

A10 L'ISLE-SUR-LE-DOUBS: (Ü) [GPS: N 47° 26' 59.8" E 6° 34' 48.5", Rue de Lattre de Tassigny] Im Ort finden Sie direkt neben der Brücke über den *Doubs* auf der rechten Seite einen großen Parkplatz zum Übernachten.

A11 BAUME-LES-DAMES: (VE + Ü) [GPS N 47° 20' 23.2" E 6° 21' 27.9", Quai du Canal] Vom Ortszentrum aus fahren Sie Richtung „Piscine", am Supermarkt „Super U" vorbei, dann geradeaus und den folgenden Kreisel so verlassen, dass Sie über eine Brücke fahren können. Danach bei der ersten Einmündung rechts abbiegen (Schild „ESNANS"). Fahren Sie jetzt ein Stück am Kanal entlang, bis sie links den Hinweis auf Ver- und Entsorgungsstation sehen. Sehr schöner Platz. Im Sommer allerdings meist überlaufen.

A12 BESANÇON: (VE + Ü) [GPS: N 47° 14' 13.3" E 6° 01' 00", Quai veil Picard] Orientieren Sie sich zuerst einmal Richtung Zentrum. Falls Sie die Schilder zum Stellplatz nicht sehen sollten, folgen Sie der Beschilderung zum „Centre Hospitalier Universitaire", überqueren aber nicht den Fluss. Sollte das trotzdem passiert sein, brauchen Sie nur zu wissen, dass der Stellplatz und das Krankenhaus auf der gegenüber liegenden Seiten des Ufers liegen.

Beaune – Beginn der Tour 1

Dieser Abschnitt der Anreise ist nun für beide Anreisevarianten derselbe.

A13 AUTUN: (VE + Ü) [GPS: N 46° 57' 20.9" E 4° 18' 59.7", Route de Châlon] Sie kommen auf unserer Fahrtstrecke am Plan d'eau, einem kleinen See, vorbei. Genau dort finden Sie auch den Stellplatz.

A14 CHÂTEAU-CHINON: (VE + Ü) [GPS: N 47° 03' 48.8" E 3° 58' 09.0", Place Jean Salloynner] Hier kommen wir an einem Centre Hospitalier vorbei. Danach die erste rechts, dann scharf links und wieder rechts. Das war's schon.

A15 ROUY: (VE + Ü) [GPS: N 47° 01' 42.9" E 3° 32' 02.8"] Sie kommen am Ortsanfang direkt an dem Platz vorbei.

A16 ST-BENIN-D'AZY: (VE + Ü) [GPS: N 47° 00' 03.3" E 3° 23' 43.4", Rue Henri Barbusse] Am ersten Kreisel am Ortsanfang nach links abbiegen. Dann sind sie in der D 9 und damit schon in der richtigen Straße. Nach etwa 500 m sehen Sie den Platz auf der rechten Seite.

Wenn Sie jetzt noch vor NEVERS auf die N 7 in Richtung MOULINS abbiegen. Brauchen Sie nur nach 30 km in ST-PIERRE die Straße zu verlassen und den Schildern nach LURCY-LÉVIS zu folgen. Weiter geht's auf der nächsten Seite.

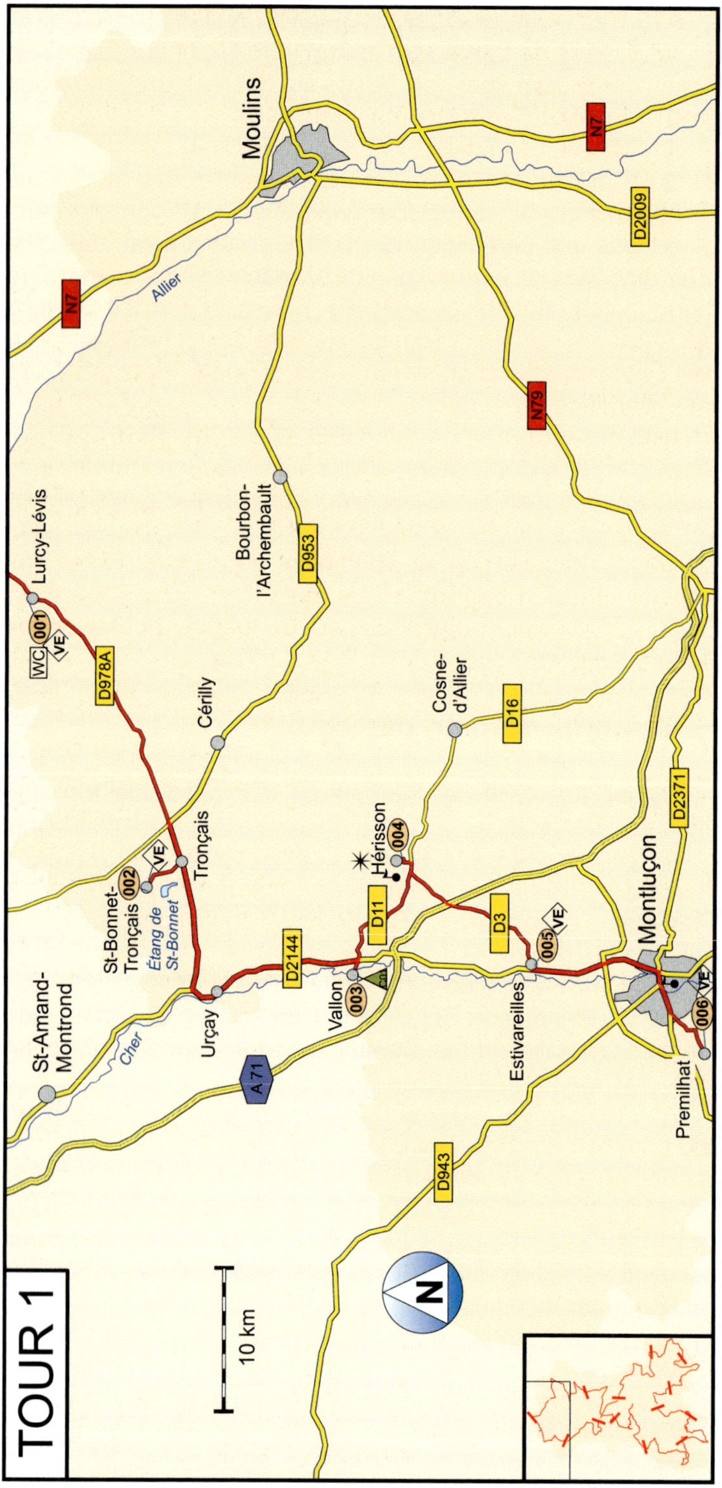
TOUR 1
10 km
N
Moulins
Allier
N7
N7
D2009
N79
Lurcy-Lévis
Bourbon-
l'Archembault
D953
WC
001
VE
D978A
Cérilly
Cosne-
d'Allier
D16
D2371
Tronçais
VE
St-Bonnet-
Tronçais
002
Étang de
St-Bonnet
Hérisson
004
D11
D3
005
VE
Montluçon
St-Amand-
Montrond
Cher
Urçay
D2144
Vallon
003
Estivareilles
006
VE
Premilhat
A71
D943

TOUR 1 (91 km)

Lurcy-Lévis – Forêt de Tronçais – Hérisson – Montluçon

Übernachten:	Lurcy-Lévis, St-Bonnet-Tronçais, Vallon-en-Sully, Hérisson, Estivareilles, Prémilhat
Campingplatz:	Camp Municipal Vallon-en-Sully
Besichtigen:	Hérisson, Montluçon
Baden:	Im See von St-Bonnet-Tronçais
Spazierengehen:	Im Forêt de Tronçais
Markt:	Lurcy-Lévis (Mo.), Hérisson (Fr.)

Willkommen in der AUVERGNE. Im vorherigen Kapitel habe ich Sie an der Brücke stehen gelassen. Wenn Sie die *Allier* nun mit uns überqueren, sind wir schon da und zwar – um genau zu sein – im Département „Allier".

Der erste Ort, den Sie erreichen, heißt LE VEUDRE. Sie werden einen sehr schönen Ortskern sehen – vorausgesetzt, Sie fahren überhaupt in das Dorf hinein. Für Fahrzeuge über 3,5 t ist das gar keine Frage, die müssen nämlich draußen bleiben. Aber auch Fahrer der leichteren Klasse brauchen sich nicht unbedingt durch die verkehrsberuhigten Straßen zu quälen. Kurz gesagt: Es gibt am Ortseingang eine Umleitung für den Schwerverkehr, die wir gerne benutzen.

Eigentlich kommen Sie, welche Variante Sie auch wählen, automatisch auf die Straße, die zu unserem Zielort LURCY-LÉVIS führt. Wir planen unsere Fahrtroute meist so, dass wir am zweiten Tag nach unserer Abreise abends dort ankommen. Theoretisch könnte man die Strecke von meinem Wohnort aus auch in einem Tag meistern. Aber wir sind im Urlaub und nicht auf der Flucht.

Es ist einfach schön entspannend, abends am See zu sitzen, den Spaziergängern und den Vögeln zuzuschauen oder sich mit den anderen Wohnmobilisten zu unterhalten. Es ist auch einfach nur schön, das Gefühl zu genießen, in der AUVERGNE zu sein.

An Sehenswürdigkeiten hat LURCY-LÉVIS wenig zu bieten. Es ist vor allem die Idylle in dem Naherholungsgebiet, die uns anzieht. Angler stehen am Steg und baden ihre Würmer, nach Feierabend treffen sich die Boule-Spieler zum täglichen Match. Mütter fahren mit ihren Kinderwagen am See entlang und selbst pubertierende Jungen und Mädchen spazieren gesittet auf dem Weg und grüßen sogar artig. Da die einzelnen Parzel-

(001) WOMO-Stellplatz: Lurcy-Lévis

GPS: N 46° 44' 18.0" E 2° 56' 20.0" Rue de Fontgroix
max. WOMOs: 5 gebührenfrei
Ausstattung / Lage: Ver- und Entsorgung, Toiletten, Mülleimer, Tische und Bänke / am Ortsrand, ruhig
Zufahrt: Biegen Sie am ersten Kreisel im Ort rechts ab und folgen Sie dem Straßenverlauf, bis Sie eine Querstraße erreichen. Dort biegen Sie scharf rechts ab (das Schild ist jetzt unübersehbar). Danach geht's nochmals rechts und dann immer geradeaus bis zu den Stellplätzen am See.

len für Wohnmobile sehr breit sind, können wir sogar unsere Markise ausfahren, ohne Angst haben zu müssen, jemanden zu behindern. Aber sogar diese Idylle wird hin und wieder gestört. In der Nähe befindet sich eine Rennstrecke, und da kann der Übungsbetrieb bei ungünstigen Windverhältnissen schon mal nerven. Nachts ist es jedenfalls sehr ruhig.

Um weiter zu fahren, müssen wir den Ort am entgegengesetzten Ende verlassen. Wir könnten natürlich quer durch Lurçy-Lévis fahren. Ich habe das auch schon probiert, es geht, und Sie werden es auch schaffen. Aber es muss nicht sein. Wenn nur ein einziges Geschäft beliefert wird, brauchen Sie sehr viel Zeit. An einem parkenden Lieferwagen kommen Sie nämlich nicht mehr vorbei, selbst wenn er halb auf dem Bürgersteig steht. Deshalb rate ich Ihnen, zum Kreisel zurück zu fahren und dort die erste Abzweigung nach rechts zu nehmen. Sie sind dann schon auf dem richtigen Weg.

Vor uns liegt der Fôret de Tronçais. Hierbei haben wir es mit einem etwa 11.000 ha großen Waldgebiet zu tun. Das ist eine abstrakte Zahl, die sich niemand, der nicht mit Forst- oder Landwirtschaft zu tun hat, vorstellen kann. Es gehörte früher den Herzögen von Bourbon und ging später an die französischen Könige über. Colbert, Minister unter Ludwig XIV., erkannte, dass dieses Gebiet für den Flottenbau nützlich sein könnte und erließ Anordnungen zur weiteren Entwicklung des Forstes. Es folgte eine zielgerichtete Aufforstung. Um wieder in die Gegenwart zu kommen: Es dürfen nur Bäume geschlagen werden, die älter als 200 Jahr sind, und diese forstwirtschaftlichen Planungen bestehen weiterhin.

Die Schilder „Wildwechsel" sollten unbedingt ernst genommen werden; vor allem bei hereinbrechender Dämmerung oder im Frühjahr, wenn die Tiere liebestoll außer Sinnen kreuz und quer laufen.

Von LURCY-LÉVIS aus bis TRONÇAIS geht es immer der Vorfahrtsstraße nach, dann müssen wir rechts abbiegen und dem Wegweiser nach ST-BONNET-TRONÇAIS folgen. An dieser Gabelung versammelten sich bei einem meiner Besuche die Teilnehmer einer Treibjagd. Es war kaum ein Durchkommen an dieser Stelle möglich. Meinem Presseschild hinter der Frontscheibe hatte ich es zu verdanken, dass mir von den Ordnern eine Gasse freigehalten wurde. Man war wohl der irrigen Meinung, die deutsche Presse würde über diese überaus wichtige Veranstaltung berichten. Zwei Grünberockte, hoch zu Ross, mit güldenem Horn behängt, warfen sich denn auch gleich in Pose, damit ich ein erbaulich Bild machen könne. Auf diese Jagd nehme ich später in diesem Kapitel noch einmal Bezug.

Nach wenigen Kilometern erreichen wir schließlich ST-BONNET-TRONÇAIS, ein kleines beschauliches Örtchen, am Rande des Waldes gelegen. Wenn Sie es darauf anlegen, einen kleinen Spaziergang durch den Ort zu machen, sind Sie in 15 – 20 Minuten durch. Verblüffenderweise gibt es hier gleich am Ortseingang eine Ver- und Entsorgungsstation [GPS: N 46° 39' 36.8" E 2° 41' 49.6", Route de Tronçais] und am gegenüberliegenden Ortsende einen großen Stellplatz.

(002) WOMO-Stellplatz: St-Bonnet-Tronçais

GPS: N 46° 39' 31.3" E 2° 41' 31.8" Rue de l'Étang
max. WOMOs: > 20 gebührenfrei
Ausstattung / Lage: Ver- und Entsorgung am anderen Ortsende, Mülleimer / ruhige Lage am Ortsrand
Zufahrt: Fahren Sie zuerst einmal geradeaus in den Ort hinein. Im „Zentrum" gibt es eine kleine Kreuzung, die Sie mehr oder weniger leicht halblinks abbiegend überqueren. Es geht sanft bergauf. Bald darauf sehen Sie einen Kreisel, den Sie geradeaus verlassen. Dann biegen Sie sofort rechts auf einen Parkplatz ein. Wenn Sie jetzt nach links schauen, sehen Sie im Anschluss an den Platz die Wiese, die uns als Stellplatz dient.

Sonstiges: Maximale Dauer 48 h, Badesee in 10 Minuten zu Fuß erreichbar.

Badesee bei St-Bonnet-Tronçais

„Warum wohl?", werden Sie mich angesichts der Ortsgröße jetzt fragen wollen. Die Antwort ist recht einfach. Es gibt hier einen kleinen Badesee mit einem großen Parkplatz davor. Der wurde in der Vergangenheit immer mehr von Wohnmobilen bevölkert, so dass sich die Gemeinde genötigt sah, die Parkplätze mit den bekannten Balken in zwei Metern Höhe abzusperren. Da man die Womo-Fahrer jedoch nicht vertreiben wollte, wurde am Rande des Ortes eine Wiese für „camping-cars" freigegeben. Von hier aus ist der Badesee in 10 Minuten zu Fuß erreichbar.

Unser nächstes Ziel heißt VALLON-EN-SULLY. Ich möchte kurz vorgreifen und warnen. Der Stellplatz ist trist, aber zwischen *Cher* und dem parallelen Seitenkanal sehr schön gelegen. Ich würde ihn nur empfehlen, wenn Sie sehr müde sind, möglichst wenige Nachbarn wünschen oder gerne angeln. Denn dort versammeln sich gegen Abend ein paar Leute, die ihr Zeltchen aufbauen, Angeln auslegen, vielleicht noch ihren Grill anwerfen, um den Fang frisch zu verzehren, und morgens in aller Frühe weiter ihrem Hobby nachgehen. Ich muss gestehen, dass mir diese Menschen lieber sind als die Jäger.

Aber wir müssen ja zuerst einmal hinkommen. Da ich Ihnen nicht jede Straße, die wir fahren, vorbeten möchte, dürfen Sie jetzt wählen. Sie können vom Stellplatz in ST-BONNET-TRONÇAIS einerseits wieder zurück – an der Entsorgungsstation vorbei – und dann immer geradeaus weiter fahren bis zur D 978A. Sie haben jedoch auch noch die Möglichkeit, vor zum See und dann über die Forststraße zu fahren, das ist mal eine etwas andere Strecke! (Keine Angst, die Forststraßen sind hier fast alle für den Straßenverkehr freigegeben und auch breit genug für uns.) Am STOP-Schild geht's dann rechts ab. Ganz Verwegene biegen am Kreisel, den Sie vom Stellplatz aus erreichen, links ab und kommen über BRAIZE ebenfalls auf den rechten Weg.

Egal welche Variante Sie wählen, Sie werden jedenfalls wieder mit den großen Schildern konfrontiert, die Sie vor Kollisionen mit Hochwild warnen. Ich bin also bremsbereit. Dabei habe ich weniger Bedenken wegen der Tiere. Ständig brechen grünberockte, bewaffnete Waidmänner aus dem Dickicht links und rechts der Straße. Da wird dann schon mal mit erhobener Hand ein Anhalten erzwungen, damit der Jäger seinem Trieb folgen kann. Also erhöhte Vorsicht, wenn Hörnerklang aus dem Wald erschallt! Damit habe ich jetzt das Thema Jagd abgehandelt.

So, nun haben wir das Ortsschild von VALLON erreicht. Wenn Sie hier bleiben wollen, lesen Sie im Kästchen, wie's weitergeht, ansonsten fahren Sie gleich mit uns weiter an der ersten Ampel nach links.

(003) WOMO-Stellplatz: Vallon-en-Sully

GPS: N 46° 31' 51.9" E 2° 36' 49.3" Rue Allée de Soupirs
max. WOMOs: 5 gebührenfrei
Ausstattung / Lage: Tische und Bänke, Restaurant/Bar, Angelmöglichkeit / ruhige Lage außerhalb des Ortes
Zufahrt: An der ersten Ampel im Ort biegen Sie mit uns nach rechts ab. Wir überqueren dann eine Brücke, anschließend geht's zweimal gleich hintereinander nach links ab und immer geradeaus. Wenn vor Ihnen Bar und Restaurant auftauchen, biegen Sie schräg nach rechts auf den Parkplatz ein.
Sonstiges: Der Platz ist von beiden Seiten von Wasser umgeben. Auf der einen Seite fließt die Cher, auf der anderen Seite der Canal de Berry. Es wird viel und erfolgreich geangelt.

Ein bisschen weiter kommen Sie auf einen Campingplatz.

(C01) WOMO-Campingplatz-Tipp: Camp Municipal Vallon-en-Sully **

GPS: N 46° 31' 57.6" E 2° 36' 50.2" Allée des Soupirs
Öffnungszeiten: Mitte Juni - Mitte September
Ausstattung / Lage: Sehr schattig, Laden, Restaurant, Spielplatz / neben dem Stellplatz
Zufahrt: wie beim Stellplatz beschrieben
E-Mail: mairie.vallonensully@wanadoo.fr

HÉRISSON wird von keinem Reiseführer ausgelassen, dabei handelt es sich gerade mal um eine Ansammlung von Häusern, die scheinbar mit leichter Hand um eine Burgruine gestreut wurden. Aber der Ort hat was! Da gebe ich der Reiseliteratur, mit der ich nicht immer übereinstimme, völlig Recht! Also sollten Sie hier erst einmal einen Parkplatz finden. Das ist ganz einfach: Sie erreichen den Ort, überqueren die

(004) WOMO-Stellplatz: Hérisson

GPS: N 46° 30' 25.3" E 2° 42' 41.4"
Quai de l'Aumance
max. WOMOs: 2 - 3
gebührenfrei
Ausstattung / Lage: - / ruhige Lage im Ort
Zufahrt: Wie im Text beschrieben. Parken Sie bitte zwischen den Bäumen, die stehen weit genug auseinander. Wenn Sie ein Stückchen weiter fahren, stehen die Bäume näher am Wasser und es entsteht dadurch neben der Straße ein freier Platz. Den benutzen die Einwohner abends zum Boule spielen – und die schätzen es gar nicht, wenn da ein Wohnmobil im Weg steht!

Aumance und biegen nach der Brücke gleich links ab. Dort finden Sie unter alten Bäumen direkt am Ufer Parkbuchten, die auch dem Platzanspruch eines Wohnmobils genügen. Die Plätze sind sogar stellplatzgeeignet. Aber gehen Sie bitte sehr sorgsam damit um. Mehr als 2 – 3 Womos bedeuten hier wohl das Ende der „grenzenlosen Freiheit". Fahren Sie in solchen Fällen weiter nach ESTIVAREILLES oder zurück nach VALLON. Das sind Etappen im 20-km-Bereich, so weit ist das ja nicht!

So, jetzt sind wir in HÉRISSON, was wollen wir hier? Wir wollen zuerst einmal eine Burgruine besichtigen. Dazu kommt man durch den Ortskern, wo bereits winzige Details begeistern: hier ein uraltes Haus, dort ein schöner Torbogen, da drüben eine herrliche Aussicht auf die Rui-

Uhrenturm in Hérisson

ne. Immer wieder blumengeschmückte Gärten, die schon fast an Südfrankreich erinnern. Ein Dorfplatz, der an Freitagen für einen abwechslungsreichen Markt zur Verfügung steht. Dann natürlich die überall erwähnte Burg!

Zugegeben, sie ist sehr fotogen. Das ist aber auch alles. Noch einmal würde ich nicht zwischen den verfallenen Mauern umherlaufen. Vielleicht hatte ich auch Pech, weil sie gerade im Renovierungszustand war. Sie wirkt aber trotzdem nur als Gesamtkunstwerk! Ich werde jedenfalls immer wieder gerne nach HÉRISSON kommen. Wie schrieb ich bereits? „Der Ort hat was!"

Das bereits erwähnte Gesamtkunstwerk der Burg können Sie sich wunderbar auf der Rückfahrt anschauen. Sie müssen zunächst einmal durch die selben Straßen wieder zurück, durch die wir auch in den Ort gekommen sind. Nach der ersten Kurve steigt die Straße an, und in der nächsten Straßenbiegung, die Sie erwartet, ist rechts ein kleiner Parkplatz zu sehen. Von dort haben Sie einen wunderbaren Blick über den Ort und finden die Burg von hier oben aus bestimmt so schön wie wir.

Wir erreichen dann, von dem kleinen Parkplatz aus, wieder die D 11, wenn wir geradeaus weiterfahren. An der Einmündung biegen wir rechts ab und folgen den Wegweisern nach

Blick auf Hérisson

ESTIVAREILLES. Damit verlassen wir die bisher schon bekannte Straße. Hier kommen wir wieder in ein durchschnittliches Dorf in der AUVERGNE, das sich allerdings durch eine Ver- und Entsorgungsstation sowie einen Stellplatz auszeichnet. Ansonsten beeindruckt es wenig.

Dafür beeindruckt unser nächstes Ziel, MONTLUÇON, weitaus mehr. Eine Wegbeschreibung erübrigt sich, die Hinweisschilder sind nicht zu übersehen. Von ESTIVAREILLES wenden

(005) WOMO-Stellplatz: Estivareilles

Position: N 46° 25' 31.0" E 2° 36' 55.0" (kein Straßenname)
max. WOMOs: > 5 gebührenfrei
Ausstattung / Lage: Ver- und Entsorgung, Mülleimer, Wertstoff-Behälter / ruhige Lage im Ort
Zufahrt: Wenn Sie den Ort erreichen, folgen Sie immer der Hauptstraße, bis sowohl das Ortsende als auch eine Querstraße schon in Sichtweite sind. Dann biegen Sie rechts ab und folgen dabei dem Wohnmobil-Symbol sowie dem Schild „salle polyvalente". Nach wenigen Metern taucht rechts die Versorgungsstation auf, noch ein paar Meter weiter erreichen Sie einen großen Parkplatz zum Übernachten.
Sonstiges: Bei bestimmten Festlichkeiten kann der Platz mit einem Höhenbalken abgesperrt sein. Die Station ist jedoch außerhalb und weiterhin zugänglich.

Sie sich nach rechts, wenn Sie den Stellplatz verlassen, und dann am Ende der Straße nach links. Sie fahren jetzt auf der D 2144 (früher war das die N 144). Es gibt in der Stadt einen offiziellen Stellplatz, der ist jedoch so hässlich, abseits gelegen und laut, dass ich Ihnen diesen nicht zumuten werde. Wenn Sie übernachten wollen, fahren Sie lieber ein paar Kilometer weiter nach PRÉMILHAT. Aber MONTLUÇON dürfen Sie natürlich nicht auslassen.

Ich würde vorschlagen, dass Sie erst einmal den Schildern „Centre-Ville" folgen. Irgendwann sehen Sie die Fußgängerzone zu Ihrer Rechten oder zur Linken. Sie fahren dann mehr oder weniger auf einer Ringstraße um den Fußgängerbereich herum. In MONTLUÇON gibt es Parkstraßen, die sternförmig vom Ortsmittelpunkt wegführen. Dort müssen wir zwar einen Parkschein ziehen, sind aber mit wenigen Schritten im Zentrum. Wenn Sie mit Navi fahren, probieren Sie es mal in dieser Straße [GPS: N 46° 20' 19.5" E 2° 35' 58.5", Avenue Marx Dormoy]. Die Plätze in der Mitte zwischen den Fahrbahnen sind zu kurz, aber am Rand, wo Sie längs der Straße parken können, geht das.

Orientieren Sie sich erst einmal in Richtung Zentrum, dann können Sie ein wenig durch die Fußgängerzonen laufen und werden ein Hinweisschild zur Burg sehen. Über steile Sträßchen und viele Treppen erreichen Sie schließlich den Schlosspark.

Hier oben können Sie nicht nur das Schloss der Herzöge von Bourbon sehen, sondern auch noch einen Rundumblick über die Stadt genießen. Im Schloss selbst bietet sich ein Besuch des Musée des Musiques Populaires an. Dort sind mit wahrer Begeisterung zum Detail alte auvergnatische Musikinstrumente ausgestell. Das reicht vom Akkordeon über verschiedene Drehleiern bis zu Dudelsäcken. Und es ist ein wahrhaft lebendiges Museum, denn in einer Werkstatt werden nach alten Plänen traditionelle Instrumente gebaut sowie beschädigte wieder instand gesetzt.

Montluçon

Die Stadt ist mit 42.000 Einwohnern die Wirtschaftsmetropole des Bourbonnais und dient daher der Bevölkerung aus dem Umkreis als „Einkaufsstadt“. Entsprechend vielfältig ist die Auswahl an Geschäften und Dienstleistern.

Als alter Sitz der Herzöge von Bourbon hatte sich um das Schloss ein Städtchen angesiedelt, dessen mittelalterliches Flair heute noch vorhanden ist. Fachwerkhäuser, schmale verwinkelte Gässchen und Brunnen. Von der Anhöhe aus, auf der das Schloss steht, sieht man nur ein undurchschaubares Durcheinander von Dächern.

Zwei Kirchen sind in der Altstadt zu finden. St-Pierre, ist die ältere und stammt aus dem 12. und 13 Jahrhundert. Sie führt ein verstecktes Leben zwischen hohen Häusern und wirkt durch den geringen Lichteinfall im Inneren fast bedrückend. Schauen Sie sich die Skulptur der Heiligen Magdalena an, die im Stil der Schwarzen Madonnen erstellt wurde, von denen Sie weiter hinten in diesem Buch noch mehr lesen werden. Die Kirche Notre-Dame aus dem 15. Jahrhundert ist von ihrem Äußeren schon auffallender.

Château des Ducs de Bourbon

Wir wenden uns jetzt langsam wieder unserem Wohnmobil zu und wagen den Abstieg. Ich hoffe, Sie wissen noch, wo Ihr Womo steht!

Da ich mich immer noch weigere, das, was Ihnen als Stellplatz in MONTLUÇON verkauft werden soll, zu verraten, schlage ich vor, Sie folgen uns nach PRÉMILHAT.

In MONTLUÇON folgen Sie zuerst einmal den großen Schildern nach POITIERS und haben damit schon mal die Großrichtung vorgegeben. In einem Weiler namens TERRE NEUVE müssen wir aufpassen.

Dort gibt es einen Kreisverkehr, den Sie nach links verlassen müssen. Vermutlich werden Sie viele Baustellen- und Verbotsschilder sehen. Unter all denen fällt dem geübten Auge auch ein Hinweisschild für Wohnmobile auf. Es geht zuerst einmal geradeaus.

Jetzt muss ich einen Text einfügen, der vermutlich nur in dieser Auflage enthalten sein wird. Folgen Sie dem Schild mit dem Womo-Symbol unbeirrt und glauben Sie keinen Verbotsschildern oder Sackgassen-Symbolen. Ich bin Ihnen eine Erklärung schuldig: Der Stellplatz liegt (oder besser lag) an einem sehr schönen Stausee. Dort werden zurzeit die Uferbefestigung erneuert und die umliegenden Straßen ausgebaut. Dazu wurde der See entleert. Im Sommer 2010 waren die Bagger im fast leeren See zugange. In einer E-Mail hatte mir die Gemeinde PREMILHAT mitgeteilt, dass am 20. 9. 2010 mit den Straßenarbeiten begonnen werde. Die D 605, auf der wir gerade fahren, wird für den Zeitraum der Bauarbeiten ab dem Wohnmobilstellplatz komplett gesperrt. Für Fahrzeuge über 3,5 Tonnen schon kurz nach Ortsende, weil keine Wendemöglichkeit besteht. Sie werden Schilder finden, auf denen zu

(006) WOMO-Stellplatz: Prémilhat

GPS: N 46° 20' 04.5" E 2° 33' 29.5" Route de l'Étang de Sault
max. WOMOs: 8 Parzellen gebührenfrei
Ausstattung / Lage: Ver- und Entsorgung, Mülleimer, irgendwann wieder Strand / ruhige Lage außerhalb des Ortes

Zufahrt: Ab dem Kreisverkehr in Terre Neuve fahren wir immer weiter geradeaus, bis auf der rechten Seite der gut beschilderte Stellplatz auftaucht.
Sonstiges: Wasser 5 EUR, Strom 2 EUR/6 h, wobei das 6 Stunden-Limit eher großzügig überschritten wird.

lesen ist, dass die Straße nach soundsoviel Metern gesperrt ist. DAS ALLES BETRIFFT UNS WOHNMOBILFAHRER NICHT. Reisemobile können ohne Einschränkungen bis zum Stellplatz weiterfahren!

Sie dürfen zumindest im Jahr 2011 keine Idylle erwarten, aber ich will auch nicht alles schwarz malen. Der Lärm findet mehrere hundert Meter weiter statt, und im Sommer 2011 läuft vielleicht auch der See langsam wieder voll. Für mich war es jedoch ein interessantes Erlebnis, einen Stausee mal leer zu sehen. Wahnsinn, was da alles rumliegt!

Der Platz an sich löst Zukunftsvisionen aus: Sehr gepflegt, aber nie ein Mensch zu sehen. Es gibt Wasser, Strom, und Sie können entsorgen. Alles kein Problem! Sie stecken Ihre Kreditkarte in einen Schlitz, tippen ungefähr 15 Zahlen ein und haben Strom, wo immer Sie wollen. Halt, noch eines: Gehen Sie einmal über den Platz und merken Sie sich die Nummer der Steckdose, die Ihrem Wohnmobil am nächsten liegt. Lesen Sie dann bitte 2 mal die Bedienungsanleitung. Dann sollten Sie alle Zahlen bereit haben. Der Automat lässt Ihnen zwischen 2 Eingabeaufforderungen etwa 3 Sekunden Zeit. Ansonsten geht's von vorne los. Die Kreditkarte müssen Sie schon in der linken Hand haben, während Sie mit der rechten noch zwischen Strom oder Wasser wählen. Das funktioniert aber nur dann, wenn Sie auf Ihrer Karte einen Chip (französisch Puce) finden.

Der Platz in PRÉMILHAT wird wieder sehr schön werden. Das kann ich Ihnen versprechen! Und wenn alles wieder läuft wie gewohnt, kann ich das Kästchen blau unterlegen. Dann wird aus dem jetzigen Stellplatz ein Badeplatz!

Wenn es Ihnen durch all den Trubel nicht gefällt, folgen Sie mir zur Tour 2. Dort wird es auf jeden Fall wieder etwas Beschaulicher zugehen.

TOUR 2 (110 km)

Néris-les-Bains – St-Eloy – Viaduc des Fades – Méandre de Queuille – Manzat

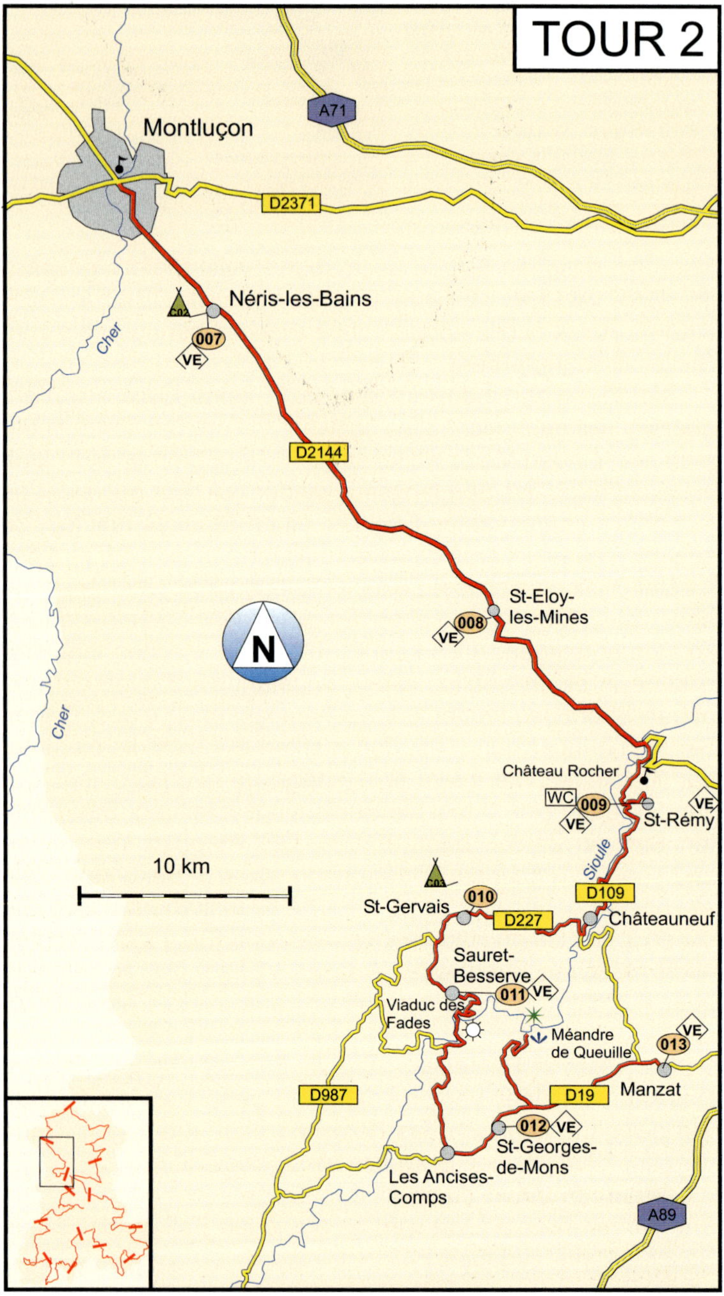

Übernachtung:	Néris-les-Bains, St-Eloy, St-Rémy, Sauret-Besserve, St-Georges, Manzat
Campingplätze:	Camp Municipal le Lac, L'Étang Philippe
Baden:	St-Eloy
Besichtigen:	Néris-les-Bains, Château Rocher, Viaduc des Fades, Méandre de Queuille
Wandern:	Zum Château Rocher
Markt:	St-Eloy (Sa.)

In NÉRIS-LES-BAINS beginnt unsere zweite Tour. Wenn Sie von MONTLUÇON kommen, ist die Hauptrichtung CLERMONT-FERRAND für Sie genau richtig. Von PRÉMILHAT aus müssen Sie ein paar Kilometer zurück fahren, bis Sie auch diesen Wegweisern folgen können. Sie müssten jetzt auf der N 144 sein - wenn die Franzosen die Straße nicht gerade mal wieder umbenannt haben, was sie sehr gerne und umfangreich tun.

Wie der Ortsname schon verrät, befinden wir uns in einem Badeort. Und der verströmt, ähnlich vieler französischer Kurorte, den Charme des Fin de Siècle, des vorletzten Jahrhunderts. Natürlich gibt es Thermen, natürlich gibt es ein Kasino, natürlich gibt es zur Erbauung Parks zum Flanieren. Dazu gesellt sich die übliche touristische Infrastruktur mit Hotels, Restaurants, einem Campingplatz und einem Wohnmobil-Stellplatz. Da wir gerade so schön beim Thema sind, kommen hier auch gleich die passenden Kästchen.

(007) WOMO-Stellplatz: Néris-les-Bains

GPS: N 46° 17' 12.7" E 2° 39' 09.0" — Avenue Marx Dormoy
max. WOMOs: 6 — hohe Gebühr
Ausstattung / Lage: Ver- und Entsorgung, Toiletten, Mülleimer / ruhig, am Ortsrand
Zufahrt: Am ersten Kreisel in Néris biegen Sie nach rechts ab, fahren gleich wieder nach rechts und sehen dann schon das grüne Schild zum „Camping du Lac". Diesen Wegweisern können Sie sich anvertrauen und erreichen nach etwa einem Kilometer den Campingplatz. Außerhalb des Platzes sind 6 Parzellen für Wohnmobile angelegt worden. Wenn ein Platz frei ist, stellen Sie sich dort hin und melden sich anschließend an der Rezeption des Campingplatzes an.
Sonstiges: Strom ist im Preis inbegriffen.

(C02) WOMO-Campingplatz-Tipp: Camping du Lac ***

GPS: N 46 17' 13.5" E 2 39' 7.2" — Avenue Marx Dormoy
Öffnungszeiten: April - Oktober
Ausstattung / Lage: Ver- und Entsorgung, schattig, Restaurant, Spielplatz / direkter Zugang zum See
Zufahrt: Wie beim Stellplatz beschrieben
E-Mail: campingdulac-neris@orange.fr
Internet: www.ville-neris-les-bains.fr/hebergements/campings.php

Ehemaliger Bahnhof in Néris les Bains

Gleich beim Stell-/Campingplatz können Sie das erste Bauwerk bewundern. Es ist ein ehemaliger Bahnhof, der mittlerweile umgebaut wurde. Hier finden jetzt Seminare, Ausstellungen und Konferenzen statt. Und da wir schon bei der Eisenbahn sind: Auf der ehemaligen Bahntrasse können Sie bis nach MONTLUÇON laufen. Die wurde nämlich auch umgebaut und ist mittlerweile ein Wanderweg. Allerdings kommen wir ja gerade von dort!

Um die restlichen Sehenswürdigkeiten zu besuchen, müssen Sie ein paar Meter zurückgehen bis zum Kreisel, den Sie ja bei der Einfahrt in den Ort kennengelernt haben. Direkt davor kommen Sie zum OTSI (Office de Tourisme / Syndicat d'Initiative, eine Abkürzung, auf die Sie noch häufig stoßen werden).

Im Kurpark von Néris-les-Bains

Bereits die Römer haben sich hier in Aquae Nerii sehr wohl gefühlt. Mit warmem Wasser, das direkt aus der Quelle sprudelt, konnte man es auch im „hohen Norden" aushalten. Der Bau einer Wasserleitung, wohl eine der Lieblingsbeschäftigungen der Römer, unterblieb allerdings. Dafür hinterließen sie ein Amphitheater und

Kasino im Kurpark

ein Bad. Beides ist allerdings recht unspektakulär. Zu finden links beziehungsweise rechts, wenn Sie vor der Tür des OTSI stehen. Zum Besuch des Amphitheaters müssen Sie die „Hauptstraße“ überqueren und stehen dann schon fast auf der Bühne. Es sind dabei nur wenige Überreste zu sehen. Ich möchte deshalb mit Ihnen in eine andere Richtung gehen, in der es wesentlich mehr zu sehen gibt. Von der Tür des Touristenbüros gehen wir, das Büro im Rücken, geradeaus weg, schlendern ein bisschen durch den Park, dann am Kasino vorbei, um schließlich zu den Thermen zu kommen. Das ist ein Stückchen zu laufen, nehmen Sie sich Zeit

Brunnen im Kurpark

Thermen in Néris-les Bains

und genießen Sie – und verhalten Sie sich so, als seien Sie hier zur Erholung. Sind Sie doch auch, oder?

Wenn Sie jetzt wieder zurück zum Wohnmobil kommen, möchte ich gleich mit Ihnen weiterfahren.

Bevor wir ins Tal der *Sioule* kommen, habe ich noch einen sehr schönen Stellplatz in St-Eloy für Sie. Unsere Großrichtung ist wieder einmal CLERMONT-FERRAND, das heißt, wir bleiben der N 144 treu. Sie kommen automatisch nach ST-ELOY und können hier weiterlesen, wie Sie zum Stellplatz kommen.

(008) WOMO-Stellplatz: St-Eloy

GPS: N 46° 09' 20.7" E 2° 50' 09.9" Rue de Puy de Dôme
max. WOMOs: > 20 Gebührenfrei
Ausstattung / Lage: Ver- und Entsorgung, Mülleimer, Tische und Bänke / ruhige Lage am Ortsrand
Zufahrt: Fahren Sie mit uns ganz einfach geradeaus durch den Ort durch. Am Ortsende sehen Sie die Schilder zum Womo-Stellplatz auf der rechten Seite der Straße. Es handelt sich dabei um einen sehr schönen Platz in einem Naherholungsgebiet mit einem See direkt vor der Haustür.
Sonstiges: Wasser und Strom je 2 EUR, Angel- und Bademöglichkeit

Aber wir wollen ja ins Tal der *Sioule*. Dazu fahren wir einfach geradeaus weiter. Nach etwa 10 Kilometern überqueren wir den Fluss und müssen nach der Brücke gleich rechts abbiegen. Unter vielen anderen Zielen ist dort CHÂTEAU ROCHER ausgeschildert. Und genau dort möchte ich mit Ihnen hin. Die Ruine sehen Sie übrigens schon bald auf der linken Seite. Die Straße wird schmäler, was aber nicht zum Problem wird, solange Ihnen kein größeres landwirtschaftliches Fahrzeug entgegenkommt. Sie dürfen sich weiterhin auf die Schilder zum Château verlassen, bis Sie den Hinweis zum Stellplatz in dem kleinen Ort ST-RÉMY sehen.

(009) WOMO-Stellplatz: St-Rémy

GPS: N 46° 04' 37.4"
E 2° 55' 54.2"
(kein Straßenname)
max. WOMOs: > 5
Gebührenfrei
Ausstattung / Lage: Ver- und Entsorgung, Toiletten, Mülleimer / am Ortsrand sehr ruhig
Zufahrt: Wie im Text beschrieben

Ab hier möchte ich nämlich zu Fuß mit Ihnen weitergehen, aber zuerst noch ein paar Worte über den Stellplatz verlieren. Der Ort ST-RÉMY hat knapp über 200 Einwohner. Trotz der geringen Größe finden dort 10 Wohnmobile einen Stellplatz. Als wir im Sommer 2010 dort waren, standen da 3 Franzosen, 2 Deutsche und ein Schwede. Nach drei Wochen AUVERGNE sind das die ersten Nicht-Franzosen, die mir begegnen. Wenn sich jetzt noch jemand erbarmen würde, diese marode Flot-Bleu-Station wieder instand zu setzen oder wenigstens daneben einen funktionierenden Wasserhahn zu montieren, wäre das ein toller Platz. Wie bemerkte ein Franke so treffend: „Da stellen sie solche Dinger hin, die bestimmt viel Geld kosten, und lassen sie zerfallen. Anstatt einen Wasserhahn und meinetwegen noch ein paar Steckdosen an einer Betonwand zu installieren. Dazu noch eine betonierte Plattform zum Entsorgen, das ist kaum kaputt zu kriegen. Alle Anschlüsse sind doch schon da.“ Vielleicht ist der Herr im Baugewerbe tätig, aber Recht hat er! Die Flot-Bleu-Stationen sind sowieso nicht meine Freunde, sie sind viel zu umständlich zu bedienen.

Ich gehe davon aus, dass Sie Ihren Platz gefunden haben und voller Tatendrang mit mir zum Château laufen wollen. Der Weg ist sofort erkennbar, am Stellplatz steht ein Schild, und dann geht es immer der Straße nach. Hin- und Rückweg betragen jeweils gute 20 Minuten, hinzu kommt noch die Zeit für die Besichtigung. Reizvoll ist die Ruine vor allem wegen

Château Rocher

ihrer schönen Aussicht auf das Tal der *Sioule*. Sie sollten sich das nicht entgehen lassen!

Vom Château stehen nur noch ein paar Mauerreste, die aber durchaus einen sehenswerten Anblick bieten. Sie können zwischen den Mauerresten herumklettern, müssen allerdings die in Frankreich übliche Vorsicht walten lassen. Nicht alles ist so gut abgesichert, wie Sie das von deutschen Ruinen kennen. Und da ein Gebäude aus dem 13. Jahrhundert auch mal hier und da ausgebessert werden muss, waren im Jahr 2010 Renovierungsarbeiten in Gange. Die Leiter, die Sie oben sehen, gehört nicht zum normalen Inventar.

In einer der Kammern können Sie noch einen alten Backofen sehen, der in die Wand hinein gemauert wurde. Im Gegensatz zur Burg in HÉRISSON ist hier noch der Aufbau der verschiedenen Räume zu erkennen. Teilweise kann man ihnen sogar noch Funktionen zuordnen.

Wenn Sie jetzt mit uns die Ruine über die Holzbrücke wieder verlassen, haben Sie erst mal einen recht steilen Aufstieg über die Wiese vor sich, ab dann läuft's sich aber wieder leicht bis zum Stellplatz zurück.

Unser weiterer Weg führt nach ST-GERVAIS. Dazu müssen wir erst einmal durch ST-RÉMY wieder zurück fahren und uns, wenn wir die Querstraße, an der wir abgebogen sind, wieder erreichen, scharf nach links wenden. Die Straße folgt dem Lauf der *Sioule*, und wir können immer wieder, zwischen Bäumen hindurch, einen Blick auf den Fluss werfen. Wir durchqueren jetzt die GORGES DE LA SIOULE, auf gut Deutsch: Die *Sioule*-Schlucht.

Passen Sie auf, wenn es rechts über eine Brücke nach CHÂTEAUNEUF-LES-BAINS abgeht! Diesem Schild müssen wir folgen. Ab hier dürfen Sie dann den Wegweisern nach ST-GERVAIS vertrauen. An einer Ampel müssen Sie scharf rechts abbiegen. Holen Sie weit aus und fahren Sie die Kehre großzügig. Besser rangieren Sie noch einmal zurück. Mein Wohnmobil hat in der Kurve hinten links aufgesetzt. Wenn Sie einen großen Überhang haben, gehen Sie lieber auf Nummer sicher. Die *Sioule* liegt jetzt hinter und ST-GERVAIS nur wenige Kilometer vor uns.

In diesem Ort gibt es einen unattraktiven Stellplatz und einen schön gelegenen Campingplatz.

(010) WOMO-Stellplatz: St-Gervais

GPS: N 46° 01' 50.3" E 2° 49' 14.3" — Rue de l'Égalité
max. WOMOs: 5 — Gebührenfrei
Ausstattung / Lage: Mülleimer, Wertstoff-Behälter / am Ortsrand
Zufahrt: Geradeaus durch St-Gervais bis fast zum Ortsende durch fahren, dann zum Supermarkt hin nach rechts abbiegen. Auf der linken Seite ist ein großer Platz neben der Feuerwehr.

(C03) WOMO-Campingplatz-Tipp: L'Étang Philippe ***

GPS: N 46° 02' 13.1" E 2° 49' 02.2" (kein Straßenname)
Öffnungszeiten: ganzjährig
Ausstattung / Lage: Ver- und Entsorgung in der Nähe, schattig, Restaurant, Spielplatz / direkt am See
Zufahrt: Immer geradeaus durch den Ort fahren. Gegen Ortsende am Kreisel der ersten Abfahrt Richtung „Base de Loisirs" folgen. Nach kurzer Wegstrecke nach links den Schildern zum Campingplatz folgen.
E-Mail: campingstgervais@wanadoo.fr
Internet: www.camping-loisir.com

Ganz in der Nähe des Campingplatzes finden Sie eine Ver- und Entsorgungsstation. Das ist wichtig zu wissen, wenn bei Ihnen Wasseralarm oder Toilettennotstand herrscht. Die Station liegt außerhalb des Campingplatzes. [GPS: N 46° 02' 12.1" E 2° 49' 05.5"]

Haben Sie sich am *Étang Philippe* etwas die Beine vertreten oder sich gar ein oder zwei Tage erholen können? Ist doch wirklich schön da! Dann wollen wir mal weiter. Wir bleiben dem Wasser treu. Um genau zu sein, wollen wir an einem See vorbeifahren. Um noch genauer zu sein: Die *Soule* wird hier in der Nähe gestaut.

Da wir gerade bei Konstruktionen sind: Gustave Eiffel, Sie kennen ihn alle als den Konstrukteur des Eiffelturms in Paris, hat in der AUVERGNE kräftig geübt. Wir werden eines seiner Bauwerke jetzt sehen, später in Kapitel 7 ein weiteres.

Aber der Reihe nach! Unser nächstes Ziel heißt SAURET-BESSERVE. Zuerst müssen wir vom Stell- oder Campingplatz aus ST-GERVAIS rausfahren. Vom Stellplatz aus geht's die paar Meter zur „Hauptstraße" zurück und dann nach rechts ab, um dann den folgenden Kreisel an der ersten Abfahrt zu verlassen. Die Leser, die auf dem Campingplatz waren, fahren ebenfalls die paar Meter zur D 987 zurück. Schon sind wir wieder auf gleichem Kurs. Jetzt können wir gemeinsam unbesorgt den Schildern „BARRAGE DE BESSERVE" oder „VIADUC DES FADES" folgen.

Sie erreichen dann das bereits erwähnte SAURET-BESSERVE. Das ist nur eine Ansammlung von ein paar Häusern, die sich allerdings dadurch auszeichnet, dass hier ein Wohnmobilstellplatz zu finden ist. Eigentlich unvorstellbar für solch einen kleinen Weiler. Warum sollte man mit dem Wohnmobil hier her kommen? Warum investiert die Gemeinde ihr Geld in eine Ver- und Entsorgungsstation und pflegt auch noch den dazugehörigen Platz? Der örtliche Handel hat nichts davon, der existiert nicht. Die gegenüberliegende Bar hat auch schon bessere Zeiten gesehen und ist wohl seit Jahren dem Verfall preisgegeben. In ihrer Morbidität ist sie eigentlich schon fast wieder schön. Eine Kirche gibt es noch nebenan. Die können

(011) WOMO-Stellplatz: Sauret-Besserve

GPS: N 45° 59' 32.4" E 2° 48' 26.6" (kein Straßenname)
max. WOMOs: 2 - 3 Gebührenfrei

Ausstattung / Lage: Ver- und Entsorgung, Mülleimer, Wertstoff-Behälter / im Ort, aber trotzdem ruhig
Zufahrt: Den Schildern „Barrage de Besserve“ oder „Viaduc des Fades“ folgen. Wenn Sie im Ort die Kirche sehen, kurz vor dem Gotteshaus links auf den Platz abbiegen.

Sie sich anschauen, müssen aber nicht. Bleiben Sie einfach mal eine Nacht hier und genießen Sie die Ruhe!

Ab jetzt wird die Straße interessant. Auf der linken Seite können wir immer mal wieder einen Blick auf die Eisenkonstruktion des Viaduktes werfen, aber noch interessanter ist es, wenn Sie in die Ferne schauen. Dort tauchen nämlich schon die Kette der Puys auf. Die werden wir während der nächsten Tour noch näher kennen lernen.

Viaduc des Fades

1908 hatte es Gustave Eiffel geschafft! Er hatte die höchste Eisenbahnbrücke Europas fertiggestellt und damit seinen eigenen Rekord, den er ein paar Jahre zuvor mit dem Viaduc de Garabit aufgestellt hatte, gebrochen. Diese Brücke, die die Sioule in einer Höhe von sage und schreibe 123 m überspannt, ist auch heute noch die höchste ihrer Art.

Zuerst einmal bleiben wir bei Monsieur Eiffel. Nach einer Brücke finden Sie links der Straße einen Parkstreifen, von dem aus Sie die Eisenkonstruktion in ihrer ganzen Pracht bewundern können. Die Verkehrssituation ist ein bisschen kompliziert. Sie müssen in einer Kurve die Gegenfahrbahn überqueren, um auf den Parkstreifen zu kommen, was noch einigermaßen funktioniert. [GPS: N 45° 58' 18.1" E 2° 47'

51.6"] Schwieriger wird es, vom Parkstreifen aus wieder auf die rechte Fahrbahn zu gelangen, um weiterzufahren. Achten Sie auf akustische Signale. Lkw-Fahrer haben sich angewöhnt, an dieser Stelle zu hupen. Nicht, weil wir Wohnmobilfahrer ständig die Fahrbahn kreuzen, sondern weil das wirklich eine Engstelle ist und zwei Lkws Probleme haben, im Kurvenbereich aneinander vorbei zu kommen.

So ein bisschen Eiffelturm steckt ja schon im Viadukt, oder? St-Georges steht jetzt auf meinem Plan. Ich habe mir lange überlegt, ob ich den Ort überhaupt erwähnen soll. Der Stellplatz gehört nicht in die erste Liga und auch der Campingplatz kann mir nur durch seine Preisgestaltung ein Lächeln abringen. Ihm widme ich hier kein eigenes Kästchen.

(012) WOMO-Stellplatz: St-Georges

GPS: N 45° 56' 24.3" E 2° 50' 32.2" Square du 19 Mars 1962
max. WOMOs: > 5 Gebührenfrei
Ausstattung / Lage: Ver- und Entsorgung / am Ortsrand, unattraktiv
Zufahrt: Fahren Sie durch St-Georges in Richtung Manzat. Fast am Ortsende müssen wir rechts abbiegen. Die Schilder zum „Camping Municipal" sind dabei eine Hilfe. Jetzt immer geradeaus, bis Sie vor den Toren des Campingplatzes stehen. Der Stellplatz ist der große Platz davor.
Sonstiges: Wasser oder Strom 2 EUR

Bei der Weiterfahrt werde ich durch ein Hinweisschild zum „*Méandre de Queuille*" neugierig. Aus meinem Erdkundeunterricht weiß ich noch, dass ein Mäander eine Folge von Flusswindungen ist. Also auf jeden Fall ein Anblick, den ich mir nicht entgehen lassen will. Die Schilder zum „Méandre" können Sie nicht übersehen. Es geht links ab und dann eine ganze Weile immer der Nase und den Schildern nach. Die Parksituation ist nicht optimal. Entweder Sie finden einen Platz auf dem sehr schrägen Parkplatz, [GPS: N 45° 58' 20.8" E 2° 50' 58.2"] oder Sie müssen zurück ins Dorf fahren und die paar Meter zu Fuß zurücklaufen. Sie können aber auch mutig sein und sich vor den Querparkplätzen auf der anderen Straßenseite an dem Gebäude längs hinstellen. Parken Sie aber bitte keinen Kollegen von uns zu! Pkws kämen aus ihren Parkbuchten noch raus, wenn Sie da stehen, Wohnmobile nicht mehr. Jetzt brauchen wir nur den Schildern zum Mäander zu folgen und kommen dann auf eine Aussichtsplattform, von der aus wir einen sehr schönen Blick auf die Schleife haben. Genau dort habe ich auch das Foto gemacht. Es gibt vom Parkplatz aber noch einen zweiten Weg, der nach oben an eine Imbissbude führt und anschließend auch auf einer Aussichtsplattform endet. Den Blick können Sie hier oben etwas weiter schweifen lassen.

Der Méandre de Queuille

Jetzt fahren wir mal wieder gemeinsam zurück zur Straße ST-GEORGES – MANZAT. In MANZAT möchte ich diese Tour auf dem dortigen Stellplatz mit Ihnen beenden.

(013) WOMO-Stellplatz: Manzat

GPS: N 45° 57' 44.1" E 2° 56' 17.7" (kein Straßenname)
max. WOMOs: > 5 Gebührenfrei
Ausstattung / Lage: Wasser, Mülleimer / am Ortsrand
Zufahrt: In Manzat brauchen Sie nur in die erste Straße nach rechts einzubiegen. Nach etwa einhundert Metern sehen Sie auf der rechten Seite einen großen Platz. Dort sind Sie richtig. Wasser gibt es rechts hinten, von der Einfahrt aus gesehen. Sie sind in Obhut der Gendarmerie, die genau nebenan residiert.

TOUR 3 (77 km)

Volvic – Clermont-Ferrand – Gergovia – Vulcania – Puy de Dôme

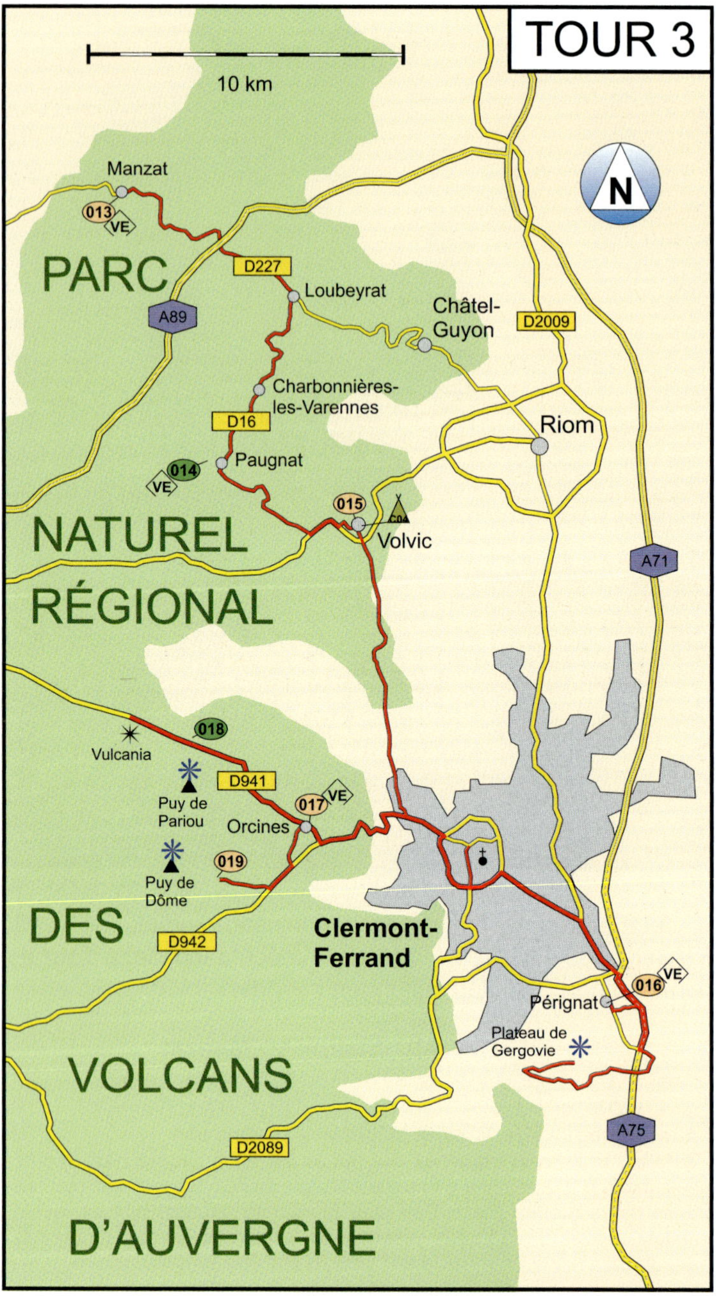

Übernachtung:	Paugnat, Volvic, Perignat, Orcines, Puy de Pariou, Puy de Dôme
Campingplatz:	Camp Municipal de Volvic
Besichtigen:	Clermont-Ferrand, Plateau de Gergovie
Wandern:	Zum Puy de Dôme
Markt::	Clermont-Ferrand (Sa.)

Zugegeben, die Überschrift „Feuer und Wasser" ist etwas reißerisch. Das Feuer der Vulkane in der AUVERGNE ist längst erloschen. Beginnen wir also mit dem Wasser, das immer noch aus vielen Mineralquellen strömt. Ich habe mich zum Einstieg für VOLVIC entschieden, weil es so schön in meine Routenplanung passt.

Wenn Sie in MANZAT nicht übernachtet haben, fahren Sie auf der Durchgangsstraße geradeaus weiter. Falls Sie auf dem Stellplatz waren, müssen Sie die paar Meter zur Hauptstraße wieder zurück fahren und dann rechts abbiegen. Die Großrichtung ist jetzt RIOM. Nach knapp 10 Kilometern erreichen wir einen Ort namens LOUBEYRAT. Dort müssen wir RECHTS abbiegen nach CHARBONNIÈRES-LES-VARENNES. Ich habe deshalb das Wort „rechts" in Großbuchstaben geschrieben, weil Sie auch nach links zu einem CHARBONNIÈRES abbiegen können. Das heißt aber CHARBONNIÈRES-LES-VIEILLES.

Die Fahrbahn ist schmal, aber durchaus auch für größere Wohnmobile gut passierbar. Es geht eigentlich immer der Straße nach. An der ersten ernst zu nehmenden Kreuzung ist VOLVIC bereits ausgeschildert, auch hier geht es einfach geradeaus weiter. Interessant für uns ist der Ort PAUGNAT, zu dem wir kommen, nachdem wir CHARBONNIÈRES durchquert haben. Er ist streng genommen ein Ortsteil von CHARBONNIÈRES-LES-VIEILLES. Das müssen Sie eventuell beachten, wenn Sie dir Straße ins Navi eingeben. Hier gibt es einen schönen Stellplatz und hier möchte ich Sie zu einer kleinen Wanderung verführen. Fahren Sie zuerst einmal durch den Ort durch. Am Ende kommen Sie an einen Kreisel. Nach VOLVIC ginge es links ab, wir fahren jedoch nach rechts. Nach vielleicht 100 m lotst uns das bekannte Womo-Schild nach links in einen asphaltierten Waldweg. Die Straße ist gesperrt und nur für Wohnmobile frei. Das klingt – zugegebenermaßen – im ersten Moment nicht sehr vertrauenswürdig. Die Offenbarung kommt 20 Meter später. Auf zwei Niveaus sind sehr schöne Stellplätze eingerichtet. Eine Ver-und Entsorgungsstation ergänzt das Ensemble. Hier auf dem „flachen Lande" hätte ich das am wenigsten erwartet. Aber ich bin ja bereits in der letzten Tour

(014) WOMO-Wanderparkplatz: Paugnat

GPS: N 45° 53' 05.5" E 2° 58' 49.5"
Route de St-Georges
max. WOMOs: > 5
Gebührenfrei
Ausstattung / Lage: Ver- und Entsorgung, Mülleimer, Wertstoff-Behälter / ruhige Lage außerhalb.
Zufahrt: Wie im Text beschrieben.

überrascht worden. Suchen Sie sich ein schönes Plätzchen richten Sie sich schon mal ein und holen Sie Ihre Wanderschuhe aus dem Schrank. Wir wollen wandern. Es handelt sich dabei um einen einfachen Rundkurs.

WOMO-Wandertipp: Der Wald um Paugnat

Wir starten am Wanderplatz und gehen zuerst einmal die Straße hoch. An der Gabelung geht's nach links und dann durch den Wald. Nach etwa 10 Minuten haben wir den „richtigen" Beginn des Rundweges erreicht. Wenn Sie eine Eisenbahnlinie sehen, taucht rechts von Ihnen bald eine Übersichtstafel auf, Sie können jetzt wählen.
Der gelbe Weg ist ohne jede Schwierigkeiten selbst für kleinere Kinder geeignet (Sie müssen sie nur bei Laune halten!). Er dauert angeblich 45 Minuten, ich halte das für übertrieben. Dann gibt es als Ergänzung zum gelben Weg auch noch den blauen. Das ist eindeutig die schönere aber schwierigere Variante. Während der gelbe Pfad uns um einen Hügel herumführt, erklimmen wir auf dem blauen eine Höhe von über 900 m. Das heißt, dass wir auf einer Wegstrecke von 600 m knapp 200 Höhenmeter überwinden müssen.
An einem der Steine, die den Rundweg markieren, ist ein Hinweis zu finden: „Table d'Orientation" nach rechts. Von dort oben haben wir eine Aussicht vom Tal der Allier ganz rechts, bis zu der Kette der Puys zu

unserer Linken. Vor uns ist ein alter Steinbruch, der zwar nicht ganz so malerisch ins Bild passt, der jedoch wieder restauriert werden und als Denkmal für den Bergbaubetrieb in der Gegend erhalten bleiben soll.

Zugegeben, die Wanderung hat keine spektakulären Höhepunkte. Aber es ist doch einfach mal schön, so eine Stunde durch den Wald zu laufen – und für eine zusätzliche kleine Anstrengung noch ein schönes Panorama zu genießen.

Wollen Sie heute Nacht hier auf dem Platz bleiben? Obwohl sich Fuchs und Hase hier „Gute Nacht“ sagen, werden Sie sicher nicht allein sein. Bei unserer Rückkehr hat sich die Zahl der Wohnmobile mehr als verdoppelt. Schöne Plätze sprechen sich schnell rum!

Wenn Sie wieder startklar sind, fahren Sie mit uns zum Kreisel und folgen jetzt den Schildern nach VOLVIC. Wir fahren hinab ins Tal – und das ziemlich steil! Für Fahrzeuge über 3,5 t gilt eine Geschwindigkeitsbeschränkung auf 30 km/h. Rechts der Straße sind Kiesbetten aufgeschüttet, falls die Bremsen versagen sollten. Unterschätzen Sie also das Gefälle nicht!

(015) WOMO-Stellplatz: Volvic

GPS: N 45° 52' 26.1" E 3° 02' 34.6" — Rue de Batignolles
max. WOMOs: > 5 — Gebührenfrei
Ausstattung / Lage: keine / am Ortsrand.
Zufahrt: Vom Tourenverlauf kommend, biegen wir an der zweiten Ampel links ab und folgen dann den Schildern „stade“, das heißt nochmals ab nach links und in die nächste Straße dann wieder nach links einbiegen, dann abermals links auf den großen Parkplatz, den Sie vor dem Sportplatz auf der linken Seite sehen.

Die Ver- und Entsorgungsstation steht vor dem Campingplatz. Der ist vom Stellplatz aus sehr leicht zu finden und auch recht schön. Wenn es Ihnen also auf dem etwas tristen Stellplatz nicht gefällt, ist das eine gute Alternative.

(C04) WOMO-Campingplatz-Tipp:
Camp Municipal de Volvic ****

GPS: N 45° 52' 20.7" E 3° 02' 48.7" — Rue de Chancelas
Öffnungszeiten: Mai - September
Ausstattung / Lage: Ver- und Entsorgung außerhalb des Geländes, schattig, Laden, Restaurant, Spielplatz / am Ortsrand gelegen
Zufahrt: Vom Stellplatz kommend biegen Sie links ab und fahren die Straße hoch. Am Ende der Straße biegen Sie – wer hätte das gedacht – wieder nach links ab. Nach kurzer Fahrt sehen Sie den Campingplatz und auch die Ver- und Entsorgungsstation – na wo wohl? – auf der linken Seite.
E-Mail: camping@ville-volvic.fr
Internet: www.ville-volvic.fr

VOLVIC, wer denkt da nicht an das gleichnamige Wasser? Selbstverständlich können Sie die Quelle besichtigen. Selbstverständlich gibt es da noch ein Informationszentrum drumrum mit Schautafeln und Videovorführung. Meine Begeisterung hielt sich je-

Öffnungszeiten Volvic:
Mai bis September: 9 – 12 und 14 – 18 Uhr
Sa/So 14.30 – 18.00 Uhr

doch in Grenzen. Zu finden ist das in der Rue des Sources. Vom Stellplatz oder Campingplatz fahren Sie in westlicher Richtung bis Sie die ersten Hinweisschilder sehen. [GPS: N 45° 52‘ 11.2“ E 3° 01‘ 55.5“, Route des Sources]

Bevor wir uns in die erloschene Vulkanwelt stürzen, genießen wir noch einmal das Großstadtgefühl. CLERMONT-FERRAND ist hierzu sehr geeignet.

Hier ist ein kleiner dicklicher Mann zu Hause, der nur aus Reifen besteht. Sie werden ihn kennen: In CLERMONT-FERRAND hat die Firma Michelin ihren Sitz. Ich bin bisher zwei Mal auf der Suche nach einem Parkplatz ganz in der Nähe des Zentrums fündig geworden. [GPS: N 45° 46' 53.6" E 3° 04' 45.7", Rue Jean Bonnefons]] Fragen Sie mich nicht, wie ich Sie dahin lotsen soll, dass wäre ein eigenes Kapitel. Vertrauen Sie Ihrem Navi oder merken Sie sich den Namen des Parkplatzes und suchen Sie auf den Parkleitschildern danach.

Orientieren Sie sich erst einmal auf dem Parkplatz. Sehen Sie einen Kirchturm? Dann stellen Sie sich so, dass er sich links von Ihnen befindet. So liegt nämlich das Stadtzentrum schräg links vor Ihnen – und gar nicht weit entfernt. Man traut es dem Parkplatz nicht zu.

Lassen Sie uns nun zur Besichtigung schreiten: Zuerst gehen wir auf die bereits erwähnte Kirche zu und biegen kurz vorher nach rechts ab. Wir erreichen nun eine breite Straße, die wir überqueren und dann, uns leicht nach rechts wendend, einer Linkskurve der Straße folgen. Das hört sich jetzt schrecklich kompliziert an, ist aber ganz einfach, wenn Sie an Ort und Stelle sind. Jetzt schlendern wir erst einmal immer geradeaus. Das hört sich doch jetzt sehr einfach an! Schauen Sie hin und wieder einmal links in eine Seitengasse. In einer davon sehen Sie direkt auf das Hauptportal der Kathedrale. Merken Sie sich ungefähr, wo sie zu finden ist. Wir statten ihr später noch einen Besuch ab. Von der Seite sieht sie nämlich viel eindrucksvoller aus als von vorn.

Wir kommen schließlich an einen Straßenbahn-Bahnhof, einen Treffpunkt zum Erzählen und Flanieren – und hier erleben alle Asterix-Fans eine Offenbarung. Das Denkmal des heldenhaften Vercingétorix, das Symbol der AUVERGNE schlechthin, der die Schlacht bei Gergovia (heute: Gergovie) gewonnen hatte und den Römern die erste Niederlage in Gallien bescherte. Ein paar Jahre später hatte er jedoch in Alesia (Alise-Ste-Reine, in der Nähe von Dijon) gepatzt. Im Jahre 45 v.Chr. wurde er in Rom ermordet. Hoch zu Rosse, mit erhobenem Schwert, stellt er sich hier in CLERMONT-FERRAND den Römern. Ein paar Methusalixe werden sich sicherlich auch am Fuße des Denkmals einfinden.

Vercingétorix reitet durch Clermont-Ferrand

Wenn Sie jetzt am Straßenbahn-Bahnhof stehen, den tapferen Helden vor sich, und sich fragen, wo die Schlacht denn damals nun stattgefunden hatte, dann muss ich Sie noch ein wenig vertrösten. Natürlich besuchen wir das Schlachtfeld von Gergovia!

Aber jetzt gehen Sie mit mir in Blickrichtung weiter. Sobald Sie die Steigung erklommen haben, biegen Sie rechts ab und haben dann die Kathedrale in all ihrer Pracht vor sich. Davor ist noch der Place de la Victoire mit einem Brunnen, über dessen Schönheit man streiten kann. Jetzt wollen wir aber zuerst einmal die Kathedrale besichtigen.

Die Kathedrale, versteckt in den Straßenschluchten

Mit vollem Namen heißt sie „Cathédrale Notre-Dame-de-l'Assomption“. Wobei das „Assomption“ mit „Himmelfahrt“ zu übersetzen wäre. Begonnen wurde der Bau in der Mitte des 13. Jahrhunderts, fertiggestellt jedoch erst Anfang des 19. Jahrhunderts. Vermutlich kennt man auch in Frankreich das Problem mit den Handwerkern, die nicht rechtzeitig kommen. Im Innern der Kirche beeindrucken uns vor allem die Fenster und eine Statue, die in der Auvergne noch öfter vorkommt. Eine „schwarze Madonna“ ist hinter dem Altar in einer der Kapellen zu sehen.

Wenn Sie Ihre Besichtigung beendet haben, haben Sie bereits die wichtigsten Sehenswürdigkeiten der Stadt kennen gelernt. Das heißt aber nicht, dass es hier nicht mehr zu entdecken gäbe. An verschiedenen Stellen im Zentrum finden Sie Pläne, die Sie zu weiteren markanten Punkten leiten, die alle im Zentrum zu finden und zu Fuß leicht erreichbar sind. Suchen Sie sich das Passende aus und erkunden Sie die Stadtmitte auf eigene Faust. Zur Kathedrale werden Sie immer wieder zurück finden, wenn Sie den jeweils steilsten Weg nach oben einschlagen.

Dort angekommen gehen wir gemeinsam zum Hauptportal des Gotteshauses und folgen der abwärts führenden Straße. Wenn sie an der breiten Querstraße ankommen, wird Ihnen Einiges bekannt erscheinen. Ja, genau, hier waren wir schon einmal. Sie biegen rechts ab und lassen sich vom Parkplatz-Schild zum „Parking Fontgièvre“ leiten. Es ist dann wenigstens eine kleine Abwechslung zum Hinweg.

Unsere nächste Etappe ist das Schlachtfeld von Gergovia. Für jeden Franzosen, der in dieser Gegend ist, ein „Muss“! Für uns schwingen da weniger patriotische Gefühle mit. Es ist vor allem die Aussicht, die wir von diesem Plateau aus genießen können, und die mich letztendlich dazu bewogen hat, dieses denkwürdige Feld hier zu erwähnen.

Hinzu kommt, dass zwischen CLERMONT-FERRAND und dem „Plateau de GERGOVIE" noch ein schöner Stellplatz liegt. Nach der Hektik in der Stadt, endlich auf den Stellplatz und am nächsten Tag: auf in die Schlacht! Das wäre mein Vorschlag. Wir haben das nämlich genauso gemacht.

(016) WOMO-Stellplatz: Pérignat

GPS: N 45° 44' 12.5" E 3° 08' 17.3" Rue des Caves
max. WOMOs: 5 Gebührenfrei
Ausstattung / Lage: Ver- und Entsorgung, Mülleimer, Wertstoff-Behälter / abseits des Zentrums in einer Wohngegend gelegen
Zufahrt: Von Clermont-Ferrand aus den Schildern nach Issoire bzw. Autobahn A 75 folgen, die nichts kostet. Kaum haben Sie die Autobahn erreicht, müssen Sie bei einer der ersten Ausfahrten schon wieder runter in Richtung Pérignat. Ab der Ortseinfahrt ist der Stellplatz bereits gut sichtbar ausgeschildert.
Sonstiges: Über einen Trampelpfad am hinteren Ende des Platzes sind sie in 2 Minuten in der Ortsmitte und können morgens ihr Baguette kaufen.

Erinnern Sie sich noch an den Weg zur Autobahn, den müssen wir jetzt wieder einschlagen. Am Kreisel halten wir uns mal wieder an die Richtung ISSOIRE. Aber auch diesmal bleiben wir nicht lange auf dieser Straße. Bei Abfahrt 4 heißt es schon wieder runter von der Autobahn und den Schildern zum „Plateau de GERGOVIE" folgen. Diese Straße hoch zum Plateau bzw. nach GERGOVIE teilt sich kurz vor dem Ort. Links ist für Busse und Caravans beschildert, rechts für Pkws. Wir Wohnmobilisten bleiben mal wieder unberücksichtigt. Ich hatte die Pkw-Strecke gewählt. Im Ort ist es an manchen Stellen etwas eng, aber mit Womos unter 7 m sollten Sie keine Probleme haben. Wenn Sie noch wenig Erfahrung im Umgang mit ihrem Wohnmobil haben, oder wenn es länger ist als 7 m, empfehle ich die Omnibus-Strecke. Sie hat allerdings Lücken in der Beschilderung und es ist nötig, ein gutes geographisches Gedächtnis zu haben, damit Sie merken, in welche Richtung Sie sich orientieren sollten. Welche Route Sie auch nehmen, Sie werden unterwegs immer wieder mit sehr schönen Aussichten belohnt.

Oben angekommen [GPS: N 45° 43' 08.7" E 3° 07' 36.6"], gibt es neben den Parkplätzen natürlich wieder das unvermeidbare Informationszentrum, eine Orientierungstafel und einen schönen Blick auf die Vulkankette. Selbstverständlich darf auch ein Denkmal nicht fehlen! Einen kleinen Rundwanderweg für die Kleinen gibt es ebenfalls. Er ist mit einem Schmetterling markiert, dauert etwa eineinhalb Stunden und

Denkmal auf dem Plateau de Gergovie

hat kindgerechte Erklärungen an verschiedenen Stationen parat. Allerdings nur auf Französisch.

Wenn Sie sich entschließen, wieder weiter zu fahren, folgen Sie jetzt am besten der Busstrecke. Von hier zur Autobahn – ja, da müssen wir wieder hin – ist die Beschilderung einwandfrei.

Die A 75 hat uns also wieder. Diesmal fahren wir nach Norden, Richtung CLERMONT-FERRAND. Folgen Sie so lange den Wegweisern in Richtung Zentrum, bis Sie Schilder nach „VULCANIA“ oder „PUY DE DÔME“ entdecken. Und die sind nun wirklich nur mit großer Mühe zu übersehen!

Die Straße schlängelt sich außerhalb der Stadt in Serpentinen hoch. Wir folgen immer noch den Schildern „VULCANIA“ und „PUY DE DÔME“. Jetzt erreichen wir den Naturpark der Vulkane der AUVERGNE, den „Parc des Volcans d'AUVERGNE“. Bald darauf kommen wir nach ORCINES. Wäre eigentlich nicht

(017) WOMO-Stellplatz: Orcines

GPS: N 45° 47' 16.6" E 3° 00' 35.1" (kein Straßenname)
max. WOMOs: 3 Gebührenfrei
Ausstattung / Lage: Ver- und Entsorgung, Wertstoff-Behälter / am Ortsrand, ruhig.
Zufahrt: An der Ampel im Ort auf die Rechtsabbiegerspur einordnen. Abbiegen und dann immer geradeaus. Wenn Sie das Gefühl haben, bald am Ortsende zu sein, schauen Sie nach rechts, dort sehen Sie das kleine Ensemble aus VE-Station und Stellplätzen. Um auf einen Stellplatz fahren zu können, müssen Sie die Steinmarkierungen beachten. Manche sind grenzwertig eng.
Sonstiges: Strom und Wasser 2 EUR

erwähnenswert, gäbe es da nicht eine Ver- und Entsorgungsstation und einen Mini-Stellplatz.

Eine kleine Anekdote am Rande: Die Station hatte auf einem der Wasseranschlüsse keinen Druck. Morgens kam ein PKW vom „Service des Eaux“. Ein Mann mit Anzug und Krawatte sah sich das an, drückte hier und drückte dort und verschwand nach 10 Minuten. 1 Stunde später kam ein Kleinsttransporter (Aufschrift: „Service des Eaux“), zwei Männer im Blaumann stiegen aus und sahen sich das an, drückten hier und drückten dort. Nach einer Viertelstunde stiegen sie wieder ein. Eine weitere Dreiviertelstunde später kam ein Transporter (Aufschrift: „Service des Eaux“). Drei Männer in leuchtend orangefarbener Kleidung stiegen aus, öffneten die Station, hantierten kurz darin und verschwanden nach 5 Minuten. Die Station war wieder funktionstüchtig. Der Amtsschimmel wiehert nicht nur in Deutschland.

Ohne den Abstecher zum Stellplatz fahren Sie in ORCINES natürlich geradeaus weiter. Wir bleiben zuerst einmal den Schildern nach VULCVANIA treu.

Die Straße steigt jetzt ordentlich an. Auf halber Strecke zwischen ORCINES und VULCANIA steht auf der rechten Seite ein großes Parkplatzschild. Der Pfeil weist nach rechts. Der Parkplatz ist weit verzweigt. Es hat sich wohl so etabliert, dass

(018) WOMO-Wanderparkplatz: Puy de Pariou

GPS: N 45° 48' 16.6" E 2° 59' 12.1"
max. WOMOs: 5 Gebührenfrei
Ausstattung / Lage: Mülleimer / Ruhige Lage in einem Waldgebiet.
Zufahrt: Wie im Text beschrieben.

die Wohnmobile in der Ecke stehen, die am weitesten von der Einfahrt entfernt liegt.

Im mittleren Bereich des Platzes steht eine Übersichtskarte, auf der mehrere Wanderrouten eingezeichnet sind. Da sind Dauer, Höhenunterschied und Schwierigkeitsgrad vermerkt, wobei Sie wissen sollten, dass „facile“ „einfach“ heißt. Wir sind hier nicht gewandert, da ich morgen noch den PUY DE DÔME besteigen will. Das ist eine ziemlich schweißtreibende Angelegenheit – zumindest bei den momentan herrschenden Temperaturen.

Also fahren wir weiter in Richtung VULCANIA. Ein Projekt, das während der Planungs- und Bauzeit auf Widerstand bei der Bevölkerung gestoßen ist. Man befürchtete eine Verschandelung der Landschaft. Der ganze Komplex wurde unterirdisch angelegt, so dass nur die kleine Eingangshalle und ein Turm in Form eines Vulkans von außen sichtbar sind. Es bleibt natürlich die starke Verkehrsbelastung rings um diesen „wissenschaftlichen Freizeitpark“, wie ich ihn jetzt mal nennen will. Aber wenige Kilometer weiter herrscht am PUY DE DÔME das gleiche Verkehrsaufkommen.

Den Eingang zum riesigen Parkplatz zu finden, ist keine Kunst. Die Schilder stehen deutlich sichtabr am Straßenrand. Für Wohnmobile und Busse ist ein eigener Abschnitt reserviert. Den werden Sie nicht verfehlen, weil ein netter Parkplatzwächter Ihnen den Weg zeigt [GPS: N 45° 48' 54.0" E 2° 56' 36.0"].

Vulcania und Vulkane

Jetzt muss ich einmal kurz auf die Einleitung zu diesem Buch hinweisen. Dort steht, dass die Routen eine fiktive Tour darstellen. In der Tat war ich im Frühjahr dort und schiebe diese Eindrücke in die Sommertour ein. Falls es Ihnen möglich ist, fahren Sie jedoch nicht im Juli oder August dort hin. Um Ostern herum war schon so viel los, dass ich mir gar nicht auszumalen wage, welch ein Gewusel da im Sommer herrschen mag. Ich will Sie keineswegs abschrecken. Ganz im Gegenteil – ich habe keine Sekunde meines Besuches bereut!

Ich hatte mich angemeldet, und die Pressesprecherin empfing uns am Eingang, erklärte die wichtigsten Eckdaten und organisierte für uns noch eine Sonderführung in Deutsch, da unsere Französischkenntnisse auf dem Gebiet der Geologie gegen Null tendieren. Sie müssen sich keiner Führung anschließen, Sie können VULCANIA auch auf eigene Faust er-

Die „Maschine" Erde

obern. Es bleibt Ihnen dabei jedoch Vieles verborgen, was sie bei einer Führung erfahren würden. Beispielsweise, dass die Geräusche, die Sie in der Nähe eines freigelegten Kraters hören, die Originalaufnahmen des berühmtesten französischen Vulkanforschers Krafft sind, die er selbst im Krater eines Vulkans gemacht hatte, der kurz vor dem Ausbruch stand.

Feuerwerk über dem Vulkankegel

Es gibt einen Informationsstand, die Leute sagen Ihnen gerne, wann die nächste Führung in Deutsch stattfindet. Die „guides" sind äußerst kompetent und antworten auch auf komplexe Fragestellungen verständlich. Fast alle haben Geologie studiert. Wenn Sie das nicht wollen, outen Sie sich doch bitte am Informationsstand als Deutsche und verlangen einen sogenannten „Audioguide", eine Art Walkman, der Sie in Ihrer Muttersprache durch die Anlage begleitet. Da die Franzosen technische Spielereien mögen, schaltet sich das Gerät natürlich selbstständig an, wenn Sie an einem interessanten Punkt stehen bleiben. Überhaupt ist ganz VULCANIA eine High-Tech-Oase zwischen all diesen ehrwürdigen „echten" Vulkanen. Interaktive Bildschirme sind selbstverständlich. Non-Stop-Videos von Vulkanausbrüchen, die sich dann abschalten, wenn niemand mehr im Raum ist, ebenso. Und dann gibt es noch sechs sogenannte Attraktionen. Da können Sie in einem Kino à la Jules Verne durch den Schlund eines Vulkans zum Mittelpunkt der Erde reisen, wobei Ihre Sessel natürlich durch Vibration und Neigung den Film unterstützend begleiten. Das alles ist im Eintrittspreis enthalten. Allerdings ist dieser recht hoch, (2010: 2 Erwachsene, 2 Kinder über 70 EUR) aber bei dem Aufwand, der hier betrieben wird, durchaus nachvollziehbar und auch gerechtfertigt!

Einen halben Tag können Sie leicht hier verbringen, bei geologischem Interesse auch einen ganzen.

Uns zieht es jetzt weiter zum PUY DE DÔME. Er wird in der Reiseliteratur als höchster Vulkan der AUVERGNE angegeben. Warum das so ist, weiß ich nicht, denn der PUY DE SANCY ist mit 1885 Metern noch ein gewaltiges Stück höher. Aber vielleicht geht der bei den Geologen nicht als lupenreiner Vulkan durch. Obwohl er das, nach meiner laienhaften Ansicht, zweifelsohne ist. Er hatte eruptiert, Lava, Asche und Rauch ausgestoßen und sich auch sonst ganz so verhalten, wie es sich für einen anständigen Vulkan gehört. Der PUY DE DÔME ist aber auf jeden Fall ein Bilderbuchvulkan. Den Weg zu ihm werden Sie genauso leicht finden, wie nach VULCANIA. Riesige Schilder überall!

Er ist meine große Liebe. Obwohl – oder gerade weil – er mir meine Annäherung so schwer machte. Das beginnt schon damit, dass er sehr schüchtern ist. In der Regel hüllt er sein Antlitz in Wolken. Bei schönem Wetter legt er einen Dunstschleier um. Bis man ihn wirklich mal nackt erwischt, dauert es mitunter Wochen. Ich hatte ihn nach vier Wochen so weit. Er ist übrigens an seiner regelmäßigen Form und den Masten auf seinem Gipfel leicht zu erkennen und taucht während unseres Tourenverlaufs immer wieder auf – wenn er gerade mal sichtbar ist!

Jetzt hatte ich ihn wenigstens in seiner ganzen Schönheit gesehen. Bis ich ihn besteigen konnte, waren noch einige Schwierigkeiten zu überwinden.

Es gab im Frühjahr am Fuß des Berges einen Parkplatz für Wohnmobile. Davon habe ich auch die Koordinaten, die mittlerweile aber hinfällig sind. Damals hatte es geschneit, und ich habe den Aufstieg auf den Sommer verschoben. Monate später gab es allerdings völlig veränderte Bedingungen. Es sind großräumige Arbeiten in Gang. Die Straße, die früher gegen Gebühr bis zum Gipfel befahren werden konnte, ist völlig gesperrt. Aus dem „Wohnmobilparkplatz“ ist ein Lagerplatz für Baucontainer und Schüttgut geworden. Zwei Behelfsparkplätze wurden auf staubigem Terrain eingerichtet. Dort kann man zwar auch übernachten, aber es ist nicht unbedingt ein Luxusplatz. Diese Situation dauert voraussichtlich noch bis 2013 an.

Was tue ich jetzt, wenn ich auf den Berg will?

(019) WOMO-Stellplatz: Puy-de-Dôme

GPS: N 45° 46' 10.9" E 2° 59' 07.6" (kein Straßenname)
max. WOMOs: > 5
Ausstattung / Lage: keine / Am Fuß des Puy-de-Dôme, abends und nachts ruhig.
Zufahrt: Wie im Text beschrieben, immer den Schildern nach.
Sonstiges: Provisorischer Platz solange die Bauarbeiten anhalten.

Auf dem Weg zum Gipfel

Der eigentliche Startpunkt für die Wanderung ist der Col de Ceyssat. Da müssen Sie sich aber einen guten Zeitpunkt für die Ankunft aussuchen. Frühmorgens geht immer. Aber das heißt auch „früh“. Die ersten Wanderer stehen mit den Hühnern auf. Der Parkplatz ist also – besonders in der Saison – schnell überfüllt. Spätabends geht nicht immer. Hin und wieder hängt ein Schild da, dass das Übernachten verboten sei, manchmal auch nicht. Frankreich eben! Aus diesem Grund beginnt unsere Wanderung auf dem provisorischen Stellplatz.

Es herrscht blauer Himmel, die Prognose ist günstig, alle Hindernisse sind genommen – und doch werden mir vor der Besteigung Steine in den Weg gelegt. Das ist durchaus wörtlich zu verstehen. Sie werden sich mit vielen Touristen in Richtung Gipfel bewegen. Das ist aber kein Spaziergang, und deshalb sollten Sie nicht leichtsinnig sein. Festes Schuhwerk ist unbedingt nötig. Bei Sonnenschein auf jeden Fall eine Kopfbedeckung und viel Flüssigkeit mitnehmen. Während dieser eineinhalb Stunden werden alle Poren ihres Körpers Wasser in großer Menge abgeben. Ich möchte dringend davon

WOMO-Wandertipp: Zum Puy de Dôme

Zuerst müssen Sie vom Parkplatz aus zum Col de Ceyssat kommen. Das ging vom ehemaligen Womo-Parkplatz durch den Wald, jetzt müssen Sie ein Stück an der Straße zum Col entlang gehen, kommen aber kurz darauf wieder in den Wald. Vom Col an gehen Sie einfach den Menschenmengen nach. Außerhalb der Saison orientieren Sie sich an der weiß/roten Markierung.
Bis zur Überquerung der Straße laufen Sie noch geschützt durch einen Wald. Danach wird die Bewaldung spärlicher, und Sie sind bisweilen, bei entsprechender Witterung, längere Zeit ungeschützt der Sonne ausgesetzt. Der Belag des Waldweges besteht größtenteils aus kleinen Steinchen vulkanischen Ursprungs. Trittsicherheit ist hier gefordert. Hin

zu kommt, dass der Weg, je näher Sie dem Gipfel kommen, steiler ansteigt. Das demotiviert! Zur Erbauung haben die Damen und Herren aus dem Touristenbüro kleine Tafeln angebracht, auf denen steht, dass Sie nur noch 250 Höhenmeter bis zum Gipfel zu überwinden hätten. „NUR MUT!" steht dann dreisprachig darunter.
Im Ernst: Es ist eine schweißtreibende Angelegenheit, aber die Aussicht von hier oben entschädigt für alles. Sie sehen Clermont-Ferrand, was nicht unbedingt sehenswert ist, aber Sie sehen auch die „Chaine des Puys" (die Kette der Puys), wie aus der Luft fotografiert, was ich persönlich sehr interessant fand.
Schlussendlich gibt es hier noch einen Merkurtempel. Na ja, sagen wir mal die Reste davon. Die Römer waren wohl auch der Meinung, dass dieser Berg eine besondere Ausstrahlung besaß und weihten ihn dem Gott der Händler und Reisenden. Man hatte eine 20 m hohe Bronzestatue des Gottes hier gefunden, die aber in irgendwelchen dunklen Kanälen verschwunden ist. Aber auch in vorrömischer Zeit hatte der Puy de Dôme eine spirituelle Bedeutung für die Bewohner.

Um in die Gegenwart zu kommen: Sie haben jetzt natürlich die riesige Telekommunikations-Anlage vor Augen, die es allerdings erlaubt, den Puy de Dôme weithin identifizierbar zu machen. Außerdem gibt es hier oben noch eine Wetterstation.
Auf dem Rückweg sinkt die Herzfrequenz merklich, dafür steigt die Rutschgefahr. Seien Sie auf jeden Fall vorsichtig!

Die Kette der Puys - la chaîne des puys

Die Überreste des Merkurtempels

abraten, die Wanderung mit einem Kinderwagen auch nur zu erwägen. Selbst mit kleinen Kindern sollten Sie die Tour nicht antreten, wenn Ihnen der Familienfriede wichtig ist.

Warum sollten Sie eigentlich überhaupt hier heraufwandern? Von der Aussicht habe ich ja schon erzählt. Die Kette der Puys liegt wie eine Landkarte vor Ihnen.

Die Telekommunikationsanlage auf dem Puy de Dôme

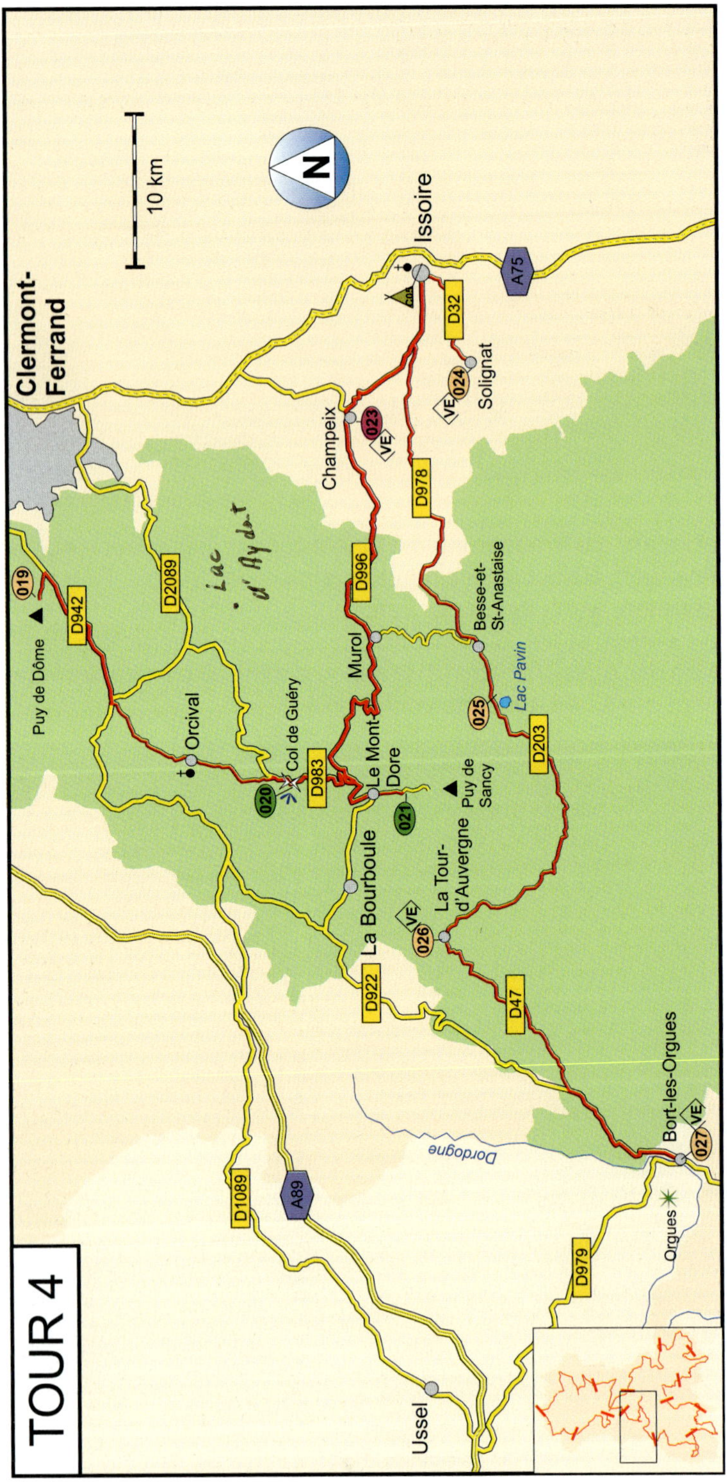

TOUR 4
10 km
N
Clermont-Ferrand
Issoire
A75
D32
Solignat
024
VE
Champeix
023
VE
D978
D996
Besse-et-St-Anastaise
Lac Pavin
025
D203
Murol
Puy de Dôme
019
D942
D2089
Orcival
Col de Guéry
020
D983
Le Mont-Dore
021
Puy de Sancy
La Bourboule
La Tour-d'Auvergne
026
VE
D922
D47
Bort-les-Orgues
027
VE
Dordogne
Orgues
D1089
A89
D979
Ussel

TOUR 04 (220 km)

Puy de Dôme – Mont-Dore – Issoire – Bort-les-Orgues

Übernachtung:	Col de Guéry, Mont-Dore, Champeix, Solignat, Lac Pavin, La Tour-d'Auvergne, Bort-les-Orgues
Campingplätze:	Le Mas
Besichtigen:	Basilika in Orcival, Kirche und Uhrenturm in Issoire
Wandern:	Am Lac Pavin
Markt:	Mont-Dore (Fr.), Issoire (Sa.)

Es ist völlig gleich, auf welchem Parkplatz Sie am PUY DE DÔME stehen. Wenn Sie die Querstraße, die D 68, wieder erreichen, geht's ab nach rechts. Wir kommen dann nach wenigen Kilometern nach CEYSSAT. Dort biegen wir nach links ab. Unser nächstes Ziel, ORCIVAL, ist hier noch nicht ausgeschildert, aber Sie können mir vertrauen. Die Richtung stimmt.

Über die D 554 erreichen wir schließlich die breite D 941a. Die wollen wir aber nur überqueren, denn ab hier gibt es Schilder nach ORCIVAL. Ihre Frage, was wir dort wollen, ist berechtigt. In ORCIVAL, so entnehme ich meinen Reiseführern, steht eine Basilika, die für die Ortsgröße überdimensioniert ist. Das können wir Ihnen bestätigen. Allerdings hatte sich bei unserem Besuch die Basilika hinter einem Baugerüst versteckt. Um ein einigermaßen gutes Foto machen zu können, musste ich schon die Hügel rings um den Ort aufsuchen. Womit ich eine Überleitung zum nächsten Thema gefunden habe. Der Ort ist so klein, dass Sie mit einem Wohnmobil nur schwer einen

Parkplatz finden können. Wenn Sie auf der Umgehungsstraße bleiben und nicht in den Ort hinein abbiegen, finden Sie immer wieder Parkplätze oder Parkbuchten längs der Straße. Von einer Parkbucht, die hinter der kleinen Straße, die zum Ortszentrum führt, liegt, können Sie auf einem Weg hinab nach ORCIVAL steigen. Offiziell ist diese Bucht für „Cars", also Reisebusse, reserviert. Aber wir sind ja auch „Cars", halt „Camping-Cars". Und wenn ich sehe, welche Fahrzeuge hier parken, haben wir noch die größte Daseinsberechtigung auf diesem Platz.

Der Ort ist – Verzeihung! – uninteressant. Aber die Basilika hat was. Besonders hat sie eine sehr interessante Entstehungsgeschichte.

Basilika in Orcival

Angefangen hatte alles mit einer Quelle. Das Wasser galt als wundertätig und heilend. Und eines Tages wurde ausgerechnet dort noch eine Marienstatue gefunden. Sie wurde in die nächstgelegene Kirche gebracht – und war am nächsten Tag, zum Entsetzen der Gläubigen, verschwunden. Sie lag wieder neben der Quelle. Das Spiel ging noch ein paar Tage so weiter, bis man das als Wink Gottes verstand, an der Quelle eine Kirche zu bauen. Es wurde begonnen – und ein ums andere Mal stürzte der Bau wieder ein. Wütend warf der Baumeister seinen Hammer weg. Er flog überraschend weit. Das wurde wiederum als ein Gotteszeichen gedeutet und man begann einen neuen Versuch just an der Stelle, wo der Hammer gelandet war. Diesmal war der Bau von Erfolg gekrönt.

Wer die Basilika schlussendlich finanziert hatte, bleibt weitgehend im Dunkeln. Manche Quellen machen die Mönche aus La Chaise-Dieu verantwortlich, die sich dort ansiedelten, andere Belege berichten von den umliegenden Fürsten als Geldgeber. Es wurde immerhin ein stattlich Bau daraus. Während der Religionskriege wurde ihr zwar ordentlich zugesetzt, aber das meiste wurde wieder renoviert. Die Madonna ist ebenfalls noch erhalten - und ein nicht unbeachtlicher Kirchenschatz, der hinter einer Glaswand zu bestaunen ist.

Ein Kuriosum sind auch die Eisenketten von Gefangenen, die am Portal zu entdecken sind. Sie sind ein weiteres Zeichen der Wundertätigkeit, der Marienstatue. Sie hat Gefangenen die Freiheit geschenkt!

Wir verlassen unsere Bucht. Die Straße steigt weiter an. Bald erreichen wir den nächsten Pass. Das ist in dieser Berglandschaft unausweichlich. Es ist der COL DE GUÉRY. Nebenan ein großer Parkplatz, auf dem bereits viele Wohnmobile standen, als wir ankamen.

Von der Aussichtsplattform haben Sie nicht nur einen schönen Blick auf die umliegende Landschaft, sondern können auch zwei benamte Felsnadeln sehen. Sie heißen ROCHE SANADOIRE und ROCHE TUILLIÈRE. Es gibt Wanderwege dort-

(020) WOMO-Wanderparkplatz: Col de Guéry

GPS: N 45° 37' 17.6"
E 2° 49' 14.8"
(kein Straßenname)
max. WOMOs: > 5
Gebührenfrei
Ausstattung / Lage: Mülleimer, Wandertafel / außerhalb
Zufahrt: Wie im Text beschrieben

hin. Ich habe mich sogar zu einem Spaziergang hinreißen lassen. Meine Meinung: Es lohnt sich nicht. Das Ensemble sieht von hier oben viel schöner aus, als wenn Sie unmittelbar davor stehen und am Fuß des Felsens nach oben schauen. Aber wenn Sie die Wanderlust überkommt, können Sie an einer Infotafel Ihre spezielle Route wählen.

Die beiden Felsen Roche Sanadoire und Roche Tuillière

Gut geschlafen? Dann auf zum nächsten Col! Diesmal heißt er Col de Sancy. Den wollen wir allerdings nicht vollständig erklimmen, sondern auf halber Höhe innehalten. Warum, erfahren Sie später.

Zuerst einmal kommen wir durch den Ort Le Mont-Dore. Klingt gut, und ich war kurz davor, einen Parkplatz zu suchen, ein bisschen durch das Städtchen zu flanieren und dann darüber zu plaudern, genauer gesagt: zu schreiben. Das ist jedoch einer der Orte, die uns abschrecken. Ein reiner Touristenrummel. Die Besucher schieben sich über die Bürgersteige, hetzen vom Souvenir-Laden zum nebenan liegenden Restaurant, lassen auch die Sportgeschäfte nicht links liegen und ruhen sich dann in Straßencafés oder im Kurpark aus. Hin und wieder brechen genervte Familienväter aus und queren unverhofft die Straße. Nichts für uns! Im Winter könnte ich den Trubel verstehen. LE MONT-DORE liegt zu Füßen des PUY DE SANCY, einem der großen Wintersportgebiete in der AUVERGNE. Im Sommer ist aber Skifahren nicht möglich. Die Sportgeschäfte verkaufen keine kompletten Skiausrüstungen mehr, sondern nur noch die Stöcke, damit die Touristen nordisch walken können. Die Gastronomen stellen ihre Tische auf den Bürgersteig und verbreiten so das typisch französische Straßencafé-Gefühl. Lediglich die Andenkenläden brauchen sich gar nicht umzustellen. Hier gibt es im Sommer sowohl Postkarten mit üppigen Schneelandschaften als auch im Winter jene, die spärlich bekleidete junge Frauen beim Sonnenbaden auf dem PUY DE SANCY zeigen.

Fahren Sie mit uns doch einfach weiter in Richtung „COL DE SANCY". Achten Sie dann auf der linken Seite auf ein Parkplatz-Schild, das oben ein kaum sichtbares Womo-Symbol versteckt.

(021) WOMO-Wanderparkplatz: Mont-Dore

GPS: N 45° 33' 08.6" E 2° 48' 42.7" (kein Straßenname)
max. WOMOs: > 20
Gebührenfrei
Ausstattung / Lage: Wanderkarte - außerorts
Zufahrt: Vom Parkplatz-Schild aus folgen Sie der Straße noch einen guten Kilometer

Wir fahren wieder zurück nach MONT-DORE. Bis zum Ort führt die Straße steil bergab. Passen Sie also auf! In MONT-DORE fahren wir wieder durch die von Geschäften gesäumte Straße. Achten Sie aber darauf, dass Sie das Schild nach ISSOIRE nicht übersehen. Dem wollen wir jetzt folgen.

Nach knapp 20 km auf der D 996 erreichen wir CHAMBON-SUR-LAC. Der Ort hinterlässt, ebenso wie LE MONT-DORE, zwiespältige Gefühle bei mir. Es ist mir zu touristisch durchgestylt. Er möchte gerne den Eindruck eines Kurstädtchens hinterlassen, gibt sich dabei auch viel Mühe, ist es aber definitiv nicht. Je weiter wir uns vom Skigebiet im Umkreis von MONT-DORE entfernen, desto ursprünglicher werden die Ortsbilder. Der Stellplatz in CHAMPEIX ist zum Beispiel nicht nur ursprünglich, sondern gar rustikal zu nennen. Über den Ort lohnt es sich nicht, außer dem Stellplatzkästchen, etwas zu schreiben, der ist jetzt wieder zu „normal". Noch etwas fällt mir ein: Wenn Sie beim Verlassen des Platzes und der Überquerung des Bächleins nach rechts abbiegen, sehen Sie auch bald einen Supermarkt, in dem Sie Vorräte auffüllen können.

(023) WOMO-Picknickplatz: Champeix

GPS: N 45° 35' 16.6" E 3° 06' 51.4" (Ohne Straßenname)
max. WOMOs: > 5 Gebührenfrei
Ausstattung / Lage: Ver- und Entsorgung, Mülleimer, Tische und Bänke, Stadtplan
Zufahrt: Am Ortseingang auf der rechten Seite auf das Hinweisschild achten. Die Brücke überqueren, dann nochmals rechts abbiegen. 50 m weiter steht die Ver- und Entsorgungsstation, weitere 50 m Tische und Bänke, und die Plätze für die Womos kann man sich suchen, wo man gerade meint, stehen zu können.

Dafür ist unser nächstes Ziel, ISSOIRE, wieder ein gefundenes Fressen für uns Autoren. Ich will nicht ausschließen, dass da rein persönliche Erlebnisse mitspielen, aber vielleicht liegt das an dem Flair des Städtchens. Es empfängt uns zuerst einmal recht kühl. Wir suchen den Stellplatz und verlassen ihn sofort wieder. Er ist dermaßen unattraktiv, dass eine Empfehlung hier glattweg verweigert wird. Wir fahren erst einmal auf den Campingplatz und wollen dann weitersehen. Dieser Platz hingegen bezaubert uns aus mehrerlei Gründen. Das beginnt damit, dass am Empfang eine äußerst freundliche Atmosphäre herrscht. Zumindest in den Sommermonaten finden Sie dort meist jemanden, der – auf welche Weise auch immer – in Deutsch mit Ihnen kommunizieren kann. Es geht weiter mit der liebevollen Gestaltung des Platzes. Und da wir gerade von Gestaltung reden: Die Preisgestaltung ist meiner Meinung nach auch in Ordnung. Die Liste der positiven Eigenschaften endet dann damit, dass auf dem gesamten Platz WLAN zur Verfügung steht. Kleiner Tipp am Rande: Der WLAN-Sender steht auf dem Gebäude des Fernsehraumes. Wenn Sie also gesteigerten Wert auf eine sehr gute WLAN-Verbindung legen, fragen Sie nach, ob in dessen Nähe noch ein Plätzchen frei wäre. (WLAN heißt auf Französisch WiFi.) Habe ich Sie neugierig gemacht? Dann möchten Sie sicher wissen, wie Sie dahin finden können. Das erfahren Sie gleich hier im Kästchen.

(C05) WOMO-Campingplatz-Tipp: Camp Municipal le Mas ***

GPS: N 45° 33' 04.1" E 3° 16' 26.3" Av. de Docteur Bienfait
Öffnungszeiten: Anfang April - Ende Oktober
Ausstattung / Lage: Ver- und Entsorgung, schattig, Laden, Spielplatz, WLAN / am See gelegen, Angelmöglichkeit am See und in der Allier
Zufahrt: Zur Groborientierung müssen Sie sich vor Augen führen, dass Sie quer durch den ganzen Ort fahren müssen. Bereits in der Stadtmitte, können Sie jedoch schon die Schilder „Camping" sehen. Wenn Sie erst einmal die Autobahn überquert haben, ist der Rest eine Sache von einer Minute. Am Kreisel nach der Überquerung ist der Platz gut beschildert.
E-Mail: camping-mas@wanadoo.fr **Internet**: www.camping-issoire.com

Sie stehen jetzt also auf dem Campingplatz und fragen sich, warum wir Sie hier her gelotst haben. Das hat außer den oben genannten noch einen weiteren Grund: Sie haben von hier aus eine gute Ausgangsbasis, um die Stadt zu erkunden. ISSOIRE ist mit Parkplätzen nicht gerade gesegnet. Aber Sie haben dieses Buch und werden meinen Tipp für Fahrzeuge bis 3,20 m Höhe zu schätzen lernen. Den Weg zurück über die Autobahnbrücke kennen Sie ja jetzt. Dann folgen wir den Schildern zum Bahnhof „Gare SNCF“. Sobald der links von Ihnen auftaucht, ist erhöhte Vorsicht geboten. Sie sind jetzt auf einer Vorfahrtsstraße, die rechts abknickt. Folgen Sie der nicht. Fahren Sie geradeaus weiter. Wenn Sie unter einer Brücke hindurch gekommen sind, sehen Sie neben einem kleinen Park einen großen Parkplatz. Ein guter Ort um das Womo abzustellen. [GPS: N 45° 32' 38.2" E 3° 16' 22.1", Chemin du Bout du Monde]

Sie gehen jetzt bitte mit uns zurück zum Bahnhof, biegen dort – diesmal zu Fuß – links ab und sind nach 200 Metern schon am Rand der Innenstadt. Direkt vor Ihnen steht die Église St-Austremoine.

Ihr Namensgeber war der Mönch gleichen Namens. Er war der erste Bischof der AUVERGNE und erbaute im 3. Jahrhundert ein Kloster. 9 Jahrhunderte später begann man mit dem Bau dieser großzügig bemessenen Kirche. Sie ist die zweitgrößte ihrer Art in der AUVERGNE.

Sehr interessant ist der Innenraum der Kirche. Sie wurde im 19. Jahrhundert renoviert und dabei wurde nicht mir Farben gespart. Es gab zwar zu jener Zeit Proteste gegen den bunten Innenraum, aber die Kirchen waren zu ihrem Bauzeitpunkt alle bemalt. Ob genau so oder etwas anders ist natürlich nicht mehr feststellbat. Aber ich muss gestehen, dass mir das gefällt.

Sie sollten unbedingt einen Blick auf die Kapitelle des Chorumgangs werfen, sie strotzen

Kirche St-Austremoine

vor Detailreichtum. Auch die Figuren in den Seitenkapellen faszinieren mich. Vergessen Sie keinesfalls, in die Krypta hinabzusteigen. Hier werden die Reliquien des St-Austremoine aufbewahrt.

Die Kirche wurde, wie so viele in der AUVERGNE, während der Religionskriege zerstört. Sogar der ganze Ort ISSOIRE wurde stark in Mitleidenschaft gezogen. Und das gleich zweimal: Zuerst bei der Eroberung

durch die Reformierten, dann noch einmal, zwei Jahre später, bei der Rückeroberung durch die Katholiken. Ein schweres Los für die Stadt!

Wir wollen jetzt aber noch ein bisschen weiter im Ort spazieren gehen. Eine Seite der Kirche wird von einem großen Platz begrenzt. Von dort aus können wir gleich auf ein zweites Wahrzeichen blicken: den „Tour d'Horloge", also den Uhrenturm. Dort ist gleichzeitig ein Museum untergebracht. Sie können den Turm besteigen und einen Blick von oben über ISSOIRE werfen. Der Platz auf dem Sie gerade stehen heißt „Place de la Republique". Hier sind auch noch kunstvoll gearbeitete Wasserspeier zu finden. Ansonsten lasse ich Sie jetzt die Stadt auf eigene Faust erkunden. Die wichtigsten Gebäude haben Sie gesehen, aber es gibt noch vieles, das Sie für sich entdecken können.

Zur Kirche finden Sie immer wieder zurück, dann zum Bahnhof und schließlich zum Parkplatz. Kein Problem!

Jetzt mag es ja sein, dass Sie nicht zurück zum Campingplatz wollen, weil Sie diese Art von Arealen lieber meiden. Dann hätte ich Ihnen noch eine Alternative anzubieten: SOLIGNAT!

Der Platz hinterlässt einen dermaßen familiären Eindruck, dass man einfach das Gefühl haben muss, hier willkommen zu sein. Dazu müssen Sie SOLIGNAT erst einmal finden. Über die D 996 sind Sie in die Stadt gekommen, über diese Straße verlassen wir ISSOIRE auch wieder, aber nur bis zum ersten Kreisel nach dem Zentrum. Dort biegen Sie rechts ab und sind dann auf der D 32. Jetzt können Sie den Schildern nach SOLIGNAT vertrauen. Im Ort müssen Sie die Augen offen halten. Ein „übliches" Wohnmobilschild werden Sie nicht finden. Irgendjemand hat sich die Mühe gemacht, schöne Schilder zum Stellplatz von Hand zu malen. Es geht über einige Nebenstraßen, und Sie landen schließlich – auf einer Wiese. Dort spielen Kinder Ball oder Fangen, hier sitzen ganze Familien neben dem Wohnmobil, an dieser Seite hängen Holländer ihre Wäsche auf, an der anderen Seite üben Schweden mit dem Nachwuchs Französisch, von dem Panorama hier will ich gar nicht reden. Es ist einfach schön. Willkommen in SOLIGNAT!

(024) WOMO-Stellplatz: Solignat

GPS: N 45° 30' 59.9" E 3° 10' 15.3" Lotissement la Cherelle
max. WOMOs: > 5
Gebührenfrei
Ausstattung / Lage: Ver- und Entsorgung, Mülleimer, Spielplatz nebenan / sehr ruhig am Ortsrand
Zufahrt: Wie im Text beschrieben

Über diesen Ort gibt es eigentlich nichts mehr zu berichten. Wir wollen weiter. Weiter nach Westen. Egal, ob Sie den Abstecher nach SOLIGNAT gemacht haben oder nicht, fahren Sie zuerst einmal wieder Richtung MONT-DORE. Allerdings müssen Sie aufpassen, wenn Wegweiser nach BESSE-ET-ST-ANASTAISE auftauchen. Dann geht's nämlich links ab. Wir müssen schlussendlich auf die D 978 kommen.

BESSE lassen wir unbesehen hinter uns und fahren in Richtung LA TOUR-D'AUVERGNE. Die Straße wird im weiteren Verlauf zur Einbahnstraße. Wenn Sie Schilder sehen, dass die Straße 2-spurig wird und mit Gegenverkehr zu rechnen ist, müssen wir wieder einmal aufpassen. Nach einem Kreisel folgen wir natürlich den Schildern nach LA TOUR-D'AUVERGNE. Aber etwa 100 Meter nach dem Kreisel geht es links ab zu mehreren Parkplätzen, von denen aus man zum *Lac Pavin* spazieren kann. Dort haben sich Wohnmobil-Stellplätze auf der oberen Etage etabliert.

Wenn Sie jetzt gerade schon mal hier stehen, können Sie auch gleich zum *Lac Pavin* spazieren. Das ist ein recht kurzer Ausflug. Von dort oben sind noch weitere Wanderungen mög-

(025) WOMO-Stellplatz: Lac Pavin

GPS: N 45° 30' 07.8"
E 2° 53' 21.4"
(kein Straßenname)
max. WOMOs: > 5
Ausstattung / Lage: Mülleimer / ruhige Lage außerorts
Zufahrt: Wie im Text beschrieben
Sonstiges: Spaziergang zum Lac Pavin

Lac Pavin

lich. Direkt am See steht eine Wandertafel, auf der Sie sich eine genehme Strecke aussuchen können. Die Kurzstrecke führt zu einer Ansammlung von Steinen. Direkt am See können Sie sich in einem kleinen Café stärken – oder auch Ansichtskarten erwerben. Ja, Sie haben richtig gelesen. Ich gehöre zur aussterbenden Gattung der Menschen, die Ansichtskarten aus dem Urlaub verschicken.

Wir bleiben unserem Weg nach LA TOUR-D'AUVERGNE treu. Hier treffen wir wieder einmal auf einen der vielen Stellplätze, die in der AUVERGNE zu finden sind. Er liegt ein bisschen versteckt.

(026) WOMO-Stellplatz: La Tour-d'Auvergne

GPS: N 45° 31' 54.2" E 2° 41' 05.9" (kein Straßenname)
max. WOMOs: > 20 Gebührenfrei
Ausstattung / Lage: Ver- und Entsorgung / am Ortsrand, ruhig
Zufahrt: In La Tour-d'Auvergne in Richtung Bort-les-Orgues abbiegen. Bald darauf zweigt die Straße zum Stellplatz nach rechts ab. Die Koordinaten geben den Punkt an, an dem Sie in die Straße, die zum Stellplatz führt, abbiegen müssen. Sie fahren dann noch ein paar hundert Meter weiter und erreichen den Platz.
Sonstiges: Angelmöglichkeit

Gerade ein paar Meter vom Stellplatz entfernt gibt es wieder einen kleinen See. Ein schöner Fleck zum Spazierengehen oder zum Angeln. Die Ver- und Entsorgungsstation liegt übrigens auf halbem Weg zwischen der Abzweigung und dem Stellplatz. Der restliche Ort ist meiner Meinung nach nicht sonderlich sehenswert.

Uns aber zieht es weiter nach BORT-LES-ORGUES. Und es ist eindeutig der Zusatz „les Orgues", der mich neugierig macht. Welche Orgeln gibt es dort?

Vom oben genannten Stellplatz fahren wir zurück zum STOP-Schild und biegen dann nach recht ab. Nur wenige Kilometer trennen uns jetzt noch von den mysteriösen Orgelpfeifen. In BORT-LES-ORGUES werden wir zum ersten Mal fremdgehen. Wir sind jetzt nicht mehr im Schoß der AUVERGNE, sondern schon in der benachbarten Region LIMOUSIN. Meiner umfangreichen Bücherei, die ich ständig mitführe, entnehme ich, dass es in BORT-LES-ORGUES auch einen Stellplatz gibt. Und den möchte ich Ihnen als allererstes in diesem Ort präsentieren.

(027) WOMO-Stellplatz: Bort-les-Orgues

GPS: N 45° 23' 56.1" E 2° 29' 49.8" (kein Straßenname)
max. WOMOs: > 5 Gebührenfrei
Ausstattung / Lage: Ver- und Entsorgung, Mülleimer, Wertstoff-Behälter, Spielplatz, kleiner Park / ruhig gelegen in Zentrumsnähe, direkt an der Dordogne
Zufahrt: Zuerst einmal Richtung Zentrum fahren, dann über die Brücke. Danach links abbiegen, dem Straßenverlauf folgen und bei der zweiten Straße, die abzweigt, wieder nach links fahren. Dann geht's noch einmal – ich traue es mich kaum zu schreiben – nach links. Sie kommen dann an die Dordogne, und der Stellplatz liegt links von Ihnen.
Sonstiges: Kein Strom, Wasser umsonst

Vom Stellplatz aus sind es nur ein paar Schritte zum Ortszentrum. Folgen Sie mir dazu durch eine schmale Straße, die parallel zur *Dordogne* verläuft. Sie kommen dann in der Nähe der Brücke über den Fluss wieder heraus. Direkt davor sehen Sie links das Touristenbüro, rechts ist der Eingang zur Fußgängerzone. Hier finden Sie dann alle wichtigen Geschäfte, die Ihnen ein ausgiebiges Frühstück am nächsten Morgen sichern.

Uns führen hauptsächlich die bereits erwähnten Orgelpfeifen hierher. Zuerst wollte ich dahin wandern, was eine schöne Tour zu werden versprach. Allerdings führt die Hälfte der Strecke an einer viel befahrenen Straße entlang, was mir nicht behagte. Wir entschlossen uns dann, mit dem Wohnmobil dorthin zu fahren, was wohl in diesem Fall wirklich sinnvoller erscheint.

Was es eigentlich mit den Orgelpfeifen auf sich hat, und warum wir zusätzlich noch zu einem Stausee fahren, können Sie bei der nächsten Tour nachlesen.

TOUR 5 (180 km)

Bort-les-Orgues – Riom-ès-Montagnes – Aurillac – La Roquebrou – Sansac

Übernachtung:	Riom-ès-Montagnes, Valette, Salins, Drugeac, St-Martin-Valmeroux, Aurillac, Ytrac, Lacapelle, St-Paul, La Roquebrou, Rénac-Plage, Plage d'Espinet, Cayrols
Campingplätze:	Moulin du Teinturier, Camp Municipal de Lacapelle
Baden:	Rénac-Plage, Plage d'Espinet
Besichtigen:	Die „Orgeln" bei Bort-les-Orgues, Aurillac, der Stausee „Barrage de St-Etienne-Cantalès"
Markt:	Aurillac (Mi. u. Sa.), La Roquebrou (Fr.)

Ich habe Sie am Ende der letzten Tour noch im Ungewissen gelassen, was den Besuch der Orgelpfeifen und des Stausees angeht. Die Erklärung folgt sofort.

Die „Orgues" sind Felsformationen, die die Form von Orgelpfeifen haben. Dazu müssen wir den Ort BORT-LES-ORGUES erst einmal verlassen. Ich habe bereits erklärt, dass es Sinn macht, mit dem Wohnmobil dahin zu fahren.

Vom Stellplatz aus haben Sie eigentlich nur wenige Möglichkeiten weiter zu fahren: Von der *Dordogne* geht's natürlich weg nach oben. Nehmen Sie die Straße, die – vom Stellplatz aus gesehen – nach dem kleinen Park rechts hoch führt. Es geht so lange geradeaus, bis Sie an einer Querstraße links abbiegen müssen. Machen Sie bei den vorher kreuzenden Straßen langsam, sonst setzen Sie – besonders bei langem Überhang – mit dem Fahrzeugheck auf. Eigene Erfahrungen und jede Menge Spuren auf dem Asphalt lassen mich diesen Rat aussprechen. Am Ende der darauffolgenden Straße biegen wir nochmals links ab und sehen schon bald den Eingang eines Sport-Stadions. Dort müssen wir nach rechts und fahren jetzt genau auf den Friedhof zu. Auch hier geht es wieder rechts ab. Glücklicherweise können wir ab jetzt der guten Beschilderung zu den „Orgues" folgen. Wenn Sie ein sehr großes Womo ihr Eigen nennen, biegen Sie nicht zu den „Orgues" ab. Folgen Sie bitte zuerst den Schildern „Barrage" und dann der Omnibus-Beschilderung zu den „Orgues". Wir treffen uns später an der selben Stelle wieder.

Wir erreichen schließlich einen Parkplatz, von dem aus wir nur noch ein paar hundert Meter zu gehen haben, um die Pfeifen zu sehen. Zuerst einmal erreichen wir eine Galerie, von der aus wir eine sehr schöne Aussicht auf BORT-LES-ORGUES und das Tal der *Dordogne* haben. Von dort aus wenden wir uns nach rechts und kommen gleich zu einer weiteren Aussichtsplattform, von der aus wir die Pfeifen auf der rechten Seite sehen. Es handelt sich dabei um senkrecht stehende Basaltsäulen, die dadurch entstanden sind, dass

nach einem Vulkanausbruch die Lavaströme sehr schnell erkaltet sind. Warum das so war, darüber streiten sich noch die Geologen. Manche sind der Meinung, dass zum Zeitpunkt des Vulkanausbruchs der Berg um BORT ein Gletscher war, andere Wissenschaftler meinen, dass die Säulen älter sind als die damalige Eiszeit, bleiben aber eine genauere Erklärung schuldig. Die weitere Schlussfolgerung ist einfach: Der Basalt als das härtere Gestein wurde durch Erosion weniger abgetragen als der umliegende Fels. Egal wie sie entstanden, sie sind einfach schön.

Als ich zu den Orgues gefahren bin, habe ich auch noch ein Schild zu einem Stausee gesehen. „*Barrage de Bort*" ist darauf zu lesen. Also nichts wie hin!

Die Beschilderung ist ab den Orgelpfeifen gut sichtbar. Unten am Stausee gibt es leider nur schräge Parkplätze. Von hier aus können Sie in der Saison mit einem Schiff eine Rundfahrt auf dem See unternehmen. Sie können sich auch die beeindruckende Staumauer anschauen, deren Überlauf mich an eine Skisprung-Schanze erinnert. Auf einem Verkehrskreisel ist ein altes Turbinenrad des Kraftwerks aufgestellt worden. Wenn sie das aus der Nähe betrachten wollen, brauchen Sie Zeit und Mut, um die Straße gefahrlos zu überqueren.

Wir peilen jetzt unseren nächsten Zielort an: RIOM-ÈS-MONTAGNES. Auch hier ist es unerlässlich, den vollständigen Namen des Ortes auszuschreiben, weil es noch ein RIOM ohne „ès-Montagnes" gibt. Davon lesen Sie weiter hinten.

Zuerst müssen wir BORT-LES-ORGUES verlassen. Dazu fahren wir zunächst einmal in Richtung AURILLAC. Kaum haben wir BORT hinter uns gelassen, sind wir schon wieder in der AUVERGNE. Allerdings müssen wir jetzt aufpassen, dass wir die D 3 nicht verpassen, die nach 3 Kilometern links abzweigt. Achten Sie auf die Schilder nach RIOM.

Dort angekommen, fahren wir am ersten Kreisel mehr oder weniger geradeaus und folgen weiter der D 3, die jetzt auch noch den Namen „Rue du Champ de Foire" trägt. Wenn sich die Straße gabelt, geht es nach rechts ab. Wir sind nun zwar nicht mehr auf der D 3, der Straßenname stimmt jedoch noch. Auf der rechten Seite taucht, etwas versteckt, die Ver- und Entsorgungsstation am Bahnhof auf. Wesentlich auffälliger ist ein Platz voller Viehgatter auf der rechten Straßenseite direkt gegenüber. An der Station gibt es keine Stellplätze! Wenn Sie jetzt noch ein paar Meter weiter – am Hotel vorbei – fahren, erreichen Sie den ersten Stellplatz, der keinen Schönheitswettbewerb gewinnen wird.

(029) WOMO-Stellplatz: Riom-ès-Montagnes I

GPS: N 45° 17' 04.2" E 2° 39' 20.1" — Rue du Champ de Foire
max. WOMOs: > 5 — Gebührenfrei
Ausstattung / Lage: Ver- und Entsorgung in der Nähe, Toiletten in der Nähe / zentrumsnah
Zufahrt: Wie im Text beschrieben
Sonstiges: Ver- und Entsorgung sowie Toiletten auf der gegenüberliegenden Seite des Hotels (GPS: N 45° 17' 03.6" E 2° 39' 15.7", Rue du Champ de Foire)

(030) WOMO-Stellplatz: Riom-ès-Montagnes II

GPS: N 45° 16' 42.8" E 2° 39' 51.0" — (kein Straßenname)
max. WOMOs: > 5 — Gebührenfrei
Ausstattung / Lage: Stadtplan / am Ortsrand
Zufahrt: Vom Stellplatz Riom-ès-Montagnes I aus die Straße, die am Platz vorbeiführt, überqueren und geradeaus weiterfahren. Dann am Ende dieser Straße links abbiegen. Weiter geradeaus. Sie tangieren dann die Innenstadt. Wenn auch diese Straße in eine andere einmündet, biegen wir rechts ab. Sie sind jetzt in der Avenue Fernand Brun. Der folgen wir weiter bis zu einem Kreisel. Dort geht's rechts ab, und wir erreichen schon bald darauf den Parkplatz am Schwimmbad.

RIOM-ÈS-MONTAGNES besitzt ein recht kleines Zentrum. Wir sind vom Stellplatz Riom II dorthin gelaufen. Dort sahen wir eine durchaus sympathische Kirche – falls man dieses Adjektiv überhaupt für ein derartiges Gebäude verwenden kann. Besonders interessant fanden wir die Kreuzwegstationen in Emailletechnik. So etwas haben wir bislang noch nie gesehen. Eigentlich ist es ja eher ein Stilbruch, aber es hat was. Was? Na, es bringt ein wenig Pep in die Kirche!

Ich verlasse den Ort in Richtung VALETTE dort, wo wir hergekommen sind, und finde kurz nach dem Ortsende bereits die Beschilderung, die ich brauche. Also ganz einfach zu finden. In VALETTE sehen wir schon bald nach dem Ortsschild den Hinweis auf die Ver- und Entsorgungsstation. Wir werden dafür nach rechts verwiesen. Als ich zum ersten Mal hier war, fand ich mich in einer Art Neubaugebiet mit Baggern wieder. Im Sommer 2010 sah es viel einladender aus.

(031) WOMO-Stellplatz: Valette

GPS: N 45° 16' 11.0" E 2° 36' 08.2"
(kein Straßenname)
max. WOMOs: 5
Gebührenfrei
Ausstattung / Lage: Ver- und Entsorgung / am Ortsrand, ruhig
Zufahrt: Wie im Text beschrieben
Sonstiges: Wasser und Strom 2 EUR.

Der Ort ist so winzig, dass wir dort zuerst mal ergebnislos nach einer Bäckerei suchten. Aber ich gebe Ihnen jetzt mein Insider-Wissen weiter, das ich bei einer Unterhaltung mit einem äußerst gesprächigen Bewohner erworben hatte. Gehen Sie am nächsten Morgen zurück zur „Hauptstraße" und dann nach rechts. Kurz bevor Sie wieder aus dem Ort kommen würden, finden Sie auf der rechten Seite ein Café / Restaurant. Dort gibt es das örtliche „Dépôt de pain". „Allerdings", so klärte mich mein Gesprächspartner vom Vorabend auf, „dürfen Sie nicht zu früh kommen, denn dann war der Bäcker noch nicht da. Sie dürfen auch nicht zu spät kommen, denn dann ist das Brot alle." Nach einer Uhrzeit befragt, zuckte er nur mit den Schultern: „Mal früher, mal später." Das liebe ich an den Franzosen!

VALETTE verlassen wir, indem wir an besagtem Café / Restaurant vorbeifahren. Unser nächstes Ziel heißt MAURIAC und ist dank einer guten Beschilderung leicht zu finden. Jetzt erreichen wir wieder die D 922, der wir in Richtung AURILLAC folgen. Auch hier ist die Beschilderung eindeutig. Im Zweifelsfall immer „Toutes Directions".

MAURIAC ist mal wieder ein größerer Ort, den wir erreichen. Wir wollen ihn eigentlich nur besuchen, um uns die Kathedrale anzuschauen. Es ist schwierig, hier Parkplätze für uns zu finden. Wenn Sie jedoch der D 922 in Richtung AURILLAC folgen, sehen Sie fast am Ortsende Längsparkplätze entlang der Straße [z.B. GPS: N 45° 12' 59.5" E 2° 19' 51.2", Boulevard de Monthyon]. Da sollten Sie fündig werden. Und es ist von dort aus auch gar nicht weit zum Zentrum. Sie merken schon, dass das nur links von Ihnen sein kann. Die Innenstadt ist auch nicht so unübersichtlich groß, dass Sie die Kirche „Notre-Dame des Miracles" übersehen könnten. Sie stehen jetzt vor der wichtigsten romanischen Kirche der AUVERGNE. Wir beginnen mit unserer Besichtigung erst mal außen. Wo sonst? Über dem Hauptportal ist eine wunderbare Figurengruppe zu sehen. Allerdings haben die Religionskriege wieder ihre Spuren hinterlassen. Man war da sehr akribisch und hat allen

Tympanon der Église Notre-Dame des Miracles

Aposteln die Köpfe mit großer Sorgfalt abgeschlagen. Hat schon was Groteskes!

Im Innenraum fällt sofort das polychrome Taufbecken auf. Daneben sehen Sie die sogenannten Sarazenenketten.

Zwei glaubensstarke Auvergnaten wurden in Spanien von den Arabern gefangen genommen und in Ketten gelegt. Ihre inbrünstigen Gebete wurden erhört, und sie fanden sich tags drauf vor der Kirche von MAURIAC wieder. Zwar immer noch in Ketten, aber wenigsten zu Hause.

Den Längsparkplatz können wir genau in Fahrtrichtung verlassen, um unserer Tour zu folgen. Wir kommen dann durch SALINS. Eigentlich sollte ich schreiben „an SALINS vorbei". Dieses „vorbei" ist auch jedem anzuraten, der nicht gera-

(032) WOMO-Stellplatz: Salins

GPS: N 45° 11' 29.1" E 2° 23' 37.1" (kein Straßenname)
max. WOMOs: 3 Gebührenfrei
Ausstattung / Lage: Ver- und Entsorgung, Mülleimer, Wertstoff-Behälter / am Ortsrand, ruhig
Zufahrt: Wenn Sie in einer langgezogenen Rechtskurve an einem Viadukt entlangfahren, zweigt die Straße noch am Ende des Kurvenverlaufs nach rechts ab. Das Hinweisschild ist größer als der Ort und der Stellplatz. Die Ver- und Entsorgung erfolgt über eine Einrichtung Marke „Eigenbau", und die 3 Stehplätze sind nur für kleinere Wohnmobile tauglich. Besonders problematisch wird allerdings die Rückfahrt. Sie kommen in der Kurve wieder an und haben schlechte Sicht nach rechts und links und müssen sogar in einem spitzen Winkel nach rechts abbiegen.
Sonstiges: Kein Strom

de ein dringendes Ver- und Entsorgungsproblem hat. Und vor allem darf das Wohnmobil maximal knappe 6 Meter messen. Wenn Sie dann noch eine Portion Mut mitbringen, können Sie dort sogar übernachten. Ich weiß nicht, welcher Teufel den Engel geritten hatte, dass er den Platz unbedingt inspizieren musste. Aber ich bin gesund aus dieser Geschichte wieder heraus gekommen und habe mir vorgenommen, meine Leser auf die Widrigkeiten des Platzes vorzubereiten, was ich hiermit getan habe.

Einen halben Kilometer vor der Ortschaft DRUGEAC sehen wir ein Hinweisschild auf eine Ver- und Entsorgungsstation. Ich hoffe, dass die besser zugänglich sein wird, als die Station in SALINS. Ich würde Ihnen dringend raten, ihre Geschwindigkeit frühzeitig zu reduzieren. Es geht sehr stark nach rechts ab! Nach ein paar Metern geht es abermals rechts ab. Sie können dem Schild „Draisine" folgen. Sie kommen dann zum Bahnhof, dort sind auch die Stellplätze sowie die Ver- und Entsorgung zu finden.

(033) WOMO-Stellplatz: Drugeac

GPS: N 45° 10' 02.2" E 2° 23' 11.0" (kein Straßenname)
max. WOMOs: 5 Gebührenfrei
Ausstattung / Lage: Ver- und Entsorgung / am Ortsrand an einem stillgelegten Bahnhof
Zufahrt: Wie im Text beschrieben.
Sonstiges: Strom und Wasser 2 EUR

Da Sie ja der Beschilderung „Draisine" gefolgt sind, liegen Sie mit Ihrer Annahme, hier mit einem solchen Gefährt fahren zu können, genau richtig. Die Strecke ist 7 Kilometer lang und führt vom Bahnhof hier bis nach SALINS. Besonders reizvoll sind da einige Tunneldurchfahrten.

Wir folgen anschließend der D 922 weiter nach Süden. An ST-MARTIN-VALMEROUX, einen Ort, den wir wenig später erreichen, habe ich nur angenehme Erinnerungen. Der Stellplatz ist wunderschön und daneben gibt es auch noch einen Campingplatz mit sehr zuvorkommendem Personal. Bedenken Sie aber bitte: So einladend der Sanitärblock direkt nebenan auch aussehen mag, er ist für uns Womo-Fahrer tabu! Er gehört zum Campingplatz. Sie könnten natürlich bequem dahin laufen. Es hängen aber große Schilder dort, dass die Reinigungskräfte durch die Gebühren der Campingplatzbenutzer bezahlt werden. Wir wollen uns doch nicht unbeliebt machen! Außerdem würde ich es schade finden, wenn in einigen Jahren ein Zaun errichtet werden müsste. Aber zunächst sollte ich Ihnen erst einmal die Anfahrt zum Platz schildern.

(034) WOMO-Stellplatz: St-Martin-Valmeroux

GPS: N 45° 06' 58.4" E 2° 25' 12.9" Rue de Montjoly
max. WOMOs: > 5 Gebührenfrei
Ausstattung / Lage: Ver- und Entsorgung, Mülleimer, Wertstoff-Behälter / am Ortsrand, direkt neben dem Campingplatz

Zufahrt: Im Ort biegen Sie rechts ab und folgen den Schildern zum Campingplatz. An diesem fahren Sie vorbei und folgen dem Ver- und Entsorgungssymbol.
Sonstiges: Strom und Wasser 2 EUR

(C06) WOMO-Campingplatz-Tipp: Moulin du Teinturier ****

GPS: N 45° 06' 57.2" E 2° 25' 24.1" Rue de Montjoly
Öffnungszeiten: Mitte Juni – Mitte September
Ausstattung / Lage: Ver- und Entsorgung, sehr schattig, Laden, Restaurant, Spielplatz / am Ortsrand
Zufahrt: Wie beim Stellplatz beschrieben
E-Mail: mairie.saint-martin-valmeroux@wanadoo.fr

Unser nächstes Ziel ist AURILLAC. Die Richtung ist Ihnen bekannt. Schließlich begleiten uns die entsprechenden Schilder schon eine ganze Weile. Wesentlich schwieriger wird es jetzt für mich, Sie in dieser Stadt auf den Stellplatz zu lotsen. Er ist übrigens gleichzeitig der Ausgangspunkt für unseren kleinen Stadtrundgang. Wir kommen leider am völlig „falschen" Ende AURILLACS an. Zuerst fahren wir mal Richtung Zentrum. Um die Innenstadt herum führt eine Ringstraße. Es wäre natürlich ideal, dass Sie merken würden, wenn Sie die erreicht haben. Dann bräuchten Sie nur nach rechts abzubiegen und würden auch schon gleich die Schilder zum Stellplatz sehen, die sehr sparsam und nur rings um den Platz verteilt sind. Ansonsten wünsche ich Ihnen ein zuverlässiges Navi. Jede andere Zufahrtsbeschreibung würde in einer unendlichen Aufzählung von Straßennamen gipfeln, mit denen Sie

(035) WOMO-Stellplatz: Aurillac

GPS: N 44° 55' 47.1" E 2° 26' 58.0" — Rue du Puy Courny
max. WOMOs: > 5 — Gebührenfrei
Ausstattung / Lage: Ver- und Entsorgung, Mülleimer / zentrumsnah
Zufahrt: Wie im Text beschrieben

Blick auf die Altstadt von Aurillac über die Jordanne hinweg

wiederum nichts anfangen können, weil Sie ja sonst während der Fahrt gleichzeitig Straßenschilder und Buch lesen müssten.

Vom Stellplatz aus ist es nur ein Katzensprung bis ins Zentrum. Wir wollen in die Fußgängerzone von AURILLAC gehen. Dazu überqueren Sie die *Jordanne*, die ganz in der Nähe des Stellplatzes vorbei fließt. Jetzt liegt die Innenstadt direkt vor uns. Die wichtigste Kirche in der Stadt der Regenschirme ist unser erstes Ziel. Ja, Sie lesen richtig: Hier in AURILLAC wurde der Regenschirm erfunden.

Wenn Sie die Église St-Géraud gefunden haben, werden Sie, wie wir, etwas verwundert sein. Verwundert deshalb, weil man eine zentral gelegene Kirche normalerweise von Weitem sieht und nicht finden muss. Verwundert auch, weil sie ringsum von Häusern zugebaut wurde und keinen exponierten Platz für sich beanspruchen kann. Verwundert auch, dass so eine kleine Kirche wirklich die wichtigste des Ortes sein soll. Letzteres ist aber eine optische Täuschung. Sie können das Gotteshaus von außen wegen der dichten Bebauung nicht als Gesamtheit wahrnehmen. Gehen Sie hinein! Jetzt ist sie wirklich beeindruckend.

Die Kirche hat, wie so viele in der AUVERGNE, eine bewegte Geschichte hinter sich. Auf den Überresten eines Klosters wurde sie errichtet, in den Religionskriegen von den Protestanten wieder zerstört und dann wieder aufgebaut. Das ehemalige Kloster wurde vom Heiligen Géraud gestiftet. Folglich wurde die Kirche auch ihm geweiht. Im Inneren ist eine Statue von ihm zu sehen.

Schlendern Sie nun mit uns noch ein bisschen durch die Straßen der Stadt. Wenn Sie weiterfahren wollen, treffen wir uns wieder am Stellplatz.

Westlich von AURILLAC liegt der Stausee *Barrage de St-Etienne-Cantalès*. Den würde ich gerne mit Ihnen umrunden. Es lohnt sich, in dessen Nähe ein paar Stunden oder ein paar Tage zu verbringen. Deshalb werden Sie auf den nächsten Seiten viele Stellplätze finden, die von unterschiedlichster Qualität sind. Allerdings sind einige davon sehr klein und daher eventuell frühzeitig belegt. Und da möchte ich, dass Sie im Umkreis von 10 Kilometern einen anderen finden können.

Von AURILLAC kommend, geht es nun nach YTRAC. Dazu müssen wir allerdings wieder auf die ganz andere Seite der Stadt. Sie wird Ihnen mittlerweile ja langsam vertraut sein. Von der D 922, über die wir in die Stadt hineingefahren sind, gibt es eine Ausfahrt nach YTRAC.

(036) WOMO-Stellplatz: Ytrac

GPS: N 44° 54' 55.7" E 2° 21' 50.7" Rue Pierre de Coubertin
max. WOMOs: > 5 Gebührenfrei
Ausstattung / Lage: Ver- und Entsorgung, Wertstoff-Behälter / am Ortsrand
Zufahrt: Gleich nach dem Ortseingang sehen Sie einen Parkplatz auf der linken Seite. Das ist der Stellplatz. Die Ver- und Entsorgungsstation liegt auf der hinteren Seite des „centre culturel".
Sonstiges: Kein Strom

Auf geht's nach LACAPELLE, unserem nächsten Haltepunkt. Am STOP-Schild am Stellplatz biegen Sie dazu nach links ab. Natürlich von AURILLAC weg! Nur mal so zur Orientierung! Der Ort ist ausgeschildert. Unterwegs entdecken wir sogar schon ein Hinweisschild für uns Womo-Fahrer. Es sind nun noch rund 1,5 km bis LACAPELLE. Am Ortsschild fahren Sie weiter geradeaus. Dann geht es nach links ab, Richtung Campingplatz. Unmittelbar davor befinden sich die Ver- und Entsorgungsstation sowie der Stellplatz. Dieser ist völlig unabhängig vom Campingplatz, auf dem ich diesmal ausnahmsweise stand. Die Strompauschale dort entspricht genau dem Betrag, den ich eigentlich an der Ver- und Entsorgungsstation für eine Stunde bezahlt hätte.

(037) WOMO-Stellplatz: Lacapelle

GPS: N 44° 55' 18.2" E 2° 15' 49.6" (kein Straßenname)
max. WOMOs: > 5 Gebührenfrei
Ausstattung / Lage: Ver- und Entsorgung / am Ortsrand, ruhig
Zufahrt: Wie im Text beschrieben

(C07) WOMO-Campingplatz-Tipp: Camp Municipal

GPS: N 44° 55' 18.1" E 2° 15' 48.2" (kein Straßenname)
Öffnungszeiten: Juli und August
Ausstattung / Lage: Ver- und Entsorgung, schattig, Laden, Spielplatz / 1500 m zum See
Zufahrt: Wie beim Stellplatz beschrieben

Barrage de St-Etienne-Cantalès

Hier in LACAPELLE können wir einen ersten Blick auf den See werfen.

Weiter geht die Tour nach ST-PAUL. Wir fahren dazu von LACAPELLE erst mal wieder in die Richtung, aus der wir auch gekommen sind. LACAPELLE ist so eine Art Sackort, wenn es den Begriff überhaupt gibt. Bald sehen wir aber schon die Hinweisschilder nach ST-PAUL. Den Stellplatz finden Sie im Zentrum. Am großen Wohnmobil-Schild mitten im Ort geht's dazu rechts ab. Er liegt zwar sehr zentral, allerdings ist die

(038) WOMO-Stellplatz: St-Paul

GPS: N 44° 56' 33.2" E 2° 18' 59.7" Rue de Moinac
max. WOMOs: 3 Gebührenfrei
Ausstattung / Lage: Ver- und Entsorgung, Mülleimer / zentrumsnah
Zufahrt: Wie im Text beschrieben
Sonstiges: Kein Strom

Ortsmitte nicht sehr groß. Der Platz ist bogenförmig angeordnet, und es passen mit gutem Willen 3 Wohnmobile drauf.

Wir fahren weiter nach La Roquebrou oder fahren wir nach Laroquebrou? Die Einwohner wissen es auch nicht so genau. Es existieren beide Schreibweisen nebeneinander. Auch auf offiziellen Broschüren und auf Plänen.

Von St-Paul aus geht's erst einmal geradeaus weiter, dann links ab. Auf der D 18 kann man sehr schön am See und später an der *Cère* entlangfahren.

Kurz bevor wir in den Ort kommen, treffen wir auf die vorfahrtsberechtigte D 653. Zum Ort hin müssten wir links abbiegen, wenn Sie jedoch ver- oder entsorgen müssen, überqueren Sie die Straße und fahren in eine kleine Parkbucht. Dort steht die Station [GPS: N 44° 57' 55.0" E 2° 11' 49.2"]. Man ist eben erfinderisch.

(039) WOMO-Stellplatz: La Roquebrou

GPS: N 44° 58' 01.3" E 2° 11' 27.6" Rue du 11 Juin 1944
max. WOMOs: > 5 Gebührenfrei
Ausstattung / Lage: Ver- und Entsorgung in der Nähe, Toiletten, Mülleimer, Wertstoff-Behälter, Stadtplan / in der Ortsmitte
Zufahrt: In den Ort hineinfahren, dann sehen Sie auf der linken Seite einen großen Parkplatz direkt an der Cère.
Sonstiges: Freitags ist Markt auf dem Platz, also keine Übernachtung von Donnerstag auf Freitag möglich.

Einen Platz zum Übernachten finden wir dann anschließend in La Roquebrou.

Hier macht es auch wieder Spaß, ein wenig spazieren zu gehen. Das OTSI finden Sie, wenn Sie vom Stellplatz aus in unsere bisherige Fahrtrichtung weiter gehen, auf der rechten Seite. Die Altstadt liegt vom Stellplatz aus auf der anderen Seite der „Hauptstraße". Hier gibt es durchaus schöne Ecken zu entdecken.

Ganz hoch über dem Ort thront eine Marienstatue. Sie

Schloss in Laroquebrou

können über einen verschlungenen Pfad hinauf steigen. Sie finden dort oben auch noch ein altes Schloss, in dem immer wieder Ausstellungen stattfinden. Überhaupt überrascht es mich für eine 1000-Seelen-Gemeinde, dass hier so viel für die Kultur getan wird. Eine Buchmesse und ein Boogie-Woogie Festival jedes Jahr sind dabei die Höhepunkte.

Sind Sie bereit, mit uns weiter zu fahren? Dann lassen Sie uns gemeinsam die Brücke überqueren. Sie ist vom Stellplatz aus bereits zu sehen. Wir fahren jetzt auf der „anderen“ Seite der *Cère*, beziehungsweise des Stausees zurück.

Natürlich wollen wir uns auch ein wenig ausruhen und ins Wasser begeben, daher steuere ich jetzt mit Ihnen einen der dortigen Badestrände an. Das erste Schild, das ich sehe, führt uns zum PLAGE DE RÉNAC. Sie sind dabei schon ein wenig gefordert, denn der Weg zum Strand ist nicht geradlinig. Die Beschilderung ist aber ausreichend. Auf dem Parkplatz habe ich oft Wohnmobile gesehen und habe mich dann einfach mal dazu gesellt. Ein paar nette Gespräche sind da immer drin! Und ein paar neue Informationen ebenso. Daher weiß ich jetzt, dass es ganz in der Nähe noch einen zweiten Strand mit

(040) WOMO-Badeplatz: Plage de Rénac

GPS: N 44° 56' 08.0"
E 2° 12' 58.2"
(kein Straßenname)
max. WOMOs: > 5
Gebührenfrei
Ausstattung / Lage: Mülleimer, Wertstoff-Behälter / außerhalb, am Strand
Zufahrt: Wie im Text beschrieben

(041) WOMO-Badeplatz: Plage d'Espinet

GPS: N 44° 55' 59.1" E 2° 13' 51.2" (kein Straßenname)
max. WOMOs: 3 - 4 Gebührenfrei
Ausstattung / Lage: Ver- und Entsorgung, Toiletten, Mülleimer, Wertstoff-Behälter, Tische und Bänke, Stadtplan / außerhalb
Zufahrt: Wie im Text beschrieben

einer Übernachtungsmöglichkeit für Wohnmobilreisende gibt. Es ist der PLAGE D'ESPINET, nur wenige Kilometer von hier entfernt. Am einfachsten fahren Sie wieder zurück auf die Straße LAROQUEBROU–AURILLAC und achten auf das entsprechende Hinweisschild. Da der Stausee links von uns liegt, wird es erwartungsgemäß auch nach links zeigen.

Im Gegensatz zum PLAGE DE RÉNAC gibt es weniger Badebetrieb als vielmehr Bootsbetrieb. Sie können hier aber genauso gut am Strand liegen. Es ist auch ein Bademeister anwesend, der größte Betrieb herrscht jedoch nicht im Wasser, sondern auf der Liegewiese.

CAYROLS, der Ort, den wir als nächstes erreichen wenn wir LE ROUGET durchfahren, ist ein beschauliches, kleines Dorf mit einem sehr ruhig und schön gelegenen Stellplatz. Um dort hin zu gelangen, durchquere ich den Ort auf der Vorfahrtsstraße so lange, bis rechts das ersehnte Womo-Symbol auftaucht. Die Straße ist für Fahrzeuge über 5,5 t gesperrt, das dazugehörige Schild ist allerdings leicht zu übersehen.

(042) WOMO-Stellplatz: Cayrols

GPS: N 44° 49' 47.6" E 2° 13' 58.9" (kein Straßenname)
max. WOMOs: > 5 Gebührenfrei
Ausstattung / Lage: Ver- und Entsorgung, Mülleimer, Tische und Bänke, Spielplatz / am Ortsrand
Zufahrt: Wie im Text beschrieben

Auf unserem Weg nach AURILLAC kommen wir noch durch SANSAC.

(043) WOMO-Stellplatz: Sansac

GPS: N 44° 52' 59.6" E 2° 20' 47.4" Place du Commerce
max. WOMOs: > 5 Gebührenfrei
Ausstattung / Lage: Ver- und Entsorgung, Mülleimer, Wertstoff-Behälter / im Ort
Zufahrt: Wenn Sie im Ort den Parkplatzschildern nach links folgen, sehen Sie dort drei Buchten, die länger sind als die anderen. Wenn die belegt sind, dürfen Sie auch auf der anderen Straßenseite übernachten. Der Verkehrslärm bleibt trotz der Nähe zur Duchgangsstraße sehr erträglich.

AURILLAC ist gleich erreicht. Sie brauchen eigentlich nur auf der N 122 zu bleiben und der Beschilderung nach MURAT zu folgen. Nach etwa 20 Kilometern erreichen wir VIC-SUR-CÈRE, einen Ort, in dem ich Sie im nächsten Kapitel abholen möchte.

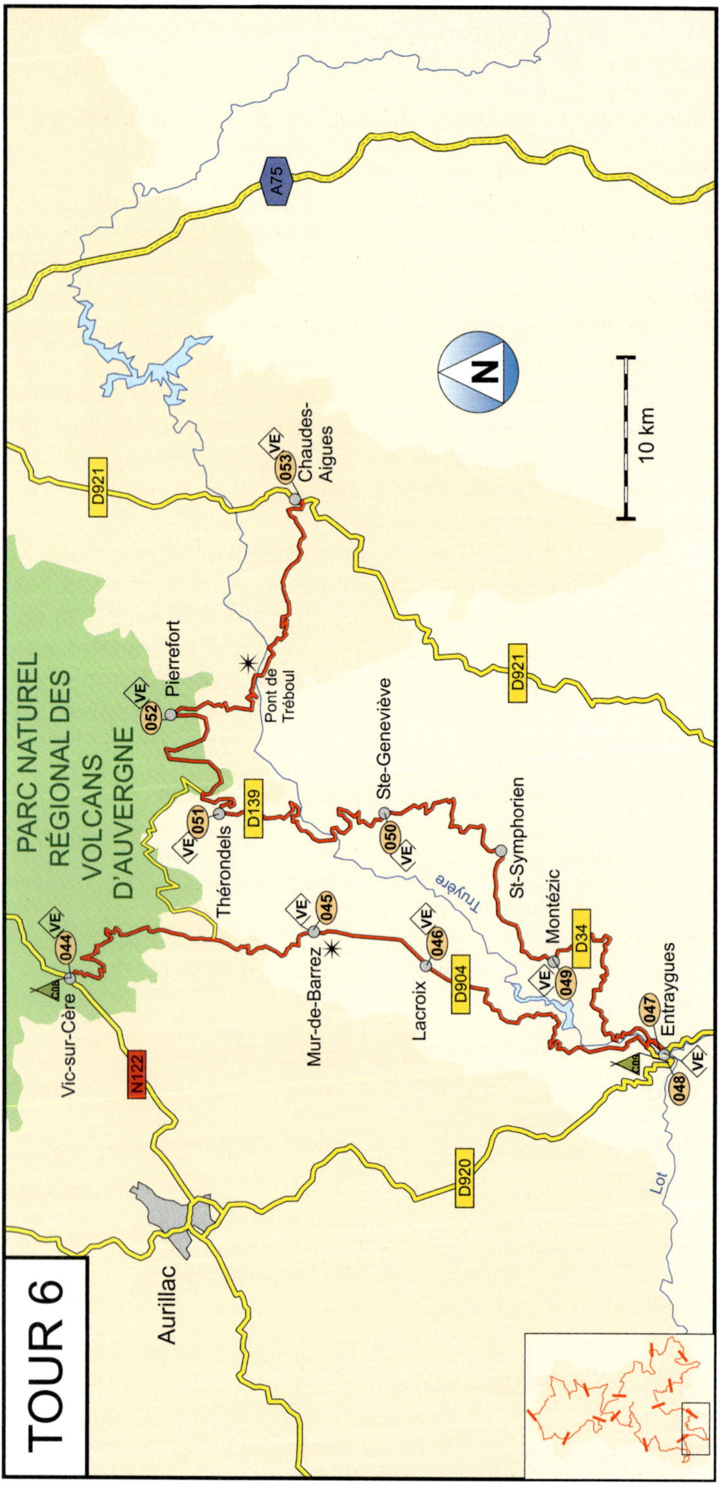

TOUR 6
PARC NATUREL RÉGIONAL DES VOLCANS D'AUVERGNE
Aurillac
Vic-sur-Cère
044
VE
N122
D920
Mur-de-Barrez
045
Lacroix
046
D904
Thérondels
051
D139
Pierrefort
052
Pont de Tréboul
Ste-Geneviève
050
St-Symphorien
Montézic
049
D34
Entraygues
047
048
Truyère
Lot
Chaudes-Aigues
053
D921
A75
N
10 km

TOUR 6 (247 km)

Vic-sur-Cère – Mur-de-Barrez – Entraygues – Lacroix – Chaudes-Aigues

Übernachtung:	Vic-sur-Cère, Mur-de-Barrez, Lacroix, Entraygues, Montesic, Ste-Geneviève, Thérondels, Pierrefort
Campingplätze:	Camp Municipal de Vic-sur-Cère
Besichtigen:	Mur-de-Barrez, die Stauseen rund um die Truyère, Entraygues
Wandern:	Zum Rocher des Pendus
Markt:	Vic (Di., Fr.), Ste-Geneviève (Mo.)

Um zu dem Stellplatz in VIC-SUR-CÈRE zu gelangen, folgen Sie am Ortsanfang den Schildern für die Umgehung „Toutes Directions“ für Lkws. Am Kreisel finden Sie bereits den örtlichen Campingplatz ausgeschildert. Nein, dort wollen wir nicht hin, denn ich versprach Ihnen ja einen Stellplatz! Also fahre ich am Campingplatz vorbei und folge dem Womo-Symbol. Es ist also ganz leicht zu finden. Stimmt's? Ach übrigens: Vom Stellplatz aus sind es lediglich knapp 300 m bis zum Supermarkt. Tisch und Bänke befinden sich nebenan.

(044) WOMO-Stellplatz: Vic-sur-Cère

GPS: N 44° 58' 55.9" E 2° 37' 51.7" Avenue des Tilleuls
max. WOMOs: > 5 Gebührenfrei
Ausstattung / Lage: Ver- und Entsorgung, Tische und Bänke / am Ortsrand, nahe des Campingplatzes
Zufahrt: Folgen Sie zuerst einmal den Schildern „Toutes Directions“ für den Lkw-Verkehr, bis Sie zu einem Kreisel kommen, an dem der Campingplatz ausgeschildert ist. Fahren Sie am Campingplatz vorbei und folgen Sie weiter den Womo-Symbolen.
Sonstiges: 200 - 300 m zum Supermarkt

Wenn Sie dennoch auf den Campingplatz wollen, gibt es hier auch noch ein Kästchen.

(C08) WOMO-Campingplatz-Tipp: Camp Municipal de Vic-sur-Cère ***

GPS: N 44° 58' 52.1" E 2° 37' 44.0"
Öffnungszeiten: 1.4. - 30.9.
Ausstattung / Lage: sehr schattig, Spielplatz / am Ortsrand
Zufahrt: Wie beim Stellplatz beschrieben

Doch wir wollen weiter. Dazu fahren wir den bekannten Weg am Campingplatz vorbei, biegen nach links auf den

Kreisel, um dort abermals nach links zu lenken. Nachdem ich die Eisenbahnlinie unterquert habe, ist ein Richtungswechsel angesagt. Also ab nach rechts! Jetzt geht es deutlich bergauf, Sie werden das merken. Kurz nach der Passhöhe – von VIC aus gesehen – führt uns ein Weg nach rechts zu einem Parkplatz. Folgen Sie mir, denn von dort aus zweigt ein Weg zum ROCHER DE PENDURE ab. Wir gehen natürlich zu Fuß, oder was haben Sie gedacht? Nehmen Sie sich also rund 45 Minuten Zeit und wandern Sie mit mir zu diesem Ort, von wo Sie einen fantastischen Blick über das ganze Tal genießen können.

Ab jetzt geht es wieder bergab. Dort, wo wir auf die D 990 treffen, fahren wir weiter in Richtung MUR-DE-BARREZ. Das ist nicht nur ein besuchenswerter Ort, sondern es gibt auch noch einen Stellplatz, sowie eine Ver- und Entsorgungsstation dort.

(045) WOMO-Stellplatz: Mur-de-Barrez

GPS: N 44° 50' 32.3" E 2° 39' 35.4" Place du Foirail
max. WOMOs: 4 - 5 Gebührenfrei
Ausstattung / Lage: Ver- und Entsorgung in der Nähe [GPS: N 44° 50 ' 29.0" E 2° 39' 34.7"], Mülleimer / am Ortsrand, sehr ruhig
Zufahrt: Um zum Stellplatz zu gelangen, nehmen wir die Umgehungsstraße, damit wir nicht durch den Ort durch müssen. Irgendwann taucht rechterhand ein Schild mit einem Womo-Symbol auf. Diesen gut sichtbaren Schildern können Sie sich anvertrauen.
Sonstiges: Platz im oberen Bereich schief, unten einigermaßen gerade

Zugegeben, an den Stellplatz dürfen Sie keine hohen Erwartungen stellen. Dafür ist das Dorf recht interessant. Es macht Spaß, dort durch die Straßen zu schlendern und sich von den alten Fachwerkhäusern bezaubern zu lassen. Gehen Sie vom Stellplatz einfach ein paar Meter die steilste Straße

Haus in Mur-de-Barrez

hoch, dann sehen Sie schon den alten Glockenturm. Er heißt übrigens „Tour de Monaco“. Das hängt damit zusammen, dass König Ludwig – nein, dieses Mal war es nicht der 14. sondern der 13. – den Fürsten von Monaco als Ausgleich für verloren gegangene Ländereien den Ort nebst Umland übereignete. Gleich dahinter beginnt die Fußgängerzone. Da wir nicht in einer Stadt sind, können Sie hier nicht unbegrenzt einkaufen, sondern sich auf das Ortsbild konzentrieren. Mir persönlich gefällt es hier sehr gut. Ich hoffe, Ihnen auch.

Haben Sie übrigens gemerkt, dass wir nicht mehr in der AUVERGNE sind? Kurz vor MUR-DE-BARREZ haben wir sie verlassen und sind jetzt im Département AVEYRON und damit in der Region MIDI-PYRÉNNÉES. Hier wollen wir auch noch ein bisschen bleiben. Am Ende der Tour werde ich Sie wieder in den Schoß der AUVERGNE entlassen.

Unser nächstes Ziel heißt LACROIX. Um das zu erreichen, fahren wir wieder zurück auf die Umgehungs-

Zentrum von Mur-de-Barrez

straße, über die wir ja schon in den Ort gekommen sind, und biegen dort rechts ab. Die D 904 hat uns wieder, und der nächste Ort ist bereits LACROIX-BARREZ. Die Beschilderung ist recht gut.

(046) WOMO-Stellplatz: Lacroix

GPS: N 44° 46' 40.5" E 2° 37' 53.4" (kein Straßenname)
max. WOMOs: > 5 Gebührenfrei
Ausstattung / Lage: Ver- und Entsorgung, Mülleimer / am Ortsrand, ruhig
Zufahrt: Fahren Sie geradeaus in den Ort hinein und auch wieder heraus. Biegen Sie nach rechts ab, sobald Sie das Hinweisschild gleich nach dem Ortsschild sehen. Die nächste Straße geht es abermals rechts rein und dann sofort wieder links. Jetzt sehen Sie den Platz schon.
Sonstiges: Dezentrale Wasser- und Stromversorgung zum Nulltarif

Auf diesem Platz habe ich oft übernachtet, als ich hier in der Gegend unterwegs war, weil ich ihn sehr schön finde. Der Ort selbst ist nicht so interessant wie MUR-DE-BARREZ. Deshalb beschließen wir, am nächsten Morgen weiterzufahren und abends wieder zurückzukehren.

Wir nähern uns jetzt den Schluchten der *Truyère*, den „Gorges de *Truyère*“. Hier gibt es auch jede Menge Stauseen. Ich schlage Ihnen vor, dass Sie in Ihre Straßenkarte schauen und selbst entscheiden, was Sie entdecken wollen. Es ist ja so schön hier, dass Sie gar keine falsche Wahl treffen können.

Wir fahren erst mal weiter nach Süden und bleiben dazu der D 904 treu. Die Straße wird kurz vor ENTRAYGUES, unserem nächsten Stopp, kurvenreich – sehr kurvenreich. Sie schlängelt sich an der *Truyère* entlang. Um in das Ortszentrum zu kommen, müssen wir am Ortseingang über die Brücke fahren und sind dann auch schon auf dem richtigen Weg, um die beiden Stellplätze zu erreichen.

(047) WOMO-Stellplatz: Entraygues I

GPS: N 44° 38' 38.1" E 2° 33' 46.2" (ohne Straßenname)
max. WOMOs: 4 - 5 Gebührenfrei
Ausstattung / Lage: Ver- und Entsorgung im Ort, Mülleimer / am Ortsrand
Zufahrt: Wenn Sie Richtung Ortsmitte fahren, sehen Sie auf der rechten Seite ein paar Bäume vor einem kleinen Parkplatz. Direkt dahinter zweigt eine Straße rechts ab. Ein kaum zu erkennendes Schild schickt uns Wohnmobilfahrer da hinein. Nach wenigen Metern biegen wir wieder rechts ab. Dann können wir geradeaus fahren, bis wir direkt zum Zusammenfluss von Truyère und Lot kommen. Dort gibt es zwischen Bäumen Parkplätze für uns. Mit meinem Wohnmobil hatte ich keine Probleme, ab 8 Metern Länge könnte es schwierig werden, durch die Seitensträßchen zu fahren.

(048) WOMO-Stellplatz: Entraygues II

GPS: N 44° 38' 24.8" E 2° 34' 09.2" Route de Villecomtal
max. WOMOs: > 5 Gebührenfrei
Ausstattung / Lage: Ver- und Entsorgung in der Nähe, Mülleimer / am Ortsrand
Zufahrt: Von Entraygues I fahren Sie zurück zur „Hauptstraße". Dann geht's weiter durch den Ort durch. Über eine Brücke kommen Sie nach rechts zur D 920. Nachdem Sie den Fluss überquert haben, biegen Sie wieder rechts ab und sehen den Platz schon.

Genau jetzt haben Sie auch schon die Richtung zur Ver- und Entsorgungsstation eingeschlagen [GPS: N 44° 38' 33.2" E 2° 33' 58.0", Chemin du Val de Saures]. Sie befindet sich vor dem Campingplatz, und das ist genau das Stichwort für mich, ein neues Kästchen hier hinzumalen.

(C09) WOMO-Campingplatz-Tipp: Val de Saures ***

GPS: N 44° 38' 33.5" E 2° 33' 57.7" (kein Straßenname)
Öffnungszeiten: Anfang Mai - Ende September
Ausstattung / Lage: Ver- und Entsorgung, schattig, Spielplatz, beheizter Pool, WLAN / direkt am Ufer des Lot
Zufahrt: Vom Stellplatz Entraygues II fahren Sie geradeaus am Lot entlang weiter. Der Platz ist gut beschildert.
E-Mail: info@camping-valdesaures.com
Internet: www.camping-valdesaures.com (deutsche Textversion)

Auch ENTRAYGUES selber ist – wie MUR-DE-BARREZ – ein beschaulicher, kleiner Ort. Wir sind lange entlang der *Truyère* spazieren gegangen. Daher weiß ich zum Beispiel, dass an einer unscheinbaren Staustufe das erste Wasserkraftwerk hier in dieser Gegend gebaut wurde. Das Gebäude sieht nicht so aus, als würde hier noch Strom höherer Leistung erzeugt werden. Dass die *Truyère* mittlerweile stark zur Nutzung der Wasserkraft genutzt wird, sehen Sie an den vielen Stauseen.

ENTRAYGUES ist auf jeden Fall ein Ort, der mit keinen großen Sehenswürdigkeiten aufwarten kann, in dem es aber viele Kleinigkeiten zu sehen gibt. Hier eine schöne Fachwerkkonstruktion, dort eine interessante Toreinfahrt oder ein verwunschener Innenhof. Man hat sich sogar die Mühe gemacht, einen Rundweg mit erklärenden Schildern an verschiedenen Gebäuden anzulegen.

Ich habe Ihnen bereits gestanden, dass wir bei dieser Tour immer wieder gerne nach LACROIX zurück fahren, was wir auch dieses Mal machen. Aber ich will ja einen roten Faden in unsere Reise bringen, also sollte ich Ihnen erklären, wie es von ENTRAYGUES weitergeht. Wir wollen auf der „anderen" Seite der *Truyère* wieder zurück in die AUVERGNE fahren. Korrekterweise müsste ich schreiben „flussaufwärts".

Erinnern Sie sich noch daran, wie wir nach ENTRAYGUES hereingefahren sind? In diese Richtung müssen wir auch wieder zurück. Aber diesmal dürfen wir die Brücke am Ortseingang nicht überqueren. Die *Truyère* bleibt auf unserer linken Seite. Die richtige Straße ist die D 34. In ST-AMANS biegen wir links ab und erreichen dann nach wenigen Kilometern MONTÉZIC.

(049) WOMO-Stellplatz: Montézic

GPS: N 44° 42' 37.7" E 2° 38' 37.8" (kein Straßenname)
max. WOMOs: > 5 Gebührenfrei
Ausstattung / Lage: Ver- und Entsorgung / am Ortsrand, ruhige Lage
Zufahrt: Im Ort gabelt sich die Straße. Wir fahren dann nach rechts, wobei der Platz aber schon ausgeschildert ist. Später geht's nochmals nach rechts. Wenn Sie die Wohnmobilschilder nicht sehen sollten, folgen Sie einfach der Beschilderung zum „stade".

Hier habe ich mal nichts für Sie zu entdecken, außer dem Stellplatz. Deshalb fahren wir auch gleich weiter nach STE-GENEVIÈVE. Das geht ganz einfach über die D 504 durch ST-SYMPHORIEN. Dort finden wir auch schon die entsprechenden Schilder.

(050) WOMO-Stellplatz: Ste-Geneviève

GPS: N 44° 48' 06.5" E 2° 45' 44.0" Rue de l'Argence
max. WOMOs: > 5 Gebührenfrei
Ausstattung / Lage: Ver- und Entsorgung, Toiletten, Tische und Bänke, gemauerter Grill / schöner Platz am Ortsrand, direkt an der Argence.
Zufahrt: Wenn wir in den Ort hereinfahren, folgen wir den Schildern „Toutes Directions“ für Lkws. Etwas kleiner darunter finden sich auch die Schilder für „Camping-cars“. Nach einer Linkskurve sehen Sie den Platz schon auf der linken Seite.
Sonstiges: Wasser und Strom 2 EUR.

Der Stellplatz hier kann mich eigentlich nur begeistern. Natürlich hält er keinen Vergleich mit LACROIX stand, aber man sieht, dass er mit Liebe angelegt wurde. Direkt am Ufer der *Argence* gelegen, vermittelt er ein Gefühl von Idylle. Selbst wenn da noch 10 andere Wohnmobile stehen.

Die Schilder zur BARRAGE DE SARRANCE sind hier schon nicht mehr zu übersehen. Genau dort will ich mit Ihnen hin. Der nächste Stausee steht uns also bevor. Allerdings merke ich gerade, dass ich Ihnen noch ein paar Bilder von der *Truyère* schuldig bin. Das sollte ich jetzt nachholen, es ist wirklich eine schöne Gegend.

Die Truyère – im Hintergrund die Pont de Tréboul

Wenn ich Ihnen jetzt mit diesem Bild den Mund wässerig gemacht habe auf unsere weitere Strecke, dann sollten Sie mir vom Stellplatz in STE-GENEVIÈVE folgen. Die Brücke auf diesem Bild liegt übrigens wieder in der AUVERGNE, wobei wir wieder bei dem Thema unseres Buches wären.

Zur Weiterfahrt biegen wir, vom Stellplatz aus kommend, zweimal nach links ab. Im Kreuzungsbereich in der Ortsmitte geht es Richtung *Barrage de Serance*. Bitte diesem Wegweiser – rechts abbiegend – folgen.

Sie Staumauer haben wir schnell erreicht – und wie sich das gehört, gibt es in deren Nähe auch einen Parkplatz. Ein Blick rentiert sich auf jeden Fall immer!

Barrage de Sarrance

Vom Parkplatz an der Stadtmauer rollen wir eine Weile am Stausee entlang und genießen die Aussicht. Auf verschlungenen Wegen fahren wir nach THÉRONDELS. Die Straßenführung ist vor allem dann sehr verwegen, wenn Sie möglichst dicht am Stausee entlang fahren. Wir kommen dabei aber noch an einem Aussichtspunkt vorbei, den Sie nicht auslassen sollten. Sie werden ihn finden, wenn Sie merken, dass die Straße spürbar ansteigt. Dann sehen Sie auch bald das Schild mit der Aufschrift „Panorama". Hier dürfen Sie gerne anhalten und – genießen!

Bald darauf erreichen wir schon THÉRONDELS. Da ich ziemlich verwirrt war, weil es äußerst unterschiedliche Angaben zu dem Stellplatz gab, parkte ich zuerst einmal in der Ortsmitte. Das wäre auch durchaus eine Option für eine Übernachtung, denn so groß und überlaufen ist der Ort jetzt wirklich nicht. Trotzdem gibt es einen offiziellen Übernachtungsplatz und sogar eine Ver- und Entsorgungsstation.

(051) WOMO-Stellplatz: Thérondels

GPS: N 44° 53' 41.7" E 2° 45' 28.5" (ohne Straßenname)
max. WOMOs: 3 - 4 Gebührenfrei
Ausstattung / Lage: Ver- und Entsorgung im Ort / im Zentrum
Zufahrt: In der Ortsmitte gibt es einen Parkplatz für den Schwerverkehr „Poids lourds". Wohnmobile stehen ein wenig weiter weg. Orientieren Sie sich an der Kirche, dann werden Sie ihn finden.
Sonstiges: Die Ver- und Entsorgungsstation ist außerhalb des Ortes [GPS: N 44° 53' 53.9" E 2° 45' 33.7"]. Auch in deren Umgebung stehen oft Wohnmobile.

Über die D 236, die wir nach dem Verlassen der 30er-Zone hinter der Kirche erreichen, kommen wir nach dem kurzen Abstecher in die Nachbarregion wieder in die AUVERGNE zurück. Wenn ich es nicht erwähnt hätte, hätte wohl kaum einer diesen Seitensprung gemerkt!? Wir sind mittlerweile nach kurvenreicher Fahrt auf der D 990 angekommen und durchqueren einen kleinen Ort namens BILLIEZ. Über ST-MARTIN erreichen wir schließlich PIERREFORT.

(052) WOMO-Stellplatz: Pierrefort

GPS: N 44° 55' 19.8" E 2° 50' 28.9" Côte du Chabridet
max. WOMOs: 3 Gebührenfrei
Ausstattung / Lage: Ver- und Entsorgung, Stadtplan / am Ortsrand
Zufahrt: Fahren Sie mit uns durch den Ort durch und biegen Sie dann an der Post rechts ab. Ausgeschildert ist dort „Centre medico social". Der Platz ist unattraktiv, und ver- und entsorgen können Sie nur, wenn Sie eine Kreditkarte mit Chip haben.

Von hier aus folgen wir dann der Beschilderung „Gorges de *Truyère*" bzw. „Pont de TRÉBOUL". Die Großrichtung ist CHAUDES-AIGUES. Wir überqueren die eindrucksvolle Hängebrücke und müssen uns dann nach links wenden, bleiben aber der Straße nach CHAUDES-AIGUES treu.

Die Pont de Tréboul

In der Nähe des kleinen Ortes AUZOLLES geht es ziemlich steil himmelwärts – bis auf über 900 Metern Höhe. Danach – wie könnte es anders sein – natürlich wieder bergab, um zu dem idyllischen Heilbad CHAUDES-AIGUES zu gelangen.

Spätestens wenn an einer Gabelung zwei Wegweiser Sie in diesen Ort schicken wollen, könnten Sie unsicher werden. Um ehrlich zu sein: Es ist völlig egal, welchem Sie folgen. Sie erreichen die D 921 und biegen links ab.

TOUR 7 (66 km)

Chaudes-Aigues – Viaduc de Garabit – St-Flour – Massiac

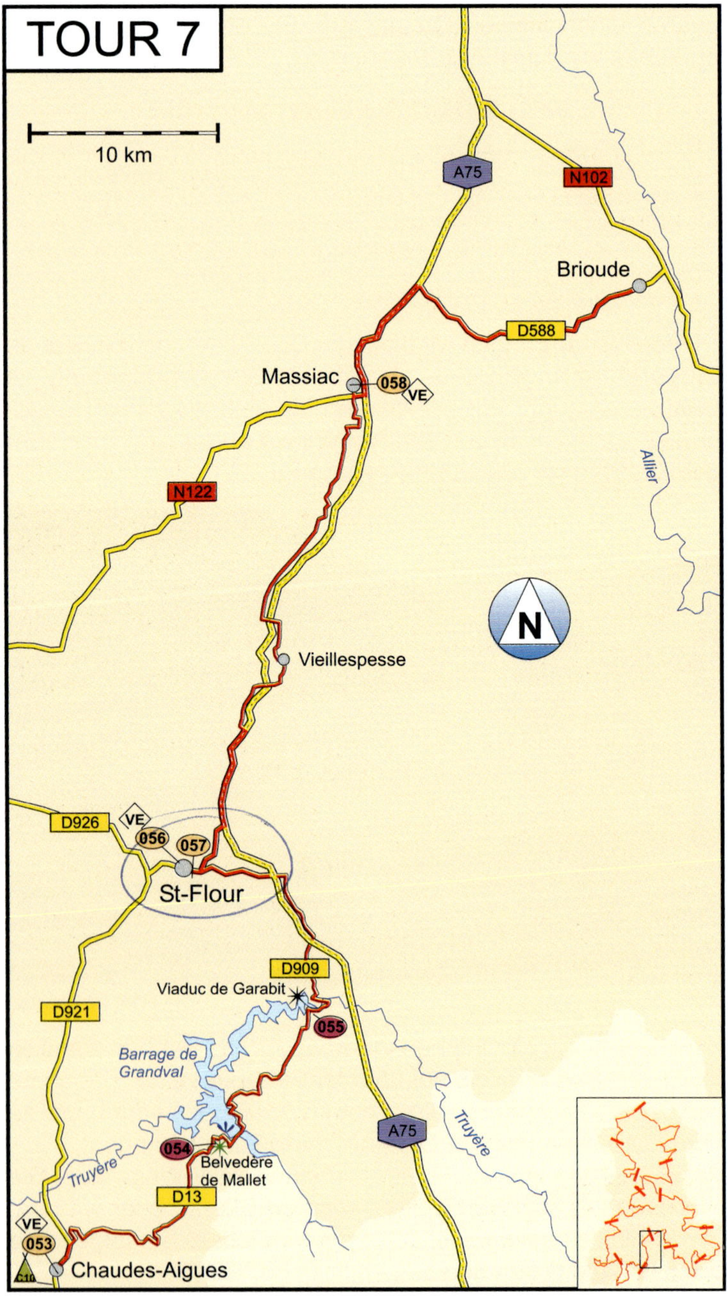

Übernachtung:	Chaudes-Aigues, Belvédère de Mallet, Viaduc de Garabit, St-Flour, Massiac
Campingplatz:	Le Château du Couffour
Baden:	Möglich am Viaduc de Garabit
Besichtigen:	Chaudes Aigues, Viaduc de Garabit, St-Flour
Wandern:	Massiac
Markt:	Chaudes-Aigues (Mo. u. Do.), St-Flour (Sa., in der Saison auch Di.)

Wir kommen nun zu einer sehr kurzen Tour, die – wie bereits versprochen – in CHAUDES-AIGUES beginnt. Diesen Thermalkurort erreichen wir über die D 921. Fahren Sie zunächst gemeinsam mit uns Richtung Stadtmitte.

(053) WOMO-Stellplatz: Chaudes-Aigues

GPS: N 44° 50' 58.3" E 3° 00' 10.3" (kein Straßenname)
max. WOMOs: > 20 gebührenfrei
Ausstattung / Lage: Ver- und Entsorgung, Mülleimer, Wertstoff-Behälter / geschotterter Platz am Ortsrand.
Zufahrt: Bald nach dem Ortsschild biegen wir scharf nach rechts ab, dem Schild, welches Sie zur Autobahn nach Montpellier leiten will, folgend. Nehmen Sie nach einer kurzen Fahrstrecke später keinesfalls die abknickende Vorfahrtsstraße nach links, sondern fahren Sie dort geradeaus in die zunächst schmäler werdende Gasse bis zum Stellplatz.
Sonstiges: Wasser und Strom jeweils 2 EUR.

(C10) WOMO-Campingplatz-Tipp: Le Château du Couffour **

GPS: N 44° 50' 41.8" E 3° 00' 04.4" (kein Straßenname)
Öffnungszeiten: Mai - Oktober
Ausstattung / Lage: Ver- und Entsorgung, schattig, Laden, Spielplatz / nächster Ort: 2 km
Zufahrt:Auf der D 921 fahren Sie nicht nach links in den Ort, sondern biegen rechts ab. Nach kurzer Fahrstrecke finden Sie schon das Hinweisschild, das nach rechts zeigt.

Nachdem wir am – nicht besonders schönen, dafür aber sehr zentral gelegenen und zweckmäßigen – Wohnmobil-Stellplatz direkt gegenüber dem „centre routier départementale" angekommen sind, sollten wir gemeinsam den Ort erobern. Sie können mich dabei ohne Umschweife begleiten. CHAUDES-AIGUES ist ein kleiner, überschaubarer Ort, in dem man sich nur unter größter Anstrengung verlaufen kann. Zudem finden Sie vor Ort die notwendige, gut verständliche Beschilderung für Touristen.

Bewappnet mit Fotoapparat sowie den sonstigen nötigen Utensilien, mache ich mich auf in das Kurbad, dessen Name bereits auf die dortige Sehenswürdigkeit – nämlich die „heißen Wasser" – hinweist. Die *Source du Par* gilt als die heißeste Quelle Europas. Das Quellwasser der *Par* erreicht hier in CHAUDES-AIGUES eine Temperatur von sage und schreibe 82° C, wenn es aus der Erde herauskommt. Das heiße, mit heilenden Wirkstoffen versehene Wasser, wird für den dortigen Kurbetrieb verwandt. Seit sehr langem wird ein Großteil der Häuser im Ort damit beheizt. Sollten Sie unter Rheuma oder Arthrose leiden, so sind Sie hier genau richtig. Nun fragen Sie sich sicherlich, warum wir Ihnen das alles erzählen. Wir möchten Sie mit großen Worten ein bisschen neugierig machen auf dieses kleine, außergewöhnliche Naturereignis. Begeben Sie sich also mit uns auf die Durchgangsstraße und halten Sie sich links, Richtung Stadtmitte, dann erreichen Sie den Marktplatz. Die *Source du Par* finden Sie, immer geradeaus gehend, in der Rue du Par - einer kleinen Gasse direkt oberhalb des Marktplatzes - vor dem „Musée GEOTHERMIA". Hier fließen jede Minute etwa 300 Liter heißes Wasser heraus. Unvorstellbar!? Denjenigen, die jetzt ganz spontan die Hände ausstrekken, um das kostbare Nass zu berühren, sei gesagt: Vorsicht! Es ist extrem heiß, was bei 82° C ja zu erwarten ist. Das alles hört sich so leicht an, aber Augen auf, ich bin ganze zwei Mal an der Quelle vorbei gelaufen, ohne sie zu bemerken! Das wäre in Deutschland nicht passiert, denn dort hätte man solch eine Besonderheit sicherlich touristisch vermarktet. Eintrittsgelder wären das Mindeste gewesen, das man sich hätte einfallen lassen. Die Franzosen haben da einen ganz anderen Umgang mit Sehenswürdigkeiten, und das ist eines der zahlreichen Dinge, die mir dort so gefallen. Übrigens ist der Besuch des dahinter gelegenen Museums, welches Ihnen die Wunder der Erde näher bringen möchte, zu empfehlen.

Überhaupt sollten Sie mit offenen Augen – ruhig auch mal nach oben gerichtet – durch CHAUDES-AIGUES gehen. So entdecken Sie beispielsweise an einigen Häuserfassaden Statuen der Heiligen, die dem entsprechenden Viertel individuell zuzuordnen sind. Ihnen wird teilweise sogar ein Dach über dem Kopf gewährt. Sprich: Sie sind oft in eigens dafür vorgesehene „Glaskästen" verbannt.

Jedem Viertel sein eigener Heiliger

Wenden Sie sich jetzt, von der Quelle aus gesehen, nach rechts, um zu der gotischen Kirche St-Blaise-St-Martin aus dem 15.-16. Jahrhundert zu gelangen. Dazu müssen wir einen kleinen Berg erklimmen, aber alleine schon die Aussicht auf die herrliche Landschaft belohnt Sie für Ihre Mühen.

Sollten Sie genug gesehen oder sich erfolgreich den heilenden Kräften der heißen Wasser hingegeben haben, so lassen Sie uns weiterfahren. Den Stellplatz verlassend, begeben wir uns nun wieder auf die D 921 Richtung ST-FLOUR, was sich aber gegen Ortsende schnell ändern soll, denn dort biegen Sie nach rechts auf die D 13 ab, wo unser nächstes Ziel bereits gut ausgeschildert ist: das VIADUC DE GARABIT. Über eine sehr schöne, kurvenreiche Strecke fahren wir teilweise hoch hinaus, um immer wieder einen herrlichen Panoramablick erhaschen zu können.

Ehe wir uns aber diesem interessanten – ob schönen oder nicht, sei dahingestellt – Bauwerk nähern, bleiben wir einfach noch einmal an einem Parkplatz stehen, der Ihnen durchaus auch gut als Übernachtungsplatz, aber sicherlich in jedem Fall als Picknickplatz dienen kann. Er befindet sich in der Nähe des BELVÉDÈRE DE MALLET, direkt an der D 13, linkerhand von Ihnen. Nehmen Sie sich die Zeit, den einmalig schönen Blick auf die gestaute *Truyère* mit Sicht auf zwei kleine Inseln zu genießen. Trotz vorbeiführender Straße können Sie hier in relativ ruhiger Lage eine Idylle besonderer Art in sich aufsau-

(054) WOMO-Picknickplatz: Belvédère de Mallet

GPS: N 44° 54' 47.5" E 3° 06' 38.2"
(kein Straßenname)
max. WOMOs: > 5
gebührenfrei
Ausstg./Lage: keine/außerorts.
Zufahrt: wie im Text beschrieben.

Blick vom Rastplatz Belvédère de Mallet auf die gestaute Truyère

gen. Am besten tun wir es den Franzosen gleich, holen Tisch und Stühle heraus und genießen erst einmal eine kleine Mahlzeit. Übrigens auch etwas, an das wir uns inzwischen in Frankreich gewöhnt haben: Speziell zur Mittagszeit packen Jung wie Alt an allen möglichen und unmöglichen Stellen jede Menge Essen und Trinken aus den kleinsten Autos aus und lassen es sich gut gehen. Eben „Savoir vivre“!

Frisch gestärkt durch Essen, Trinken und neue Eindrücke, gelangen wir bald zum Zielort, dem VIADUC DE GARABIT, welches seine Berühmtheit wohl einzig und allein seinem Erbauer - dem berühmten Monsieur Eiffel - zu verdanken hat. Hier haben Sie gleich mehrere Möglichkeiten, Ihr Wohnmobil zu parken, auch wenn keine extra eingezeichneten Parkplätze vorhanden sind. Der Anblick selber ist auf seine Art etwas Besonderes. Es bietet sich nicht nur an, ein kurzes Foto zu „schießen“, ein kleiner Spaziergang sollte mindestens drin sein. Auf den meisten der Plätze kann man im Prinzip sogar übernachten.

(055) WOMO-Picknickplatz: Viaduc de Garabit

GPS: N 44° 58' 22.3" E 3° 10' 30.4" (kein Straßenname)
max. WOMOs: 3 - 5
gebührenfrei
Ausstg./Lage: keine/außerorts.
Zufahrt: Wie im Text beschrieben.
Sonstiges: Bade- und Angelmöglichkeit in der Nähe

Während unseres letzten Besuches am VIADUC DE GARABIT kam die hier bereits erwähnte Frage des Geschmacks sehr offensichtlich zum Tragen, als ich nämlich ein paar Fotos von der Brücke machen wollte. Ein junger Mann sprach mich an und meinte ziemlich ernst auf Französisch, dass hier Fotografieren verboten sei, da es sich um ein sehr wichtiges Bauwerk handele. Recht irritiert, aber aufgrund des ernsten Gesichts-

Das Viaduc de Garabit

ausdrucks, glaubte ich ihm im ersten Augenblick und meinte nur: “O pardon!“, was ihn wiederum zum Schmunzeln veranlasste. Sofort merkte ich, dass es nicht ernst gemeint war, und wir kamen ins Gespräch. Der Franzose erklärte mir, dass es zwar ein sehr berühmtes Bauwerk sei, aber dass es nicht zwingend ein schönes sein müsse. Er persönlich fände es

Viaduc de Garabit

Das Viaduc de Garabit - eine Eisenbahnbrücke, die das Flusstal der gestauten Truyère überspannt – wurde gegen Ende des 19. Jahrhunderts von dem Eiffelturm-Konstrukteur Gustave Eiffel erbaut. Die statischen Berechnungen stammten allerdings von Maurice Koechlin. Lange Jahre war dieses stählerne Viadukt die höchste Eisenbahnbrücke weltweit.

Wie aber kam es zu diesem Bau? Die tiefen Schluchten rund um die Stadt St-Flour erschwerten den von der Landwirtschaft – und hierbei besonders der Rinderzucht - lebenden Bauern den Transport ihrer Ware enorm. Unwegsame Überführungen sowie Gefahren sorgten dafür, dass bereits während des Weges zahlreiche Tiere erkrankten oder gar verendeten. Daher der Name Garabit, der sich von den Worten „Garde Boef“ ableiten lässt.

1880 begann man also mit den Bauarbeiten, die nach vier Jahren beendet werden konnten. Bis zu 500 Arbeiter waren damit beschäftigt, allein Gustave Eiffel konnte den Ruhm für sich einstecken. Da er bereits mehrere stählerne Brücken konstruiert hatte, erhielt er den Beinamen „Eisenzauberer“ sowie den Auftrag, anlässlich der Weltausstellung in Paris den Eiffelturm zu errichten.

Ursprünglich war das Viaduc de Garabit grau, erst vor wenigen Jahren entschied man sich, die Brücke rot streichen zu lassen, was ihr eine besondere Note gibt. Des Nachts wird das Viadukt angestrahlt und verleiht ihm somit einen romantischen Touch.

Die Meinung der Franzosen bezüglich dieser Stahlkonstruktion ist sehr unterschiedlich. Während die einen stolz auf dieses, in ihren Augen eher filigrane Bauwerk sind, bezeichnen es andere – wie in unserem Text zu lesen – eher als hässlich. Fest steht jedoch, dass das Viadukt sich trotz seiner Größe erstaunlich gut in die Landschaft einfügt, und dass alljährlich zahlreiche Touristen eigens wegen dieser Brücke hier erscheinen.

Einige technische Daten:

Das Viaduc de Garabit überspannt mit einer Höhe von 122 Metern das Tal der Truyère auf einer Länge von über 560 Metern. Allein 3900 Tonnen Schmiedeeisen wurden für den Bau verwertet. Aufgrund der damaligen Berechnungen darf auch in unseren Tagen nur noch mit einer Höchstgeschwindigkeit von 40 km/h auf dieser Brücke gefahren werden. Heute herrscht hier – neben einem im Sommer verkehrenden Touristenzug – nur noch wenig Verkehr ebenso hässlich wie den Eiffelturm. Was sagen Sie dazu? Kommen Sie und machen Sie sich selbst ein Bild davon!

Sollten Sie genügend Zeit und Muße besitzen sowie ein Liebhaber des Angelns sein, so finden Sie in der *Truyère* ein wahres Angelparadies. Folgen Sie mir aber nun weiter auf die D 909 in Richtung ST-FLOUR. Sie führt uns teilweise parallel der Autobahn entlang. Bleiben Sie aber bitte stets auf der D 909, dann kann nichts schief gehen. Kurzfristig erhaschen wir einen wunderbaren Blick auf den idyllisch am Berg gelegenen Teil ST-FLOURS.

(056) WOMO-Stellplatz: St-Flour I

Position: N 45° 02' 09.2" E 3° 05' 54.3" Place de l'Ander
max. WOMOs: > 5 gebührenfrei
Ausstattung / Lage: Ver- und Entsorgung / ruhige Lage am Ortsrand.
Zufahrt: Stets der D 909 folgend, begeben Sie sich über den Kreisverkehr. Bitte nicht Richtung Zentrum fahren, sondern geradeaus, um gleich wieder nach links in die kleine Rue Marie Aimée Méraville abzubiegen. Immer Ihrer Nase folgend, stoßen Sie schon bald auf den Stellplatz.
Sonstiges: Wasser und Strom jeweils 2 EUR

(057) WOMO-Stellplatz: St-Flour II

Position: N 45° 02' 01.0" E 3° 05' 17.3" Allée Georges Pompidou
max. WOMOs: 5 gebührenfrei
Ausstattung / Lage: keine / außerorts.
Zufahrt: Sie fahren am großen Kreisel links ab, über die Brücke und den steilen, ziemlich kurvenreichen Berg hinauf. Oben am Rondell geht es geradeaus. Am nächsten Kreisverkehr biegen Sie nach links und dann nochmals links ab.

Und ST-FLOUR – die Stadt, die uns Wohnmobilisten gleich mit zwei offiziellen Stellplätzen erwartet – ist auch mein nächstes Ziel. Aber freuen Sie sich nicht zu früh, was die Stellplätze anbelangt! Wir haben beide ausprobiert und können beide lediglich als Übernachtungsplatz bei großer Müdigkeit oder als Parkplatz für eine Stadtbesichtigung empfehlen. Im ersten Fall rate ich Ihnen zum Stellplatz am Fuße der historischen Stadt, da es dort wesentlich ruhiger ist. Für eine Stadtbesichtigung wäre im Prinzip der zweite wegen der Ortsnähe anzuraten, es kann allerdings sein, dass er mit Pkws zugeparkt ist. Zudem ist die mir genannte Versorgungsstation dort nicht auffindbar gewesen, da sowohl an Ostern 2010 als auch im Sommer des gleichen Jahres hier Bauarbeiten stattfanden, für die ein weiter Teil des Parkplatzes abgesperrt worden war. Also, wenn Sie einen kleinen Anstieg nicht scheuen, so können Sie auch gut und gerne vom unteren Stellplatz aus den Stadtbesuch starten.

Jeder unserer Besuche auf den Stellplätzen in ST-FLOUR ging mit einer recht lustigen „Begrüßung" einher. Beim ersten Mal entschlossen wir uns, „unten" zu parken und hoch zu laufen. Nein, nicht wie Sie denken, weil ich so sportlich bin, sondern alleine deshalb, weil ich nicht wusste, dass es oben im historischen Stadtkern ebenfalls Stellmöglichkeiten gibt. Wir machten uns also – nach oben blickend – auf den Weg, ahnend, dass ein langer, steiler Aufstieg anstand. Aber hatten wir wirklich so leidend ausgesehen? Denn kaum waren wir vom Womo ein paar Meter entfernt, sprach mich ein nettes französisches Ehepaar an, um in tröstenden Worten zu verdeutlichen, dass wir nur bis zur Kirche gleich am Ende der Straße und dann rechts über die Brücke gehen müssten, um dahinter geradeaus den Chemin des Chèvres – einen kleinen, über Treppen führenden Weg – einzuschlagen. Und Recht hatten sie! Es war ein schöner Weg, der gut zu bewältigen ist. Im Sommer erwartete mich ein ziemlich voll besetzter Parkplatz oben in der Nähe der historischen Altstadt. Ich suchte eine passende Stelle, um das Wohnmobil so zu parken, dass wir bei unserer Rückkehr auch wieder problemlos ausparken könnten. Das ist übrigens ein Prinzip für mich hierzulande, dem ich stets treu bleibe, da die Franzosen bekanntlich ohne Rücksicht auf Verluste jede auch noch so kleine Lücke nutzen, um ihr Auto abzustellen, und man manchmal derartig zugeparkt ist, dass keine der Türen zum Aussteigen aufgeht. Da sahen wir ein Paar auf ihr Wohnmobil mit französischem Kennzeichen zugehen. Sie machten kehrt, um auf uns zuzusteuern. Mit französischem Akzent meinte der Mann mittleren Alters auf Elsässisch zu uns: „Noch fünf Minudde, dann kannscht moi Parkplatz hon. Hier kannschte schloofe.“ Nach diesen jeweiligen beiden netten Empfängen konnte eigentlich nicht mehr viel Besseres kommen?!

Und so war es denn auch: Entgegen den ersten menschlichen Kontakten, waren die mit der Stadt eher zwiegespalten. Für mein Empfinden ist St-Flour ein relativ runtergekommener Ort, der allerdings während unserer Besuche teilweise in den Kinderschuhen der Renovierungen steckte. Bei genauem Hingucken gibt es jedoch Einiges an Interessantem zu entdecken. Vor allem werden diejenigen unter Ihnen, die sich für – zugegeben nicht alltägliche – Kunst interessieren und mit offenen Augen durch die Gassen schlendern, sicherlich so manch ausgefallenes Exponat entdekken. Sollten Sie jetzt genauere Tipps erwarten, so kann ich Sie nur enttäuschen: Da es sich in den meisten Fällen um Wechselausstellungen oder sich ändernde Installationen handelte, würde ich Sie mit meinen Informationen lediglich in die Irre führen. Ein Muss sollte der Besuch der Kathedrale Saint-Pierre sein, wo Sie einen schwarzen Christus am Kreuz finden werden. Ist schon ein merkwürdiger Anblick für uns Westeuropäer!

Wir verlassen nun die Stadt ST-FLOUR. Dazu müssen Sie zunächst wieder an den Kreisel, an dem Sie entweder hoch zur Stadt oder aber zum unteren Stellplatz abgebogen sind. Sehen Sie zu, dass Sie auf die D 909 in Richtung A 75/ MASSIAC gelangen. Wenn Sie sich vorgenommen haben, keine Autobahn zu fahren, weil Sie die Gebühren sparen wollen, so kann ich Sie beruhigen: Im Folgenden ist die Benutzung derselbigen gebührenfrei. Warum sage ich Ihnen das? Na ganz einfach: Weil wir es eigentlich auch so handhaben wollten. Zudem gibt es außerhalb der großen Straßen weitaus Interessanteres zu sehen und zu entdecken. Aber wir kamen hier bei keinem unserer Besuche umhin, eine etwas – für unsere Sinne – merkwürdige Autobahnauffahrt kennen zu lernen. Unser Navi leitete mich mit freundlichem aber bestimmendem Ton zu einer Straße, wo wir eine hochgeklappte Straßensperre passieren mussten, um dann ziemlich unver-

mittelt auf der Autobahn zu stehen, oder besser gesagt zu fahren. Stur wie ich nun einmal bin, nutze ich gleich die nächste Gelegenheit beziehungsweise Ausfahrt – die Ausfahrt 27, MONTCHAMP – und biege dort nach links auf die D 323 ab, um nach einer Unterführung an einem STOP-Schild den Blinker rechts zu setzen und auf die D 909 Richtung MASSIAC zu gelangen. Die D 909 hat mich wieder! Welch ein Glück – fragt sich nur für wen! Sollten Sie es schaffen, gleich von Beginn an auf dieser Straße zu bleiben, so haben Sie die Wirrnisse so mancher französischer Verkehrsführungen mit Bravour überstanden. Gratuliere! Frankreich tauglich!

Am COL DE LA FAGEOLE – auf einer Höhe von über 1100 Metern – machen wir in der Nähe einiger „Don-Quichotte tauglicher" Windmühlen zunächst einmal Rast und vertreten uns ein wenig die Beine. Es ist sehr heiß. Hier oben erwartet uns jedoch ein erfrischender Wind. Wenn auch Sie es uns gleichtun wollen, so sollten Sie wissen, dass Sie die Wanderstiefel ruhig im Laderaum lassen können, denn Sie werden nicht wirklich weit kommen, da man vielerorts auf Einzäunungen stößt, die die auvergnatischen Kühe von der nahen Autobahn fern halten sollen. Was sicherlich auch gut so ist, denn wie man an unserem Beispiel gesehen hat, gelangt man selbst dann, wenn man nicht will, schnell dort hin.

Wir folgen nun weiter der D 909, die uns in VIEILLESPESSE eine enge Ortsdurchfahrt beschert, die Autobahn mehrfach überqueren lässt und eine Landschaft präsentiert, die in erster Linie aus Bergen, Bergen, Bergen und ab und zu Wald besteht. An Kühen mangelt es ebenfalls nicht.

(058) WOMO-Stellplatz: Massiac

GPS: N 45° 15' 11.6" E 3° 11' 48.4" Rue de la Gare
max. WOMOs: > 5 gebührenfrei
Ausstattung / Lage: Ver- und Entsorgung, Mülleimer, Wertstoff-Behälter / ruhige Lage am Ortsrand.
Zufahrt: Fahren Sie von der Hauptstraße aus in der Ortsmitte nach links Richtung Bahnhof – la gare. Dort befindet sich gleich rechts — schräg gegenüber dem Office de Tourisme - der gewünschte Stellplatz.
Sonstiges: Wasser kostenlos.

Schließlich erreichen wir unser letztes Tourenziel – MASSIAC. Der Ort selber ist keinesfalls der Renner, aber man kann spazieren gehen, in der Umgebung wandern, angeln, einkaufen, einen Kaffee in einem gemütlichen Straßencafé genießen, vom Stress des Alltags abschalten sowie die Nacht auf einem engen aber ruhigen Stellplatz verbringen. Auch für einen kleinen Mittagsschlaf ist dieser Platz durchaus tauglich, denn er spendet selbst bei strahlendem Sonnenschein den nötigen Schatten. Allerdings funktioniert das alles nur, wenn die Parkbuchten nicht von Pkws zugeparkt sind. Sollten Sie sich länger im Ort aufhalten wollen, so finden sich zahlreiche schöne Ausflugsziele. Hierfür ist es ratsam, auf den Campingplatz auszuweichen.

Von MASSIAC aus geht es ein kurzes Stück über die kostenfreie A 75 Richtung CLERMONT-FERRAND, wo wir die Ausfahrt 22 nehmen, um auf der D 586 etwa drei Kilometer weiterzufahren und auf die D 588 zu gelangen. Nach rund 10 km haben wir unser nächstes Ziel – BRIOUDE – erreicht. Hier hole ich Sie dann ab, wenn Sie bereit sind, mich auf der nächsten Tour zu begleiten.

Tour 8 (64 km)

Brioude – Lavaudieu – Langeac

Übernachtung:	Brioude, Lavaudieu, Villeneuve-d'Allier, Langeac
Campingplätze:	La Vialette, Camp des Gorges de l'Allier
Baden:	An der Allier
Besichtigen:	Altstadt von Brioude, Atelier von Daniel Recanzone, Kloster und Ortskern von Lavaudieu, Weinmuseum in Vieille Brioude, Altstadt von Langeac
Zugfahren:	Mit dem Touristenzug durch die Allier-Schlucht
Markt:	Brioude (Sa.), Langeac (Di. + Do.)

Am Ende meiner letzten Tour habe ich Sie einfach am Stadtrand von Brioude stehen gelassen. Pardon! Selbstverständlich hole ich Sie nun auch genau dort wieder ab. Allerdings beginnt jetzt erst einmal eine Art Schwerstarbeit: Wir müssen den Stellplatz am anderen Ende der Stadt finden. Dazu haben Sie nun zwei Möglichkeiten: Entweder versuchen Sie, sich an den folgenden Wegbeschreibungen zu orientieren oder aber, Sie geben gleich die Koordinaten des Stellplatzes in Ihr Navi ein, was eventuell leichter sein dürfte.

Egal wie, ich fahre jedenfalls die D 588 bis zum Rond-Point Jean-Paul Chambriard und dort geradeaus auf den Boulevard Desaix, um nach rund 800 m am nächsten Rondell die 1. Ausfahrt zu nehmen. Der Wegweiser nennt „VIEILLE BRIOUDE" und „Centre Ville" als Richtung. Sie fahren nun auf dem Boulevard Vercingétorix, auf der N 102. Etwas später biegen wir an der Ampel / am Fußgängerüberweg nach links in die Rue Jules Maigne ab. Und jetzt bin ich wieder auf der D 588. Fahren Sie stets diese Straße entlang. Kurz nachdem Sie rechts und links neben sich eine Mauer hatten, erblicken Sie linkerhand den Parkplatz, auf den Sie einbiegen müssen. Dort befinden sich auf dem Parking du Centre Historique auf der rechten Seite die Plätze für uns Wohnmobilfahrer. Puh, geschafft! Aber um

(059) WOMO-Stellplatz: Brioude

GPS: N 45° 17' 42.1" E 3° 23' 14.8"
max. WOMOs: > 20
Rue de Lamothe
gebührenfrei
Ausstattung / Lage: Ver- und Entsorgung, Toiletten in der Nähe, Mülleimer, Wertstoff-Behälter, Stadtplan / Lage am Ortsrand, nachts ruhig
Zufahrt: Wie im Text beschrieben.
Sonstiges: Wasser bzw. Strom 2 EUR, Fahrstuhl zur Altstadt

ehrlich zu sein: Wir haben ursprünglich drei Anläufe hierfür benötigt.

Optisch gesehen ist dieser Stellplatz nicht sehr einladend – er grenzt an eine Halfpipe sowie an „Schrebergärten" –, aber nach einer kleinen Pirouette und mit der passenden Blickrichtung entdecken wir die Stadtmauern der wunderschönen Stadt BRIOUDE, welche uns beeindrucken. Der Ort weiß scheinbar aus weniger schönen Dingen das Beste zu machen. Typisch Frankreich! So spenden auch kleine Bäume am Stellplatz nicht wirklich Schatten – den wir im Sommer bei über 30° C gebraucht hätten –, als Versöhnung sorgt jedoch wiederum die nächtliche Beleuchtung für ein Sicherheitsgefühl sowie für Romantik.

Mit einem gläsernen Aufzug werden Sie direkt von diesem Parkplatz aus in die etwas höher gelegene Altstadt transportiert. Welch ein Service! Eine weitere Hilfe folgte: Ich wurde von einem etwas älteren Herrn angesprochen, der uns fragte, ob er helfen könne. Scheinbar müssen wir wieder einmal etwas ratlos ausgesehen haben!? Oder war es die Tatsache, dass wir laut diskutierend die dortige Orientierungstafel interpretierten? Egal, er teilte uns jedenfalls bereitwillig und ungefragt mit, was wir uns unbedingt anschauen müssten und welche Sehenswürdigkeiten die Umgebung zu bieten habe. Informationen wider Willen sozusagen. Dennoch führte mich mein erster Weg ins Office de Tourisme, um nicht nur einen Stadtplan zu besorgen, sondern auch, um mich nach einem Künstler zu erkundigen, dessen Tochter vor Jahren bei mir als Gastschülerin weilte – nach Daniel Recanzone. Man war mir sehr behilflich, und es stelle sich sogar heraus, dass die Dame dort im Büro eine Freundin der Tochter des Hauses ist. Ja, die Welt ist eben klein!

Aber zunächst einmal sollten Sie uns auf einen Rundgang durch BRIOUDE begleiten. Selbstverständlich ist unser erstes

Basilika St-Julien

Ziel das Wahrzeichen der Stadt, die größte Kirche romanischen Stils in der AUVERGNE, die Basilika Saint-Julien, die ab 1060 in drei Etappen erbaut wurde. Man sagt, dass sie auf dem Grab des römischen Soldaten Julianus errichtet worden sei. Gleichgültig ob Wahrheit oder Erfindung, die Kirche beeindruckt uns durch ihr Erscheinungsbild enorm. Nicht nur ihre unverwechselbaren Türme, auch die typischen Rundbögen lassen uns in Ehrfurcht verweilen Im Inneren waren wir von den im maurischen Stil rot-weiß-gestreiften Säulen beeindruckt. Belustigt hingegen haben mich die Wasserspeier hoch oben, die meiner Meinung nach durchaus einen Dackel darstellen könnten. Aber kannte man damals überhaupt schon die Hunderasse des Dackels? Wenn Sie mit unserem Buch in der Hand irgendwann einmal vor dieser Basilika stehen sollten, richten Sie doch bitte den Blick gen Himmel! Was sehen Sie? Etwa einen Dackel?

Ach ja, ich hatte ganz vergessen zu erwähnen, auf welchem Weg Sie zur Basilika gelangen. Ganz einfach: Wenn Sie vom Touristenbüro aus kommend, welches sich gleich am Anfang der Altstadt rechts befindet, sofort rechts in die nächste Straße einbiegen, so erblicken Sie bereits „unseren" Saint-Julien in seiner ganzen Pracht. Sie können – oder sollten – ihn erst einmal langsam umrunden, ehe Sie sich seinem wertvollen Inneren widmen, wo uns unter anderem sehenswerte Säulenkapitelle sowie ein auf Holz gezogenes Gemälde aus dem 17. Jahrhundert, das einen leprakranken Christus darstellt, erwarten.

Die Legenden vom Heiligen und vom Schmuggler

Eine Legende besagt, dass Julien – lateinisch Julianus –, der zweithöchste Offizier der Römischen Legion, welcher aus Wien stammte und zum Christentum übergewechselt war, nach Brioude flüchtete. Hier starb er im Jahre 304 als Märtyrer, als er vor den Toren der Stadt enthauptet wurde. Sein Grabmal wurde im Mittelalter zum Wallfahrtsort, und man sagt, dass die heutige Basilika St-Julien genau an dieser Stelle errichtet worden sei.

Eine weitere Legende weiß von dem Schmuggler Louis Mandrin aus der Dauphiné zu berichten, der uns vielerorts in der Auvergne begegnet. Louis Mandrin wurde 1725 als Sohn des Pferdehändlers Francis Anthony Chuck geboren. Mit 17 wurde er nach dem Tod seines Vaters zum Familienoberhaupt von 9 Kindern. Im Jahre 1753 geriet er in eine tödlich endende Schlägerei und wurde zum Tode verurteilt. Er konnte fliehen und schloss sich einer Schmugglerbande an, dessen Anführer er wenig später wurde. Eine Art „organisiertes Verbrechen" wurde von Chuck – wie man ihn in Anlehnung an den Namen seines Vaters auch nannte – ins Leben gerufen. Der Schmuggel zwischen der heutigen Schweiz und Frankreich florierte. Mehrmals konnte er sich den Festnahmen entziehen.

Am 26. August 1754 drang Mandrin an der Spitze einiger bewaffneter Männer in Brioude ein und zwang den Vertreter der dortigen Tabakbauern, eine große Menge geschmuggelten Tabaks zu überhöhten Preisen zu kaufen. Die Tabakbauern, die in der damaligen Zeit ein Verkaufsmonopol besaßen, waren bei der Bevölkerung sehr unbeliebt, und so begrüßten sie das Vorgehen Mandrins. Es wird erzählt, dass eben jener Vertreter der Tabakbauern nur acht Tage später an den Folgen eines Schocks verstorben sei.

Am 26. Mai 1755 – im Alter von nur knapp 30 Jahren – wurde der von der Bevölkerung verehrte Mandrin in Valence hingerichtet.

Sollten Sie noch Zeit und Muße haben, so begeben Sie sich weiter mit uns auf Entdeckungstour. Wenn nicht, heben Sie es sich für einen der nächsten Tage auf, denn für BRIOUDE sind mindestens zwei bis drei Tage einzuplanen, auch wenn der Stellplatz weniger einladend ist. Noch ein Tipp: Denken Sie vor Ihrer Rückkehr zum Wohnmobil auf jeden Fall daran, sich ein frisches Baguette zu besorgen.

Lassen Sie mich nun noch ein paar Empfehlungen bezüglich der Sehenswürdigkeiten dieser Stadt aussprechen. Generell ist das historische BRIOUDE alleine schon wegen seiner malerischen mittelalterlichen Häuser ein Augenschmaus. Zahlreiche interessante Gebäude, deren Besonderheiten häufig im Detail liegen, sind unter anderem in der Rue d'Alsace, in der Rue de la République oder auch am Place du Mazel zu finden. BRIOUDE hält jedoch noch viele weitere Attraktivitäten für Sie bereit.

So kann man beispielsweise, um den König der *Allier* - den Lachs – zu treffen, ins „Maison du Saumon et de la Rivière" - in das Haus des Lachses und des Flusses – gehen, wo der Besucher über die Geschichte und das Ökosystem der *Allier* informiert wird und mehr als 800 Fische von rund 40 verschiedenen Arten in riesigen Aquarien beobachten kann. Es befindet sich – von der Basilika aus gesehen – Richtung Wohnmobil-Stellplatz rechts der Hauptstraße am Place de la Résistance. Der Besuch dieses Hauses ist sicherlich ein besonderes Erlebnis für die ganze Familie.

Hôtel de la Dentelle

Oder treiben Sie es doch mal auf die Spitze und besuchen Sie das Hôtel de la Dentelle, das Haus der Spitzen(klöppelei), in der Rue du 4 Septembre. Es handelt sich dabei um ein Museum und ein Atelier gleichzeitig, in dem Ausstellungen neben Unterricht statt- finden.

Das durch seine wunderschöne Holzfassade auffallende

Maison de Mandrin

Maison de Mandrin, welches im Mittelalter erbaut wurde, befindet sich schräg gegenüber dem Hôtel de la Dentelle und ist in seinem Inneren ein Muss für Kunstliebhaber.

Nachdem wir uns nun ausführlich mit Brioude beschäftigt haben, zieht es mich weiter. Zunächst einmal möchte ich endlich unsere bislang unbekannten Bekannten in La Chomette, einem idyllischen kleinen Ort an der N 102 Richtung Le-Puy-en-Valey, besuchen. Warum ich Ihnen das erzähle? Na ganz einfach: Sollten Sie einmal Lust verspüren, sich ein paar wirklich beeindruckende Bilder unterschiedlichster Stilrichtungen in einem kleinen, überschau-

Atelier von D. Recanzone

baren Atelier ansehen zu wollen, so sind Sie dort herzlichst willkommen. Am besten melden Sie sich jedoch zuvor an. Monsieur Daniel Recanzone und seine Frau empfangen Sie bestimmt gerne. Parken können Sie Ihr Wohnmobil gegenüber der dortigen Kirche, selbst wenn Sie ein etwas größeres Womo besitzen. Gleich rechts vom Parkplatz aus führt Sie eine kleine Gasse zum äußerlich eher unscheinbar aussehenden Atelier. Nehmen Sie sich Zeit, das Ehepaar Recanzone ist sehr gastfreundlich.

Öffnungszeiten Atelier de Peintre:
Nach Vereinbarung.
Telefon: 04 71 76 69 70
Mobil: 06 26 45 20 21
E-mail : daniel.recanzone543@noos.fr

Unser nächstes Ziel soll LAVAUDIEU sein, ein kleiner Ort, der uns von dem netten Mann am gläsernen Aufzug in BRIOUDE – Sie erinnern sich? – empfohlen wurde. Wir geben also „LAVAUDIEU" ins Navi ein und müssen wieder einmal feststellen, dass jeder Womo-Urlaub zugleich auch ein Abenteuerurlaub ist. Bei unserer ersten Fahrt von BRIOUDE aus dort hin waren wir noch sehr unbedarft und vertrauten der Technik, sprich der netten Stimme des Navigationsgerätes. Völlig unbeabsichtigt erreichten wir einen wunderschönen Ort namens VIEILLE BRIOUDE. Diesen will ich Ihnen natürlich nicht vorenthalten. Allerdings lotse ich Sie über eine andere Strecke, denn das, was ich beim ersten Besuch erlebte, kann man keinem (größeren) Wohnmobil – lediglich abenteuerlustigen Wohnmobilfahrern, deren Gefährt die 7-Meter-Marke nicht überschreitet – zumuten. Abseits der N 102 irrte ich auf Wegen umher, die das Navi mir nannte. Straßen, die gerade mal so breit waren wie mein Womo, Wege, die bessere Feldwege darstellten, und nicht zuletzt musste ich über eine Brücke, die genau den Ausmaßen meines Wohnmobils entsprach. Da ich nicht nur „Navi-Vertrauen" besaß sondern auch noch neugierig darauf war, was mich wohl hinter dieser Brücke erwarten würde, zögerte ich nur kurzfristig. Zum Glück war die Begrenzungsmauer niedrig, so dass die Seitenspiegel über die Brüstung hinausragen konnten. Am allerschlimmsten war es jedoch, dass diese alte – ja um nicht zu sagen uralte – Steinbrücke eine derartige Wölbung hatte, dass man am Anfang nicht sehen konnte – selbst nicht aus der erhöhten Sitzposition eines Womo-Fahrers heraus –, was sich hinter der Brücke verbarg. In meinen allerschlimmsten Vorstellungen sah ich mich schon in einem Fluss landen. Ein Rückwärtsfahren war auf der Brücke bei bester Fahrkunst auszuschließen. Ich weiß, zu Fuß zu gehen um zunächst zu erkunden wäre auch gegangen. Aber Faulheit siegte! Leider – oder glücklicherweise? – kann ich Ihnen nicht mehr genau sagen, wo das war, denn mein fahrerisches Können war derartig gefragt, dass ich vergaß, mir die genaue Route zu notieren. Ich weiß nur noch, dass ich bei FONTANNES irgendwo abgefahren bin. Auch auf ein Foto vom Überqueren der Brücke müssen Sie verzichten. Wie denn auch? Ich hätte ja nicht einmal mehr die Türen des Womos auf der Brücke öffnen können. Übrigens: Mit einem längeren Radstand wären garantiert Probleme mit der Bodenfreiheit aufgetaucht. Sollten Sie dennoch Interesse an einem ähnlichen Abenteuer haben, so stellen Sie Ihr Navi ein, vielleicht leitet es Sie ja über die gleiche Route. Aber sagen Sie bitte hinterher nicht, ich hätte Sie nicht gewarnt!

Nun aber der Reihe nach. Also ich denke, es macht Sinn, dass Sie uns zunächst erst einmal zu dem eigentlichen Ziel folgen. Um nach LAVAUDIEU zu gelangen, fahren Sie vom Stellplatz in BRIOUDE links heraus, um am Kreisel die 2. Ausfahrt – auf die D 588 – zu nehmen. Im weiteren Verlauf führt Sie die bald kommende Abzweigung nach rechts auf die D 20, welcher Sie natürlich folgen sollten. Aber Achtung: In FONTANNES die abknickende Vorfahrt nach links nehmen, denn sonst könnten Sie eventuell auf „meiner“ Brücke landen! Sie bleiben auf dieser Strecke und erreichen dann einen Hinweis auf die „Abbaye Bénédictine“ sowie auf „LAVAUDIEU“. Hier biegen Sie nach rechts ab. Rund 1,5 km weiter haben wir unseren Zielort erreicht. Und ich sage Ihnen: Es lohnt sich! Ich glaube, mich Recht behaupten zu können, dass LAVAUDIEU – bereits vom ersten Anblick beginnend – eines der schönsten Dörfchen Frankreichs ist. Parkplatzprobleme gibt es hier übrigens wider Erwarten keine, denn direkt neben der *Senouire* stehen dem Besucher jede Menge große Plätze mit einer tollen Aussicht zur Verfügung. Als ich im April dort war, befanden wir uns alleine auf dem Platz, und ich dachte, dass es im Sommer hier ganz anders aussehen würde. Weit gefehlt! Zwar gab es im Ort ein klein wenig mehr Leben, aber das, was wir Wohnmobilisten manchmal so gar nicht mögen, nämlich

(060) WOMO-Picknickplatz: Lavaudieu

GPS: N 45° 15' 45.0" E 3° 27' 20.4"
(kein Straßenname)
max. WOMOs: > 5
gebührenfrei
Ausstattung / Lage: Mülleimer, Tische und Bänke / am Ortsrand direkt am Fluss
Zufahrt: wie im Text beschrieben
Sonstiges: Schöner Blick auf den Ort

Abteikirche in Lavaudieu

den Massentourismus, den werden Sie hier vermissen müssen oder dürfen.

Nur wenige Minuten Fußweg trennen uns vom Stellplatz aus bis zum höher gelegenen Dorf. Folgen Sie mir, wenn Sie sich von dem ersten, fantastischen Anblick des wunderschönen Örtchens, welches sich um das Benediktinerkloster aus dem 11. Jahrhundert schmiegt, losreißen können.

Wir hatten, wie gesagt, den Ort für uns im Frühjahr ganz alleine, doch leider waren auch das Touristenbüro sowie das Heimatmuseum geschlossen. Eine Führung gab es daher ebenfalls nicht. Vielleicht hätte man diese über die „Mairie" vermittelt bekommen können, aber auch die war bei unserem ersten Besuch geschlossen. Im Sommer hingegen erhalten Sie zahlreiche Angebote in und um den Ort herum. Doch seien Sie getrost: Auch ohne Führung kann man LAVAUDIEU in vollen Zügen genießen.

Sie sollten offenen Auges durch die kleinen Gässchen wandeln und neben dem Hauptanziehungspunkt – dem Kloster – ruhig auch auf viele kleinere Details in den Gassen sowie an den Häusern achten. Interessant ist schon alleine das Straßenbild: Enge Gassen, durch die manchmal sogar ein Auto fährt, sind so geneigt, dass bei eventuellem Regen in der Mitte eine Abflussmöglichkeit gegeben ist. Dieses konnte ich übrigens auch andernorts in der AUVERGNE beobachten. Ansonsten gab es zahlreiche interessante Häuser zu bestaunen.

Die wunderbare Benediktinerabtei, die 1057 von Saint Robert, dem Begründer von LA CHAISE-DIEU, welches wir in Tour 11 besuchen werden, ins Leben gerufen wurde, kann man nur besuchen, wenn man im Touristenbüro eine Eintrittskarte löst. Die Kirche aus dem 11. - 12. Jahrhundert beherbergt Wandmalereien der Italienischen Schule aus dem 14. Jahrhundert sowie eine sehr eigenartige Allegorie des Pest-Todes.

Fresko in Lavadieu

Erschlagen von so viel Kunst und Kultur, können Sie sich gemeinsam mit mir noch ein wenig die Beine rund um den Stellplatz vertreten. Hier am kleinen Flüsschen *Senouire* lässt es sich sowohl herrlich spazieren gehen als auch einfach nur träumen. Sie treffen dort auf Natur pur: Bunte Schmetterlinge, zahlreiche zwitschernde Vögel sowie schillernde Eidechsen begleiteten uns. Ein sehr beeindruckendes Bild bot sich im Sommer beim Anblick eines Bauern, der seine Kühe über den Fluss trieb und sich gleichzeitig eine Plastik-Trinkflasche sowie eine Gießkanne – wahrscheinlich einmal für sich und einmal für seinen Garten – mit

dem Wasser der *Senouire* füllte. So viel Gottvertrauen in die Reinheit eines Flusses findet man immer wieder in der AUVERGNE. Dieses Bild ließ uns – ringsherum begleitet von der Kulisse des Ortes – eine gedankliche Zeitreise in längst vergangene, weniger hektische Tage unternehmen.

Lassen Sie uns nun LAVAUDIEU über die Hauptstrecke zurück Richtung BRIOUDE verlassen. Aber Achtung: Verpassen Sie nicht in FONTANNES am STOP-Schild den an die Hauswand gemalten Hinweis auf BRIOUDE! Hier müssen Sie

Brücke über die Allier vor Vieille Brioude

unbedingt nach links fahren! Am Ende der Straße geht es auf die D 20. Der Kreisel lenkt uns zur 3. Ausfahrt. Wir überqueren die *Allier*, um am folgenden Rondell über die N 102 nach VIEILLE BRIOUDE zu gelangen. Hierzu gibt es ein paar Minuten später eine direkte Abfahrt. Am Ende der Straße biege ich nun nach rechts ab auf die D 16. Dort lassen Sie Ihr Wohnmobil am besten am Parkstreifen direkt vor der Brücke stehen und erkunden den Ort zu Fuß [GPS: N 45° 15' 40.1" E 3° 24' 35.2"].

Den einmalig schönen Blick auf die Kulisse des kleinen Örtchens werde ich wohl nie vergessen. Und ich denke, Ihnen wird es ebenso ergehen. Halten Sie einen Moment inne und schreiten Sie nun gemeinsam mit mir über die Brücke, denn das ist genau die Gangart, die diesem Bauwerk sowie dem Panorama gebührt. Jetzt kommen Sie auf der anderen Seite an eine Kirche, neben der sich ein Weinmuseum befindet. Dieses ist leider nur vom 15. Juni bis zum 15. September geöffnet. Sollten Sie in dieser Zeit dort sein, so müssen Sie unbedingt – auch als Nicht-Weinkenner – hineingehen. Neben ein paar Informationen über den Ort, die Weinherstellung und ähnlichem, erwartet Sie ein verträumter Garten, der nicht nur

Weinmuseum in Vieille Brioude

einen fantastischen Aus- und Anblick offeriert. Wieder einmal werden wir in die Vergangenheit entführt, diesmal in die Vergangenheit der Weinherstellung. Präsentiert wird das Ganze ferner mit zahlreichen Pflanzen inklusive den dazugehörigen Tieren wie Schmetterlingen und Eidechsen, die in lebender Form vor uns auftauchen. All das ist begleitet vom Singen zahlreicher Vögel und vom Zirpen der Grillen sowie dem Duft der AUVERGNE. Eine Stimmung, die man nicht beschreiben kann, die man erleben muss!

Mein nächstes größeres Ziel ist LANGEAC, wo wir die Asphaltstraße gegen Eisenbahnschienen tauschen wollen. Sollten Sie für den Weg dorthin mehr dem Navi als mir vertrauen, so programmieren Sie bitte LAVOÛTE-CHILHAC als Zwischenziel, um auf der interessanteren D 585 fahren zu können. Sollte es Sie nicht interessieren, so lassen Sie sich mit Endziel LANGEAC über die N 102 leiten. Ich selber fahre von unserem Parkplatz aus über die Brücke nach VIEILLE BRIOUDE hinein, um gleich wieder links auf besagte D 585 abzubiegen, die parallel zur *Allier* verläuft. Wenn Sie genügend Zeit haben und ein Naturliebhaber sind, so könnten Sie zwischen LA VIALETTE und VILLENEUVE-D'ALLIER links auf einen herrlichen, kleinen Campingplatz abbiegen.

(C11) WOMO-Campingplatz-Tipp: Vialette **

GPS: N 45° 12' 24.6" E 3° 23' 54.4" (kein Straßenname)
Öffnungszeiten: Anfang Juni - Ende September
Ausstattung / Lage: Ver- und Entsorgung, schattig, Snackbar / nächster Ort: 500 m.
Zufahrt: Wie im Text beschrieben.

(061) WOMO-Picknickplatz: Villeneuve-d'Allier

GPS: N 45° 12' 23.5" E 3° 23' 54.9" (kein Straßenname)
max. WOMOs: 2 gebührenfrei
Ausstattung / Lage: keine / außerhalb an der Allier gelegen
Zufahrt: wie zum Campingplatz

Sollten Sie weniger Lust verspüren, in dieser Einsamkeit zu übernachten, gönnen Sie sich wenigstens ein paar besinnliche Stunden, um hier an den Ufern der *Allier* auszuruhen und die Seele baumeln zu lassen. Bei schönem Wetter werden Sie – neben den Campingplatzbenutzern – jede Menge Franzosen treffen, die ihre wundervolle Landschaft zu schätzen wissen, die hier angeln, baden oder einfach nur picknicken. Wieder einmal konnte ich über die Franzosen und ihre Ess- sowie Freizeitgewohnheiten staunen, denn neben uns picknickte und angelte ein älteres Ehepaar mit seinem Enkel. Rotwein, Käse und Baguette waren nur einige der nicht fehlen dürfenden Mitbringsel. Als der Junge mehrere kleine Fische geangelt hatte und sie in einen Eimer – mit wenig Wasser und natürlich lebend – tat, war ich der irrigen Annahme, er wolle – wie alle Kinder – spielen. Weit gefehlt! Von den Großeltern erfuhr ich, dass diese „Minifische" frittiert ein Hochgenuss seien.

Schweren Herzens trenne ich mich von diesem herrlichen Fleckchen Erde, der ein naher Verwandter des Paradieses sein muss. Ich biege an der Hauptstraße links ab, wo mich eine schöne, kurvenreiche Strecke erwartet.

In LAVOÛTE-CHILHAC können Sie nun wieder auf Ihr Navi hören. Folgen Sie stets der D 585, indem Sie sich nach links orientieren. Als wir das letzte Mal im Sommer 2010 dort waren, erwartete uns eine der déviations – der Umleitungen –, und mit ihr wieder eine kleine Überraschung. Sollten Sie Lust verspüren, auf unseren „Spuren zu wandeln“, so folgen Sie mir nun. Wenn nicht, bleiben Sie weiterhin auf der D 585. Mich verschlug es also links abbiegend über eine schmale, einspurige Brücke und durch die sehr knappe Ortsdurchfahrt von LE CHAMBON. Der Ort ist zwar eng, aber für größere Wohnmobile mit erfahrenen Fahrern – die Sie doch alle sind – zu passieren. Am Ende der Straße geht es auf die D 21 Richtung CERZAT, wo wir bald mit einem wundervollen Panoramablick belohnt werden. Wenn Ihre Vorfahrt endet, sehen Sie bereits den Hinweis auf LANGEAC. Diesem folgen Sie zunächst über die D 56, um später wieder auf die Hauptstrecke – die D 585 – zu gelangen. In LANGEAC werden wir sehnsüchtig von 3 der berühmten französischen Rondells erwartet. Hier richten Sie Ihr Augenmerk auf das Campingplatz-Schild. Einen Stellplatz gibt es nämlich nicht. Ich rate Ihnen, ein paar Tage zu bleiben, besonders dann, wenn das Wetter schön ist. Der Campingplatz ist sehr empfehlenswert.

(C12) WOMO-Campingplatz-Tipp:
Camp des Gorges de l’Allier ***

GPS: N 45° 06' 08.9" E 3° 29' 58.7"
Öffnungszeiten: Anfang April - Ende Oktober
Ausstattung / Lage: Ver- und Entsorgung, sehr schattig, Spielplatz, Pool / direkt an der Allier gelegen.
Zufahrt: In Langeac den gut sichtbaren Schildern zum Campingplatz folgen.
E-Mail: infos@campinglangeac.com
Internet: campinglangeac.com

Hier stoße ich auf viel Natur: Gleich am Eingang der Rezeption des Campingplatzes huschen mehrere Eidechsen herum, zudem gibt es am Platz einen wunderschönen Badeplatz mit klarem Wasser, Kiesstrand sowie einer sehr schönen Umgebung. Zahlreiche Fische und Frösche sind dort zu beobachten, aber auch viele Jugendliche, die vom dortigen Felsen springen. Da verzichte ich doch gerne auf das mir ebenfalls gebotene Schwimmbad. LANGEAC selber ist ein eher kleiner aber beschaulicher Ort, den man in wenigen Stunden erkunden kann.

Nachdem ich mich auf dem Campingplatz häuslich eingerichtet habe, freue ich mich nun auf das bevorstehende Ereignis: Eine Fahrt durch die *Allierschluchten* mit dem Train Touristique. Etwa ein halbes Jahr zuvor habe ich in einem Fernsehfilm auf ARTE beeindruckende Bilder dieser Tour gesehen, die mich nicht mehr los ließen. Ich kann Ihnen dieses Erlebnis wärmstens ans Herz legen. Sie fahren größtenteils hoch über der *Allier*. Vorbei geht es an bizarren Felsformationen, die einem den Atem stocken lassen. Einige Tunnel unterbrechen immer wieder den Blick, und etliche Brücken mag man sich durchaus auch gerne einmal von unten betrachten. Eine freundliche – aber leider nur französisch sprechende – Stimme erklärt Ihnen die Landschaft, nennt Ortsnamen sowie einige interessante Eckdaten und -punkte. Auch liefert sie einen Einblick in einen Teil der Geschichte dieser Eisenbahnstrecke. An markanten Punkten verlangsamt der Zug seine Fahrt plötzlich, so dass genügend Zeit zum Staunen und Fotografieren bleibt. Zunächst hatte ich dabei ein recht komisches Bauchgefühl, denn werden Sie mal langsamer auf einer hohen Brücke oder in der Nähe eines Tunnels sowie einer Schlucht – wer denkt da nicht daran, dass der Zug eine Panne haben könnte oder aber, dass irgend eine andere Gefahr droht!?

Diese Tour mit dem Train Touristique können Sie in verschiedener Weise erleben: Neben einer reinen „Schlemmer-

Fahrt mit dem Touristenzug

Blick auf eine der zahlreichen Schönheiten entlang der Strecke

tour", bei der es in erster Linie ums Essen und Trinken geht, und die nicht ganz billig ist, haben Sie die Qual der Wahl zwischen der kleinen Tour bis MONISTROL-D'ALLIER – die etwa eine Dreiviertelstunde dauert – oder aber der langen Strecke von 2 ½ Stunden, welche Sie bis LANGOGNE chauffiert. Wir haben beides ausprobiert. Wenn Sie weder quengelnde Kinder noch entnervte Hunde oder Partner mit sich führen, so sollten Sie die längere Version wählen. Es ist nicht nur ein besonderer Genuss, Sie haben zudem die Möglichkeit, sich den Ort LANGOGNE bis zur Rückfahrt zu erobern. Aber auch die Kurzstrecke bietet ein bleibendes Erlebnis. Es ist allerdings – besonders in der Hauptreisezeit – empfehlenswert, die Karten bereits einen Tag vorher am Schalter des Bahnhofes zu besorgen.

Sollten Sie Lust und Zeit haben, einen kurzen Ausflug – mit dem Rad oder dem Womo – in einen schönen, nahe gelegenen Ort zu unternehmen, den Sie bereits während der Zugfahrt erblickten, so kann ich Ihnen das etwa 4 - 5 Kilometer entfernte CHANTEUGES empfehlen. Sie erreichen es über die D 585.

Ansonsten verlassen wir nun LANGEAC, um im nächsten Kapitel ein wenig auf den Spuren zweier berühmter Wege zu wandeln: dem Jakobsweg sowie der Marschroute des berühmten Schriftstellers Stevenson.

Dazu fahren wir vom Campingplatz in LANGEAC aus am ersten Rondell an der 3. Ausfahrt raus und bleiben stets der D 585 Richtung SAUGUES treu.

Sie durchqueren den FORÊT DE POURCHERESSE, der uns mit jeder Menge Farn, Fingerhut und – wie könnte es anders sein – zahlreichen Bäumen begrüßt.

Tour 9 (151 km)

Saugues – Pradelles – Lac de Naussac – Le Puy-en-Velay – Monastier-sur-Gazeille

Übernachtung:	Saugues, Monistrol-d'Allier, Pradelles, Lac de Naussac, Le Puy-en-Velay, Coubon, Monastier-sur-Gazeille
Campingplätze:	Camping municipal de la Seuge, Camp municipal Bouthezard
Baden:	Monistrol-d'Allier, Lac de Naussac, Lac du Bouchet
Besichtigen:	Saugues, Pradelles, Le Puy-en-Velay,
Wandern:	Lac du Bouchet
Markt:	Saugues (Fr.), Le Puy (Sa.)

In SAUGUES angekommen, müssen Sie sich nun entscheiden, ob Sie auf dem dortigen Campingplatz, der recht idyllisch gelegen ist, oder aber auf dem nicht besonders einladenden Stellplatz, der sich direkt in der Stadt befindet, bleiben möchten. Selbstverständlich können Sie sich auch erst einmal auf dem schönen Picknickplatz in der Nähe des Campingplatzes ein wenig stärken, ehe Sie sich zur Stadtbesichtigung aufraf-

Picknickplatz in Saugues

(C13) WOMO-Campingplatz-Tipp:
Camping municipal de la Seuge****

GPS: N 44° 57' 28.9" E 3° 32' 27.5" Avenue du Gévaudan
Öffnungszeiten: Mitte April - Mitte Oktober
Ausstattung / Lage: Ver- und Entsorgung, schattig, Laden, Spielplatz / am Ortsrand.
Zufahrt: Vor Ortsbeginn geht es nach rechts ab auf die Avenue du Gévaudan, dieses entspricht weiterhin der D 585. Dieser Straße folgen Sie, bis Sie ein Sportgelände sehen, dort biegen Sie dann rechts rein und stoßen direkt auf den Campingplatz
E-Mail: camping@mairie-saugues.com
Internet: www.saugues.fr/presentation.html

fen. Letzteres müssen Sie vielleicht sowieso – je nach Ankunftszeit –, wenn Sie sich für den Campingplatz entscheiden, da dieser während der Mittagszeit geschlossen ist. Aber Achtung, bei Wind ist der Rastplatz nicht ganz ungefährlich, denn dann werfen die Nadelbäume gerne mal mit Zapfen und Ästen nach den Touristen.

Wenn Sie gleich in die Stadt möchten, fahren Sie am Ortsbeginn geradeaus, die Rue Louis Amargier entlang, um in die zweite größere Straße – in die Rue de Barrande – rechts einzubiegen. Ziemlich gleich geht es dann nach links ab in die

(062) WOMO-Stellplatz: Saugues

GPS: N 44° 57' 35.3" E 3° 32' 39.3" Rue du Breuil
max. WOMOs: > 5 gebührenfrei
Ausstattung / Lage: Ver- und Entsorgung, Mülleimer, Wertstoff-Behälter, Stadtplan / im Ort
Zufahrt: Wie im Text beschrieben
Sonstiges: Wasser und Strom gebührenfrei

Rue du Breuil. Folgen Sie dieser bis zum großen Parkplatz. Dort befindet sich neben der Platzierungsmöglichkeit auch die – ein wenig überholungsbedürftige – Ver- und Entsorgungsstation. Dieser Stellplatz ist keineswegs als „schön“ zu bezeichnen. Aber er liegt zentral.

SAUGUES – eine Station auf dem Jakobsweg – dürfte Ihnen ein Begriff sein, wenn Sie den Kino-Film „Pakt der Wölfe“ oder aber die Fernsehverfilmung „Die Bestie der alten Berge“ gesehen haben sollten, die die spannende Geschichte mit der nahezu unbesiegbaren Bestie, die in dieser Gegend hauste, erzählen. Und wahrhaftig, all überall begegnet uns hier die Bête: in Großformat, en miniatur, als Foto, als Gemälde oder als Statue. Wenn Sie sich ein wenig gruseln wollen oder Ihrem Nachwuchs ein bisschen „Action“ bieten möchten, so sollten Sie das Musée fantastique de la Bête du Gévaudan besuchen, das gegenüber dem mit 43 Metern Höhe beinahe alles überra-

Die Bestie von Gévaudan

Eigentlich weiß keiner so recht, was wahr ist an der Geschichte über die Bestie von Gévaudan. Zahlreiche Filme und Erzählungen ranken sich bis in unsere heutige Zeit um dieses Untier. Einige Fakten gelten als nachweisbar. So findet man beispielsweise in den Pfarrregistern aller Pfarreien, in denen Menschen der Bestie zum Opfer fielen, die Namen der Toten verzeichnet. Auch der rege Schriftverkehr zwischen den Verantwortlichen der Polizei in der Auvergne und den Vertretern im Gévaudan belegt die Existenz des Falles. Nicht zuletzt fand man zeitgenössische Zeichnungen sowie Zeitungsartikel und Berichte über die königlichen Treibjagden.

Im Frühling 1764 hörte man zum ersten Mal von der Bestie, als nämlich am 01. Juli diesen Jahres ein 14-jähriges Mädchen angebliches Opfer wurde. Schwer entstellt fand man ihre Leiche; es folgten weitere Frauen, Kinder und Jugendliche. Allerdings wechselten die Tatorte.

Zahlreiche Versuche, der Bestie auf die Schliche zu kommen und sie zu fangen, misslangen. Am 31. 12. 1764 erklärte der Bischof von Mende, das Tier sei eben eine „Geißel Gottes“. Am 12. Januar 1765 wurde die Bête de Gévaudan in der Nähe der Ortschaft Saugues gesichtet, wo sie eine Gruppe von 7 Kindern anfiel. Dank des ältesten Jungen – einem 12-Jährigen – gelang es, Schlimmeres zu verhindern. Mehrere Treibjagden – die zumeist von König Louis XV. angeordnet wurden – fanden statt. Hohe Kopfprämien wurden ausgesetzt. Im Februar 1765 organisierte Captain Duhamel eine Jagd mit über 20.000 Mann, und im September 1765 wurde erstmals ein Wolf erlegt, dem man die Gräueltaten zuschrieb. Aber das Morden ging weiter.

1767 tötete Jean Chastel an einem Platz, den man „La Sogne d'Auvers“ nannte, und der dem heutigen Ort Saugues entsprechen könnte, das angebliche Biest von Gévaudan.

Historiker sprechen von über 100 Opfern während der Zeit vom Sommer 1764 bis Juni 1767, wovon 82 namentlich bekannt sind.

Zahlreiche Kritiker widersprechen der Version eines bestialischen Wolfes, einer entlaufenen Hyäne oder eines Löwen, und führen stattdessen die Taten einem Serienmörder oder einem dem Mythos zuzurechnenden Werwolf – einem Loup-Garou – zu. Etliche Fakten sprechen für eine Züchtung aus Hund und Wolf.

genden Tour des Anglais liegt. Beide finden Sie rechts hinter der aus dem Beginn des 13. Jahrhunderts stammenden Stiftskirche St-Medard.

Wir verlassen nun SAUGUES, indem wir in der Ortsmitte auf die D 589 fahren. Außerhalb der Stadt erblicken wir nicht nur auf dem Berg vor uns wieder eine der zahlreichen großen weißen Madonnenfiguren der AUVERGNE, sondern können zudem auf der Anhöhe aus dem Blickwinkel der Bestie auf SAUGUES hinabblicken.

La bête hat alles unter Kontrolle

Im weiteren Verlauf dieser schönen Strecke durchqueren wir eine hügelige Landschaft, die uns einige Findlinge, kleinere Felsen aus Vulkangestein, sowie einmal mehr Wald und zahlreiche Kurven nebst etlichen schattigen Rastplätzen präsentiert. Man kann sich – wenn man genügend Fantasie besitzt – gut vorstellen, wie hier La Bête du Gévaudan gewütet haben mag, und wie in dieser gottverlassenen Gegend damals zahlreiche Jäger vergeblich versucht haben, das Biest zu sichten und zu erlegen. Die Skeptiker unter Ihnen, die nicht an die Geschichte glauben, sehe ich nun schmunzeln. Die Tatsache aber, dass ein ganzes Gebiet von irgendeinem mordenden Wesen heimgesucht wurde, das sich hier im dunklen Wald aufhielt, bleibt bestehen. Und alleine dieses gestattet meiner und Ihrer Fantasie freien Lauf.

Sollte es Ihnen nun auch – von der Sonne oder dem Abenteuer mit dem Biest – heiß geworden sein, kann ich Ihnen einen sehr schönen, kleinen Badeplatz direkt an der *Allier* empfehlen. Dieser befindet sich in MONISTROL-D'ALLIER.

(063) WOMO-Badeplatz: Monistrol-d'Allier

GPS: N 44° 58' 05.6" E 3° 38' 59.6" (kein Straßenname)
max. WOMOs: > 5
Ausstattung / Lage: keine / am Ortsrand, am Badestrand, ruhig
Zufahrt: Über die Allier-Brücke, der D 589 folgend, weiterfahren. Nächste Straße rechts ab, um kurz darauf, vor dem Campingplatz, wieder nach rechts abzubiegen.
Sonstiges: Angelmöglichkeit

Auch hier hatten wir wieder Berührung mit dem Jakobsweg. Wir trafen dort ein Ehepaar, das auf Wunsch des 15-jährigen Sohnes mit ihm und einem Esel Richtung SANTIAGO DE COMPOSTELA unterwegs war. Und da sage noch einer, unsere Jugend hätte nur Blödsinn im Kopf! Ihr Endziel waren die PYRENÄEN. Ob sie es geschafft haben? Leider wussten Sie zu berichten, dass es mit dem Esel nicht einfach war, immer eine passende Unterkunft zu finden, so dass sie sehr häufig mit

Der Jakobsweg

Der Jakobsweg (le Chemin-de-St-Jacques) – der wohl bekannteste Pilgerweg weltweit – führt quer durch Europa und endet am Grab des Apostels Jakobus, das in der spanischen Stadt Santiago de Compostela vermutet wird. Jakob der Ältere war als Prediger unterwegs. Nach seinem Märtyrertod in Jerusalem wurde dessen Leichnam an seine letzte Wirkungsstätte an der Iberischen Atlantikküste gebracht. Lange Zeit geriet das Grab in Vergessenheit und wurde erst nach den Feldzügen Karls des Großen gegen die Mauren wieder publik.
Bereits im Mittelalter zog es zahlreiche Pilger auf dem beschwerlichen Weg zum legendären Grab. Seit über 1000 Jahre wandern nun alljährlich Tausende von Menschen dort hin, unter anderem auch, um zu sich selbst zu finden. Heute steht dieser Weg als Weltkulturerbe unter dem Schutz der UNESCO. Die Jakobsmuschel ist als Symbol an etlichen Gebäuden, speziell an Herbergen, zu finden.
Im Prinzip gibt es mehrere Jakobswege, allerdings haben sich im Laufe der Jahrhunderte einige wichtige Strecken aufgrund ihrer bevorzugten Lage sowie ihrer Infrastruktur herauskristallisiert, denen eigene Namen zukamen. Die längste Teilstrecke des Chemin-de-St-Jacques befindet sich mit rund 1100 km in Frankreich, wo vier historische Wege existieren. Die Via Podiensis gilt als die bekannteste ihrer Art. Vorbei an idyllischen Dörfchen und zahlreichen, unter Denkmalschutz stehenden Bauwerken, führt der französische Weitwanderweg GR 65 – die Grande Route 65, die in großen Teilen identisch mit der Via Podiensis ist – von Genf in der Schweiz bis nach St-Jean-Pied-de-Port im Département Pyrénées-Atlantiques. Auf dem Weg über das Rhônetal bis hin zu den Pyrenäen schlängelt sich dieser berühmte Pilgerweg durch die Auvergne als eine der wichtigsten Stationen. Der Beginn der Via Podiensis liegt im Département Haute-Loire in Le Puy-en-Velay. Der Weg führt über satte Wiesen und Hochebenen, vorbei an wilden Schluchten, entlang romantischer Flüsse, Dörfer und Städte sowie über vulkanische Hügel.

dem Zelt in freier Natur übernachteten. Tja, da loben wir uns mal wieder den Komfort unseres Womos!

Nachdem wir nun reichlich erholt und abgekühlt sind, können Sie entweder auf dem nebenan liegenden Campingplatz übernachten oder sich mit mir auf den Weg nach PRADELLES sowie an den *Lac de Naussac* begeben. Ich weiß, Sie werden nun – wenn Sie sich ein wenig auf der Landkarte auskennen – sagen wollen, dass der *Lac de Naussac* nicht mehr zur AUVERGNE gehört. Ich habe mich dennoch dazu entschlossen, dorthin zu fahren und den See hier kurz zu erwähnen, allerdings ohne weiter auf die nähere Umgebung einzugehen. Sollten Sie mehr über diese Region südlich der AUVERGNE erfahren wollen, so rate ich Ihnen zum Kauf des Buches „Mit dem Wohnmobil durch LANGUEDOC und ROUSSILLON" von unserem Kollegen Ralf Gréus, das als Band 22 dieser Reihe ebenfalls im WOMO-Verlag erschienen ist.

Zunächst aber erst einmal zur Strecke. Sie biegen rechts ab auf die D 589 und fahren weiterhin Richtung LE PUY-EN-VELAY, um später auf die D 906 Richtung SOLIGNAC-SUR-LOIRE zu gelangen. Kurze Zeit danach wechselt die Straße in die N 88, der Sie Richtung LANGOGNE folgen. Das ist übrigens der Ort, wo der Touristenzug aus LANGEAC seine Endstation hat. Am COL DE RAYOL – wir befinden uns nun auf einer Höhe von 1140 Metern – biegen Sie mit uns, die N 88 nicht verlassend, nach rechts ab. Nun haben wir noch etwa 10 km bis PRADELLES vor uns.

Schon bald – am Ortsanfang von PRADELLES – können Sie einen Blick auf den tiefer liegenden *Lac de Naussac* erhaschen. Wenig später erwartet uns auf etwa 1200 m Höhe ein ziemlich neuer, schön gelegener sowie sauberer Stellplatz, der auf der gegenüberliegenden Straßenseite gleich noch ein paar Ausweichplätze besitzt. Letztere waren bis vor kurzem die eigentlichen Stellplätze. Einziger Nachteil ist die unmittelbare Nähe zur Straße. Direkt hinter den neuen Stellplätzen führt übrigens der Stevensonweg entlang.

(064) WOMO-Stellplatz: Pradelles

GPS: N 44° 46' 31.4"
E 3° 53' 15.7"
(kein Straßenname)
max. WOMOs: > 20
Ausstattung / Lage: Ver- und Entsorgung, Toiletten, Mülleimer, Wertstoff-Behälter, Tische und Bänke / außerorts
Zufahrt: wie im Text beschrieben.

Um in das historische Zentrum von PRADELLES zu gelangen, müssen Sie von hier aus rund 10 - 15 Minuten zu Fuß entlang der Hauptstraße gehen. Halten Sie sich dazu im Ort rechts, denn hier befinden sich die interessanteren Teile

Der Stevenson-Weg

Der Stevenson-Weg, die GR 70, ist ebenfalls ein Fernwanderweg. Mit einer Länge von 252 Kilometern zeichnet er die Etappe des berühmten Schriftstellers Robert Louis Stevenson nach, der diesen im September 1878 alleine mit seiner Eselin passierte.
1850 in Edinburgh in Schottland geboren, studierte Stevenson zunächst Ingenieurwesen, um dann zu Jura zu wechseln. Allerdings übte er diesen Beruf nie aus, sondern widmete sich der Schriftstellerei, da er wegen gesundheitlicher Probleme – einem Lungenleiden – ständig auf der Suche nach dem richtigen Klima war. 1890 zog er mit seiner Frau auf die Südseeinsel Samoa, wo er 4 Jahre später im Alter von nur 44 Jahren starb.
Seine berühmtesten Werke sind der Abenteuerroman „Die Schatzinsel“ sowie das psychologisch geprägte Werk „Der seltsame Fall des Dr. Jekyll und Mr. Hyde“. Der Reisebericht „Travels with a Donkey in the Cévennes“ / „Voyage avec un âne à travers les Cévennes“ / „Eine Reise mit dem Esel durch die Cevennen“ entstand 1879. Hierin schildert er seine zweiwöchige Wanderung mit seiner Eselin Modestine, zu der er im September 1878 als unglücklich Verliebter aufbrach. Gemeinsam hatte er mit der 10 Jahre älteren Fanny Osbourne, einer verheirateten Mutter zweier Kinder, in Paris gelebt, und nun war diese auf dem Weg nach Amerika, um die Scheidung einzureichen. Ausgehend von Le Monastier-sur-Gazeille machte er sich – den Esel voll bepackt – auf den über 200 km langen Weg bis St-Jean-du-Gard in den Cevennen. Dabei galt es, einige Flüsse wie die Allier, die Loire oder den Tarn zu überqueren. Orte wie Le Puy-en-Velay, Le Monastier-sur-Gazeille und Pradelles gehören heute noch zu dem durch die Auvergne führenden Chemin-de-Robert-Louis-Stevenson, wo man – ähnlich dem Jakobsweg – Menschen mit dem Esel auf ihrer Wanderung antrifft.

PRADELLES. Dort begegnet uns auch der Stevensonweg, was wir unter anderem daran erkennen können, dass wir eine Herbergsstätte finden.

Überhaupt sollten Sie durch den Ort mit offenen Augen gehen und sich Zeit lassen. Mich machte beispielsweise eine junge Französin auf ein paar Köpfe an einer Mauer gegenüber der Kirche aufmerksam, als ich gerade das Gotteshaus fotografieren wollte. Das hätte ich doch glatt übersehen! Zudem wurde mir wieder einmal die auvergnatische Freundlichkeit bewusst, die ich zu Beginn meiner Reise keineswegs erwartet hatte, da ich ja die Vorurteile – welche wir in unserer Einleitung erwähnt haben – immer noch gespeichert hatte. Völlig unaufgefordert wies mich die nette Dame auf ein paar wunderschöne Fotomotive hin, erklärte mir einige Sehenswürdigkeiten und wünschte mir natürlich noch „une bonne journée". Den hatten wir denn auch!

Übrigens sollten Sie bei klarem Wetter unbedingt hinter die Kirche gehen, dort, wo zu Pestzeiten die Toten verbrannt wurden, denn von hier aus können Sie einen einmaligen Panoramablick, der an manchen Tagen sogar bis zu der Gebirgskette MONTS DORE reicht, genießen. Wenn Sie länger in PRADELLES verweilen, so stehen ihnen Spaziergänge in herrlicher Landschaft mit wunderbaren Ausblicken offen.

Uns aber zieht es weiter zum *Lac de Naussac.* Dazu fahren wir vom Stellplatz nach rechts auf die N 88, auf der es ziemlich steil abwärts geht. Sie erreichen nun das bereits bekannte

LANGOGNE und biegen dort am Ende des Ortes sehr scharf rechts auf die D 26 zum See ab. Halten Sie sich nun stets auf der Vorfahrtsstraße und wundern Sie sich nicht, dass es noch so weit ist. Wenn Sie den Campingplatz erblicken, müssen Sie immer noch ein Stück weiterfahren. Kurz vor der Barrage, also der Staumauer, geht es dann endlich links ab zum Campingplatz sowie zur Base Nautique. Hier biegen Sie ein. Nun noch zweimal rechts abbiegen, und schon haben wir einen wunderschönen Stellplatz auf zwei Ebenen, von wo aus man den See überblicken kann. Der ideale Platz zum Baden, Spazierengehen oder einfach nur, um seinen Gedanken nachzuhängen.

(065) WOMO-Stellplatz: Lac de Naussac

GPS: N 44° 44' 16.1" E 3° 50 ' 05.0" (kein Straßenname)
max. WOMOs: > 20 mittlere Gebühr
Ausstattung / Lage: Ver- und Entsorgung, Mülleimer, Wertstoff-Behälter / außerorts, ruhig, terrassenförmig angelegt
Zufahrt: Wie im Text beschrieben
Sonstiges: Angel- und Bademöglichkeit

Aber Achtung: Höchstdauer des Aufenthaltes sind 48 Stunden, obwohl ich nicht weiß, ob das wirklich kontrolliert wird. Auf jeden Fall kommt am Abend jemand vorbei, um abzukassieren.

Coucher de soleil sur le lac...so geht die französische Sonne schlafen

Nach all dieser Ruhe widmen wir uns mal wieder der Kultur. Lassen Sie sich von mir zu einer der wichtigsten Stationen der Jakobs-Pilgerfahrt entführen: nach LE PUY-EN-VELAY.

Dazu fahren wir die bereits bekannte Strecke nach PRADELLES zurück. Von dort aus geht es noch etwa 33 km über die N 88. Wenn Sie Lust und Zeit haben, können Sie unterwegs einen Abstecher an den *Lac du Bouchet* machen. Folgen Sie dazu den Wegweisern. Er liegt auf einer Höhe von etwa 1205 Metern, ist ein typischer Kratersee mit tiefblauem, klarem Wasser und ein wahres Freizeit- und Anglerparadies. Neben zahlreichen Badenixen im Sommer tummeln sich hier ganzjährig viele Forellen. An den Wanderwegen oberhalb des Sees findet man schöne, ruhige Übernachtungsplätze [**065a:** N 44° 54' 10.9" E 3° 47' 40.2"] mit Picknicktischen.

Wir bleiben aber weiterhin auf der N 88 und genießen die wunderschönen Panoramablicke über Teile der AUVERGNE. Und bald schon winkt uns die berühmte Rote Dame von LE PUY. Auf uns wartet sie nun, die Stadt, die inmitten eines von Bergen umgebenen Talkessels liegt, die Stadt mit den berühmten Felsen, die Stadt, die alljährlich Tausende von Jakobspilger in ihren Bann zieht, die Stadt, die auf eine lange Geschichte zurückblicken kann, die Stadt, die man einfach gesehen haben muss. In den Informationsbroschüren – die wir dort endlich auch einmal auf Deutsch bekamen – ist zu lesen, dass hier die Vulkane noch rauchten, als bereits die ersten Menschen dort wohnten. Kaum vorstellbar!

Doch zunächst gilt es, einen passenden Stellplatz für unser Womo zu finden. Es stehen Ihnen dazu gleich mindestens zwei Möglichkeiten plus einer reinen Ent- und Versorgungsstation zur Verfügung. Wir haben – da wir natürlich mehrfach in LE PUY verweilten – beide der hier erwähnten Übernachtungsmöglichkeiten ausprobiert. Auf jeden Fall müssen Sie sich an den Straßenschildern mit dem Hinweis „Aiguilhe“ orientieren. Das heißt, dass Sie sich zunächst strikt auf der N 88 Richtung LE PUY halten, auch wenn Sie das Gefühl haben, bereits dort zu sein. Im Ort selber fahren Sie am Rondell – das ist der 3. Kreisel insgesamt – die 3. Ausfahrt raus. Hier geht es permanent bergab. Es steht wieder der Hinweis auf LE PUY dort, und Sie erblicken abermals das Wahrzeichen der Stadt – die Rote Dame mit Kind (Notre-Dame-de-France) auf dem Rocher Corneille. An der Ampel geht es nun geradeaus. Vor der 2. Ampel sollten Sie sich aber unbedingt links einordnen, um geradeaus weiterfahren zu können. Fragen Sie bitte nicht warum! Sie werden es selber merken! Wir befinden uns nun auf dem Weg zum Centre Ville. Stimmt's? An der nächsten Ampel fahren Sie am Kreisverkehr geradeaus – Toutes Directions – und ordnen sich bitte in der Mitte ein, damit Sie – ohne ein Verkehrshindernis zu sein – geradeaus fahren können. Klingt alles fürchterlich kompliziert? Nein, ganz so schlimm ist es nicht! Nun sehen Sie einen Hinweis auf CLERMONT-FERRAND / VICHY und THIERS sowie ein kleines weißes Schild mit der Aufschrift „Aiguilhe Camping“ und Krankenhaus. Und genau da müssen Sie hin! Nein, nicht ins Krankenhaus, aber in die Richtung! Wir sind nun auf dem Boulevard Cluny, wo auch schon bald die Entsorgungsstation auftaucht [GPS: N 45° 02' 58.8" E 3° 53' 23.4", Avenue de Bonneville]. Der Stellplatz und der Campingplatz sind ebenfalls nicht mehr weit.

(066) WOMO-Stellplatz: Le Puy

GPS: N 45° 03' 02.3"
E 3° 53' 03.3"
Avenue de Bonneville
max. WOMOs: > 5
gebührenfrei
Ausstattung/Lage: keine/Ortsrand
Zufahrt: Von der Ver- und Entsorgungsstation aus biegen Sie nach rechts auf die Hauptstraße. Nur wenige Meter weiter an einer Fußgängerampel sowie einer Apotheke geht es nach links ab auf den dortigen kleinen Parkplatz.

(C14) WOMO-Campingplatz-Tipp: Camp municipal Bouthezard **

GPS: N 45° 03' 01.6" E 3° 52' 50.3" Chemin de Bouthezard
Öffnungszeiten: Ostern - 31.10.
Ausstattung / Lage: Ver- und Entsorgung, sehr schattig, Laden, Pool / am Ortsrand, 200 m zum Fluss
Zufahrt: Auf der Vorfahrtsstraße biegen Sie hierfür nicht nach links ab sondern fahren weiter geradeaus. Wenig später geht eine Sackgasse nach rechts ab, dort biegen Sie ein. Der Weg zum Campingplatz ist ausgeschildert.

Der offizielle inoffizielle Stellplatz direkt an der Straße ist nicht schön, aber nachts verhältnismäßig ruhig. Auf dem Campingplatz jedoch haben Sie jede Menge Möglichkeiten, sich auszubreiten und wohl zu fühlen. Der Verwalter des Platzes – Monsieur Adam Grégory – sorgt zusätzlich dafür, dass es Ihnen an nichts fehlt. Er ist wohl die ehrlichste „Haut“, die man sich vorstellen kann. So hat er beispielsweise einmal aus einem Abfalleimer mehrere hundert Euro gefischt, die ein deutsches Camperpaar dort versehentlich entsorgt hatte, und es an den rechtmäßigen Besitzer vollständig wieder zurückgegeben. Ich kenne diese Geschichte aus erster Hand und kann nur sagen: Hut ab vor so viel Ehrlichkeit und ein Grinsen für so viel Schusseligkeit! Ferner haben Sie auf dem Campingplatz eine relative Ruhe. Ich sah übrigens in den letzten Jahren nirgendwo annähernd so viele Zelte und Alleinreisende wie hier. Das macht eben der Jakobsweg!

Le Puy-en-Velay und seine Sehenswürdigkeiten

Le Puy-en-Velay ist eines der ältesten Marien-Wallfahrtszentren und wurde mancherorts als das „Lourdes des Mittelalters" bezeichnet. Neben der Roten Notre Dame de France mit Kind auf dem Rocher Corneille gilt sicherlich auch die Kapelle St-Michel-d'Aiguilhe auf dem Rocher St-Michel als Wahrzeichen der Stadt.

Ein weiterer Anziehungspunkt ist die Kathedrale Notre-Dame-du-Puy mit ihrer Schwarzen Madonna, den beeindruckenden Fresken und Votivgemälden, den Kuppeln sowie der imposanten Westfassade.

Weit über die Grenzen hinaus ist der Name Le Puy Dank der Lentilles – den berühmten grünen Linsen der Auvergne – bekannt geworden. Hier wird ihnen sogar ein eigenes Museum gewidmet. Aus diesen vitaminreichen Botschaftern der Stadt werden – man glaubt es kaum! – Süßigkeiten hergestellt, und in New York existiert ein Gourmet-Restaurant, welches die aus Le Puy stammenden Linsen anbietet.

Gleichgültig, für welchen Platz Sie sich entscheiden, Sie haben in jedem Fall einen herrlichen Blick auf die beiden – in jedem Sinne – herausragenden Felsen sowie einen kurzen Weg zur Innenstadt. Wenn Sie das Angebot der vielen Sehenswürdigkeiten wahrnehmen möchten, so reicht Ihnen übrigens nicht ein einziger Tag.

Unsere ersten Ziele sind selbstverständlich die beiden Felsen, denen Le Puy – außer den berühmten grünen Linsen, den lentilles – ihren Bekanntheitsgrad zu verdanken hat. Übrigens können Sie sowohl am Campingplatz als auch im Touristenbüro Ermäßigungskarten erhalten, wenn Sie sich gleich mehrere Sehenswürdigkeiten anschauen möchten. Es lohnt sich in jederlei Hinsicht! Ich steige also zunächst erst einmal mit Ihnen auf über 268 Treppen zur Nagelspitze – wie Aiguilhe übersetzt heißt – empor. Endlich dürfen wir es mal ungeschoren auf die Spitze treiben! Auf 88 m Höhe befindet sich die Kapelle St-Michel-d'Aiguilhe, dort, wo einst in römischer Zeit ein Tempel gestanden hatte. Dieses wirklich sehenswerte romanische Kapellchen aus dem 10. Jahrhundert ist dem Drachentöter, dem Vertreiber des

Kapelle St-Michel-d'Aiguilhe

Bösen, dem Heiligen Michael gewidmet. Besonders beeindruckend sind der orientalische Einfluss, welcher sich in den schwarz-weißen Mosaiken und dem filigranen Arabesken-Dekor äußert, sowie die zahlreichen Wandmalereien und der Kirchenschatz.

Die große Neugierde dominierte meine Unsportlichkeit, und so wagte ich mich am gleichen Tag noch auf den 115 Meter hohen Rocher Corneille mit der aus Kanonenkugeln ge-

Notre-Dame-de-France

Die Statue ist aus dem Gusseisen von 213 russischen Kanonen entstanden, wofür der Bildhauer Jean-Marie Bonnassieux ein Modell anfertigte. Vor rund 150 Jahren – am 12. September 1860 – wurde sie vor den Augen von mehr als 120.000 Pilgern eingeweiht.
Sie hat eine Höhe von 16 m, wobei noch weitere 6,70 m für den Sockel hinzu kommen. Die Statue alleine wiegt 110 t, das gesamte Monument erreicht ein Gewicht von 835 t.
Heute ist die Statue rosa angestrichen und schon alleine wegen ihrer auffallenden Farbe weit übers Land sichtbar. Des Nachts wird sie – ebenso wie der benachbarte Felsen – angestrahlt, was ihr einen romantischen Touch verleiht. In ihrem Inneren ist sie zu besteigen, wobei man aus einigen Luken einen Blick nach Außen wagen kann.

gossenen Notre-Dame-de-France. Und ich habe es nicht bereut!

Sollten Sie im Frühjahr – und zwar um die Osterzeit – hier verweilen, so machen Sie es wie ich: Wir haben die wirklich einmalige Gelegenheit genutzt und am Gründonnerstag der Osterprozession beigewohnt. Dieses heimische „unheimliche" Erlebnis, welches sich nicht beschreiben lässt, da selbst mir – die ich nicht auf den Mund gefallen bin – die passenden Worte fehlen, zählt zu den schönsten, die ich in der AUVERGNE hatte. Angefangen von der Messe in der Kathedrale bis hin zum Zug durch die engen Gassen bei Dunkelheit sowie der nachempfundenen Kreuzigung Jesus auf dem Platz neben der Kirche, trieb mir dieses Ereignis eine Gänsehaut über den ganzen Körper. Übrigens hat mich genauso wie die Messe, von der ich kaum ein Wort verstand, das Drumherum in der Kathedrale beeindruckt. Die Franzosen zeigten mir wieder einmal mehr,

wie tolerant sie sind: Jeder kam und ging, wann und wie er wollte, Kaugummi kauende Gottesdienstbesucher saßen neben in meditativer Andacht versunkenen Menschen, Kinder wie Greise waren gleichermaßen anwesend, eine barfüßige Nonne machte mich mit ihrem permanenten – scheinbar unmotivierten – Herumgerenne nervös, und einer der zahlreichen die Messe zelebrierenden Priester schien kurzzeitig eingeschlafen zu sein.

Doch selbst wenn Sie nicht an Ostern da sein können, so ist der Besuch der Kathedrale Notre Dame von LE PUY-EN-VELAY ein Muss auf Ihrem Programm. Ich habe sie von mehreren Seiten betrachtet, kann aber behaupten, dass der Gang über die 102 Stufen zählende Treppe entlang der Rue des Tables zur Westfassade wohl der beeindruckendste Moment ist. Von hier aus haben Sie zudem einen schönen Blick nach unten. Verweilen Sie doch ein wenig dort. Vielleicht geht es Ihnen dann wie mir? Ich konnte mich problemlos mehrere hundert Jahre zurückversetzen und mir das Leben in der damaligen Zeit bildlich vorstellen. Ob es damals schön war,

Blick vom Westportal

das sei dahingestellt! – Betreten Sie nun mit mir die Kirche maurischen Einflusses, die in Frankreich ihresgleichen sucht. In ihrem Inneren befindet sich eine wahre Schatzkammer bedeutender Kunstwerke. Besonders beeindruckt hat mich natürlich wieder einmal eine der in diesem Lande so häufig vorkommenden Schwarzen Madonnen. Diese hier ist ursprünglich aus der Erbauungszeit der Kirche – also aus dem Ende des 11. Jahrhunderts. Der Legende nach stammt sie aus dem Orient und wurde während der Französischen Revolution verbrannt. Heute kann man daher lediglich eine Kopie sehen, was mich aber nicht minder begeisterte.

Halten Sie mich für makaber, aber ich liebe es, über Frankreichs alte Friedhöfe zu schlendern. Und der von LE PUY ist mit seiner einmaligen Aussicht wirklich ein besonders schöner! Sollten Sie mit mir diese – zugegebenermaßen nicht ganz alltägliche – Vorliebe teilen, so gehen wir gemeinsam vom Campingplatz aus nach links und überqueren dort die Straße, um dann den kleinen Berg zum Friedhof hinauf zu nehmen. Wenn Sie auf dem Stellplatz stehen, so liegt dieser übrigens

direkt hinter Ihnen. Also ruhigere Nachbarn können Sie sich wohl nicht denken!? Hier kann man mehrere Stunden verbringen, kunstvolle Grabmale bestaunen und die Ruhe genießen.

Schweren Herzens trenne ich mich jedes Mal von dieser einmalig schönen Stadt. Sie hat wirklich so viel zu bieten, und ich entdecke immer wieder neue Facetten an ihr. Und somit freue ich mich schon auf den nächsten Besuch. Gehen Sie selbst auf Entdeckungsreise und stellen Sie fest, was für Sie noch besonders sehenswert ist.

Wir verlassen nun Le Puy-en-Velay zunächst in Richtung Clermont-Ferrand, um ein paar hundert Meter weiter nach links an der Ampel Richtung Aubenas abzubiegen. Auf der Vorfahrtsstraße geht es an dem großen Brunnen vorbei und weiter geradeaus den Berg hinauf. Von hier sind wir übrigens auch gekommen, wenn Sie sich erinnern. Oben am Berg biege ich beim Kreisverkehr die 2. Abfahrt auf die D 38 nach Le Monastier ab.

Zuvor aber kommen wir noch nach Coubon, einem kleinen, heimeligen Ort, der uns mit einem Stellplatz direkt an der *Loire* zum Ausruhen – und gegebenenfalls zum Schlafen - einlädt.

(067) WOMO-Stellplatz: Coubon

GPS: N 44° 59' 50.1" E 3° 55' 00.7" Route du Plan d'Eau

max. WOMOs: > 5

Gebührenfrei

Ausstattung / Lage: Ver- und Entsorgung, Toiletten, Mülleimer, Wertstoff-Behälter / Ortsrand

Zufahrt: Sie fahren über die Loire-Brücke und biegen dahinter gleich wieder nach rechts ab. Sofort geht es abermals nach rechts runter auf den Parkplatz neben der Kirche.

Ich führe Sie jetzt jedoch nach einer kurzen Pause gleich wieder nach links auf die Hauptstraße, um dann rechts abzubiegen und weiter der Vorfahrtsstraße zu folgen. Wundern Sie sich nicht, wenn Sie sich plötzlich auf der D 37 befinden. Wir haben diesen Wirrwarr an Straßennummerierung schon längst als eine alltägliche, typisch französische Gegebenheit verinnerlicht. Übrigens geht es an der nächsten Kreuzung wieder links, und wir befinden uns plötzlich auf der D 38. So viel zur Straßennummerierung!

Der weitere Weg führt uns über eine wunderschöne kleine Straße. Uns umgibt jede Menge Natur, was nach dem ausführlichen Besuch Le-Puy-en-Velay nicht verkehrt ist.

Sollten Sie hier irgendwann anfangen zu bezweifeln, dass Sie auf dem rechten Weg sind, so vergessen Sie das schnell wieder. Es stimmt! – Der Schein trügt! Fahren Sie todesmutig weiter, so wie ich es getan habe, selbst dann, wenn das Geschirr hinter ihnen zu tanzen beginnt. Die Straße ist eben ein klein wenig gewöhnungsbedürftig und holprig.

Schließlich halten wir uns geradeaus und kommen auf die D 27, wo es Richtung Monastier-sur-Gazeille geht.

Nach kurzer Zeit befinden wir uns in dem Ort, wo der Schriftsteller Stevenson mit seiner Eselin seine Reise begann. Er hatte weniger Probleme, den Ort zu durchqueren, als wir.

Da mich kein Wegweiser als Wohnmobilist irgendwo hinführt, beschließe ich, zunächst einmal die Richtung zum Stadtzentrum einzuschlagen. Eine ziemlich fatale Entscheidung, denn die Ortsdurchfahrt ist enorm eng und zugeparkt. Kein Hinweis zuvor, dass vielleicht Lkws oder ähnliche Fahrzeuge diese Straße vermeiden sollten. Also Augen zu und durch – oder besser gesagt, Augen extrem auf und durch!

Ganz am Ende von MONASTIER weist uns dann ein kleines Wohnmobil-Schild rechts hinter der Kirche einen steilen Weg hinab. Freude kommt auf! Wir entdecken einen sehr feudalen Stellplatz, doch nach ausführlichen Erkundigungen am „Acceuille“ muss ich feststellen, dass dieses ein privater Stellplatz irgendeiner Firma ist. Sicherlich denken Sie, dass ich Sie nun in die Irre geleitet habe. So kann man das aber nicht

(068) WOMO-Stellplatz: Monastier-sur-Gazeille

GPS: N 44° 56' 13.4" E 3° 59' 33.0"
Rue Augustin Ollier
max. WOMOs: > 5
Gebührenfrei
Ausstattung / Lage: Mülleimer / ruhige Lage am Ortsrand
Zufahrt: wie im Text beschrieben

sehen, denn gleich rechts, wenn man den Berg runter kommt, befindet sich eine Straße, die uns zu einem freien Platz führt, auf dem wir prima und vollkommen ruhig mit einem atemberaubenden Panoramablick übernachten können.

Von hier aus sollten Sie auch den etwas steileren Anstieg zur Ortsbesichtigung vornehmen. Fahren Sie ja nicht auf die in MONASTIER ausgeschilderten Parkplätze, wie ich es zunächst versucht habe, denn die Anfahrtswege sind teilweise derartig eng, dass selbst ich mit einem relativ kleinen Wohnmobil große Probleme hatte. Speziell die am Ortsanfang angepriesene Zufahrt links ab zu einem Parkplatz können Sie vergessen. Erst wenn Sie bereits weit in die Straße hineingefahren sind, erscheint ein Hinweisschild, dass die Straße nun bald nur noch 2 m breit ist. Also musste ich auf ziemlich abenteuerliche Weise drehen. Tja, die Durchquerung MONASTIER-SUR-GAZEILLES ist eben nur für Esel gemacht!?

Wenn Sie mir auch noch zur nächsten Tour folgen möchten, so verlassen Sie mit mir gemeinsam den Stellplatz nach links. Dort fahren wir den Berg hoch. Oben angekommen, biegen wir abermals nach links und gelangen auf die D 27, wo wir unsere nächste Etappe mit der Suche nach den Wasserfällen – den *Cascades de la Baume* - beginnen werden.

TOUR 10 (204 km)

Cascade de la Beaume – Le Chambon-sur-Lignon – Bas-en-Basset – Vorey

Übernachtung:	Cascade de la Baume, Mont la Tortue, Tence, La Chapelle-d'Aurec, Bas-en-Basset, Valprivas, Retournac, Vorey
Campingplätze:	Camp Municipal la Garenne, Les Moulettes
Baden:	Le Chambon-sur-Lignon
Besichtigen:	St-Julien-Chapteuil, Bas-en-Basset, Valprivas, Retournac, Vorey
Wandern:	Zur Cascade de la Beaume
Markt:	Bas-en-Basset (So. + Mi.), Retournac (Mi.)

Beginnen wollen wir die Tour mit dem Besuch des „verhexten" Wasserfalles, der CASCADE DE LA BEAUME. Verhext deshalb, weil wir gleich aus mehreren Richtungen vielfache Anläufe unternommen haben, um dieses Naturschauspiel zu sehen: Zunächst auf der Strecke nach LE PUY, wo wir wieder umgekehrt sind, da wir nicht fündig wurden – denn die Beschilderung setzte plötzlich aus –, und nun auf dieser Strecke, weil wir vor Ortsbeginn von LE MONASTIER-SUR-GAZEILLE wieder einmal auf ein derartiges Hinweisschild stießen. Sie mögen jetzt sagen: Sie hat doch das Navi und den zu Beginn so warmherzig empfohlenen Michelin-Atlas. Stimmt! Aber beide haben mir hierbei auch nicht weitergeholfen. Selbst ein französisches Paar, das wir auf einem Parkplatz in CHADRON vor einer Informationstafel ansprachen, konnte uns nicht helfen. Einziger Kommentar: „Nous cherchons aussi" (Wir suchen ebenfalls). Sie waren trotz eines Navis sowie 2 Touristenkarten ratlos! Aber ich will es nicht spannender als nötig machen und Ihnen den schließlich doch noch entdeckten Weg weisen. Gemäß des Mottos „Viele Wege führen nach Rom, einige auch zu der CASCADE DE LA BEAUME", habe ich ihn gefunden, den wirklich wunderschönen Wasserfall.

Also wie gesagt, wir halten uns zunächst auf der D 27 auf und verfolgen diese in CHADRON weiterhin Richtung SOLIGNAC. Hier wurden wir – die wir Reptilienfreunde sind – noch einmal kurz für unser Umherirren belohnt: Auf der Straße befand sich eine Schlange. Doch leider war sie bereits von einem unserer Vorgänger überfahren worden. Da sie ziemlich entstellt war und auch keine Ausweispapiere bei sich hatte, können wir nur vermuten, dass es eine Glattnatter war. Für diejenigen unter Ihnen, denen dieses nichts sagt: Es handelt sich dabei um eine völlig harmlose Schlange. Schade, ich hätte gerne ihre Bekanntschaft noch zu Lebzeiten gemacht. – Also weiter im Text und auf der Straße. Wenn Sie nach SOLIGNAC-SUR-LOIRE reinkommen, biegen Sie nach links auf die D 54. In AGIZOUX sind es dann noch etwa 2 Kilometer. Ich habe hier einen Straßenarbeiter gefragt, weil ich mir plötzlich nicht mehr sicher war. Aber Sie brauchen nicht nach dem netten, charmanten Mann zu suchen, er wird nämlich sicherlich nicht mehr dort stehen. Vertrauen Sie mir! – Wir kommen über eine kleine Brücke und biegen dann sofort nach rechts ab, um einen Hang hinunter zu den knapp bemessenen Parkplätzen zu fahren. La voilà! Wir sind da, wer hätte das gedacht? Noch ein kurzer Fußmarsch, und schon sind wir dort, wo das Wasser der *Ourzie* auf 27 m Höhe zu Fall kommt, um zur *Beaume* zu werden und später in die *Loire* zu fließen. Also auf, auf zum Wandern! – Übrigens: Hier trafen wir das Paar, welches in CHADRON ebenfalls suchte, wieder.

(069) WOMO-Wanderparkplatz: Cascade de la Baume

GPS: N 44° 56' 32.3" E 3° 52' 53.6" (kein Straßenname)
max. WOMOs: 1- 2 gebührenfrei
Ausstattung / Lage: Mülleimer, Tische und Bänke / außerorts, ruhig
Zufahrt: Wie im Text beschrieben

WOMO-Wandertipp zur Cascade de la Beaume

Für diese rund 30-minütige Wanderung benötigt man normales Schuhwerk. Nehmen Sie jedoch ein Handtuch sowie etwas zum Essen und Trinken mit, denn ein kleines Picknick mit einem erfrischenden „Bad" muss drin sein.

Um dorthin zu gelangen, wendet man sich von der Parkplatzeinfahrt aus kommend nach rechts Richtung Wasser und benutzt entweder den kleinen Holzsteg oder aber watet barfuß durch das kühle, erfrischende Nass auf die andere Seite des kleinen Baches. Hier erwartet Sie übrigens ganz in der Nähe bereits ein Hinweis auf die Dauer des Spazierweges. Während des Wanderweges, der gut ausgeschildert ist, müssen wir mehrmals den Bach überqueren beziehungsweise laufen an ihm entlang. Schon bald ist das Tosen der Wassermassen zu vernehmen. Gegen Ende wenden Sie sich nach rechts, und Sie haben in wenigen Minuten Ihr Ziel erreicht.

Die Legende der Cascade de la Beaume

Die Legende besagt, dass die Fürstentochter sich dereinst im Wald verirrte, als sie im Wasserspiegel das Bild des Teufels wahrnahm. Darüber wurde sie wahnsinnig und wollte sich in die Schluchten der Loire werfen. Aber der Teufel, den sie zu sehen vermeinte, war nichts anderes als ein kleiner Ziegenhirt, den ihre Eltern geschickt hatten, um sie zu suchen. Der Junge fand Gefallen an der Fürstentochter, und die beiden wurden unzertrennlich.

Eines Abends glaubte der Vater, ein Heilmittel gegen Wahnsinn zu wissen: Reichlich kaltes Wasser auf das Haupt der Wahnsinnigen würde Heilung bringen. Am nächsten Tag also zog der Ziegenjunge – die Fürstentochter mit sich nehmend – auf die Höhe des Wasserfalls und wollte sie überzeugen, zu springen, indem er sagte: „Ich sehe das Bild der Heiligen Jungfrau an der Unterseite. Oh, komm zu sehen, wie schön sie ist!" Sie beugte sich über und riss den Ziegenhirten mit in die Tiefe. Die Jungfrau Maria indes bremste ihren Sturz. Das Mädchen war fortan nicht mehr verrückt, und die beiden heirateten, wodurch der Ziegenhirte Herr von Beaume wurde.

Frisch gestärkt und frischen Mutes begeben wir uns wieder zurück nach SOLIGNAC, wo wir an der 1. großen Kreuzung nach rechts auf die altbekannte D 27 Richtung CUSSAC / LE MONASTIER abbiegen. Am Ortsausgang fahren Sie links abbiegend auf der D 54 weiter Richtung CUSSAC. Am Ende der Vorfahrtsstraße, halten Sie sich rechts, um auf die D 38 Richtung COUBON zu fahren. Von da ab wird es wieder etwas komplizierter. Also, wenn Sie mir auch weiterhin vertrauen, so nehmen Sie in COUBON den Weg über die Brücke und biegen dann gleich nach links auf die D 632 ab. Sie finden hier einen Hinweis auf ARSAC-EN-VELAY sowie ein Verkehrsschild, welches das Befahren mit Fahrzeugen über 8 Metern verbietet. Warum eigentlich? Ich kann es Ihnen nicht sagen! Tatsächlich begegnete mir ein längerer Lkw. Das bedarf wohl keines Kommentars, oder? Doch lassen Sie uns weiter über eine einspurig verlaufende Brücke fahren und den Blick auf ein wunderschönes Schloss genießen. Wir bleiben dieser Route Richtung ARSAC weiterhin treu. In diesem Ort dann die nächste Kuriosität: Ein Verbot für Fahrzeuge über 3,5 t. Was soll das nun wieder? Ich sehe weder einen Sinn noch einen zwingenden Grund! Egal, wenn Sie schon einmal soweit sind, fahren Sie ruhig weiter, es liegt keine abenteuerliche Strecke mehr vor Ihnen! Am Ende der Vorfahrtsstraße stehen wir plötzlich vor der Qual der Wahl: rechts oder links – weit und breit kein Hinweisschild! Ich habe es „heldenhaft" für Sie ausprobiert und bei einer Fifty-Fifty-Chance doch glatt die verkehrte Richtung gewählt. Bitte biegen Sie links ab! Sie befinden sich nun auf der D 535. Wieder an ein Vorfahrtgewähren-Schild gelangend, nehmen wir dann rechts die prima ausgebaute D 15 Richtung ST-JULIEN.

ST-JULIEN-CHAPTEUIL, wie die genaue Bezeichnung lautet, ist ein wunderschöner Ort, in dem sich ein kurzer Aufenthalt auf jeden Fall lohnt. Hier können Sie Ihr Wohnmobil an der Hauptstraße auf einen der Parkplätze stellen – eventuell am Ortsausgang, da sich dort eine größere Stellfläche befindet –

Platz ist in der kleinsten Lücke – auch in St-Julien

und eine kleine Ortserkundung starten sowie sich in eines der Cafés setzen und genießen. Ich selber habe – wie das Foto auf der vorhergehenden Seite beweist – selbst im Sommer direkt im Ort einen Parkplatz gefunden. Platz ist eben in der kleinsten Hütte, oder wie in diesem Fall „Lücke“.

Der Ort ST-JULIEN-CHAPTEUIL heißt uns mit zahlreichen schiefergedeckten Häusern willkommen. Die romanische Kirche kann auf eine lange Entstehungsgeschichte zurückblicken. Mit dem Bau wurde Ende des 11. Jahrhunderts begonnen; weitergebaut wurde dann im 17. und 19. Jahrhundert. Nehmen Sie sich Zeit, und umrunden Sie die Kirche. Erstaunt werden Sie feststellen, dass sich Ihnen dabei ein fantastisches Panorama bietet. In der Krypta befindet sich eine Holzstatue, die St-Robert – den Begründer der Abtei von LA CHAISE-DIEU – darstellt. Als wir dort waren, konnten wir eine interessante Kunstausstellung besuchen. Sie werden hier sicherlich eine andere vorfinden. Egal, St-Robert wird über alle wachen.

Die Auvergne in den richtigen Rahmen gerückt

Auffallend in ST-JULIEN ist, dass die Straßennamen zweisprachig sind – Französisch und Auvergnatisch beziehungsweise Okzitanisch.

Okzitanisch

Sowohl im Cantal als auch im Puy-de-Dôme und in der Haute-Loire ist auch heute noch teilweise Auvergnatisch – ein Dialekt der Okzitanischen Sprache – zu finden.

Unter Okzitanisch versteht man eine galloromanische Sprache, die im südlichen Drittel Frankreichs aber auch in den piemontesischen Alpen Italiens und im spanischen Katalonien vorkommt. Der Wortschatz ist zumeist lateinischen sowie romanischen Ursprungs. Eine Vielzahl von Dialekten gehört dem Okzitanischen an, das sich grob in drei Gruppen einteilen lässt: Nordokzitanisch, Südokzitanisch und Gaskognisch. Auvergnatisch – oder auch Arvernisch – ist der ersten Gruppe zuzuordnen.

Ursprünglich entwickelte sich das Okzitanische aus dem Vulgärlatein – dem gesprochenen Latein – im südlichen Frankreich. Bis zum 12. Jahrhundert bildeten sich daraus zwei unterschiedliche Literatursprachen: das Langue d'oil – nördlich der Loire, was im Prinzip dem heutigen Französisch entspricht – sowie das im Süden bekannte Langue d'oc, auch als Provenzalisch oder Limousinisch bekannt.

Nur wenige Menschen können heute noch Okzitanisch sprechen, allerdings gab es in der 2. Hälfte des 19. Jahrhunderts Bestrebungen, eine moderne okzitanische Literatursprache zu schaffen. Auch aus touristischen Gründen geht man vermehrt dazu über, diese Sprache zu pflegen. So finden Sie – speziell auch in Teilen der Auvergne – vielerorts Straßen- und Ortsschilder in zweisprachiger Form.

Wir fahren nun weiter, denn uns gelüstet nach einem Bad. Nein, nicht wie Sie meinen, in einer Badewanne – denn wer hat das schon im Womo? Nein, wir wollen uns in dem kühlen Nass eines gestauten Flusses ein wenig erfrischen. Dazu fahren Sie mit mir in ST-JULIEN auf der D15 Richtung VALENCE. Wir überwinden nahe CHAMPCLAUSE einen über 1000 m hohen Pass und entdecken einen Haltepunkt in der Nähe des 1327 m hohen MONT LA TORTUE, der zum Wandern, Skifahren (natürlich nur im Winter!), Klettern aber auch zum Übernachten einlädt. Mir persönlich war bei keiner meiner Fahrten dorthin zum Wandern zumute: Bei unserer ersten Begegnung regnete es nämlich in Strömen, und beim letzten Mal waren es

(070) WOMO-Wanderparkplatz: Mont la Tortue

GPS: N 45° 01' 37.2" E 4° 06' 50.9" (kein Straßenname)
max. WOMOs: 3 - 5
Ausstattung / Lage: keine / außerorts
Zufahrt: Wie im Text beschrieben

über 30° C im Schatten – beides Fakten, die klarmachen, dass eine Wanderung nicht unbedingt angesagt war. Aber vielleicht geht es Ihnen ja anders? Dann probieren Sie es aus, lassen uns aber wissen, ob es sich lohnt.

Ich fahre also weiter durch wunderschöne Ortschaften inmitten einer großen Einsamkeit, genieße die sich mir bietenden Blicke auf zahlreiche über mir kreisende Greifvögel und Pferde auf ihren Weiden. Idylle pur! Man sieht kaum ein Wohnmobil und nur sehr wenige andere Fahrzeuge. Später biege ich auf die D 151 nach LE CHAMBON ab.

Le Chambon-sur-Lignon, die Juden und ein Philosoph

Auf Initiative des Pfarrers André Trocmé, seiner Frau und weiteren Bewohnern der Stadt nahm man ab 1942 zahlreiche Juden auf, denen die Verschleppung ins Konzentrationslager drohte. Sie kamen in den dortigen Häusern sowie öffentlichen Gebäuden unter, und wenn eine deutsche Patrouille anrückte, versteckte man sie außerhalb des Ortes auf dem Land. Nach Abzug gingen die Bewohner von Le Chambon-sur-Lignon mit einem bestimmten Lied auf den Lippen in den Wald, um das Ende der Gefahr zu signalisieren.

Ferner besorgte man den Juden Lebensmittelkarten sowie Ausweispapiere und half ihnen bei der Flucht in die Schweiz. Trotz der Verhaftung einiger Helfer konnten auf diese Art 3.000 bis 5.000 Menschen vor dem Tod in Lagern bewahrt werden.

1942 hielt sich der bekannte Schriftsteller und Philosoph Albert Camus in Le Chambon-sur-Lignon auf, um seine Tuberkulose auszukurieren. Hier arbeitete er unter anderem an seinem bekannten Werk „Die Pest“.

LE CHAMBON-SUR-LIGNON ist ein sehr geschichtsträchtiger Ort, den zu besuchen sich sicher lohnt. So finden wir auch gleich 2 Wegweiser, die auf Campingplätze hindeuten. Wir aber wollen heute eigentlich nur – wie gesagt – ein Bad nehmen und relaxen. Wenn Ihnen auch danach ist, so fahren Sie mit uns durch den Ort durch und biegen gegenüber vom Supermarkt rechts ab. Sie haben jetzt mehrere Möglichkeiten: Entweder bleiben Sie – wie wir – direkt dort stehen oder aber Sie fahren zurück in den Ort zum großen Parkplatz, um von dort aus ein paar Schritte zu Fuß zu gehen. Übrigens kann man auf Letzterem auch prima übernachten.

Der Badeplatz selber liegt nicht nur sehr idyllisch, man kann hier am gestauten *Lignon* zudem sowohl picknicken als auch baden und sich nach einer langen Womo-Reise prima die Beine vertreten. Angeln ist ebenfalls möglich. Wer sportli-

(071) WOMO-Badeplatz: Le Chambon-sur-Lignon

GPS: N 45° 03' 11.4" E 4° 18' 59.8" — Chemin de la Plage
max. WOMOs: > 5 — Gebührenfrei
Ausstattung / Lage: Toiletten, Mülleimer, Tische und Bänke / am Ortsrand / teils schattig
Zufahrt: Wie im Text beschrieben
Sonstiges: Überwachter Platz, Kinderspielplatz, Angeln

Baden, wandern und relaxen in Le Chambon-sur-Lignon

chen Anschluss sucht, der kann sich sicherlich am Beach-Volleyball-Spiel beteiligen. Das geht übrigens auch ohne Französischkenntnisse! Den Hinweis, dass Hunde am Badestrand verboten sind, ignorierten zahlreiche Franzosen. Und wir passten uns natürlich an!

Gut ausgeruht, frisch gestärkt und ein wenig abgekühlt, setze ich mich wieder hinters Steuer und fahre zurück in den Ort. Dort an der Kreuzung biegen Sie nach rechts auf die D 185, um nach TENCE zu einem Stellplatz zu gelangen.

(072) WOMO-Stellplatz: Tence

GPS: N 45° 06' 56.2" E 4° 17' 32.5" Place du Fieu
max. WOMOs: 5 mittlere Gebühr
Ausstattung / Lage: Ver- und Entsorgung, Mülleimer / am Ortsrand, ruhig

Zufahrt: Am Ortsanfang fahren Sie über den 1. Kreisel, und schon sind Sie auf der D 103. Bald haben wir keine andere Möglichkeit, als nach rechts abzubiegen. Wir befinden uns nun auf der D 183 Richtung Annonay. An der Kreuzung fahren Sie mehr oder weniger geradeaus, indem Sie in eine kleine Gasse bis zum Pace du Fieu fahren.

In TENCE finden wir – mit ein paar Schwierigkeiten – den Stellplatz, der bei weitem nicht zu den Traumplätzen zu zählen ist. Ich kann Ihnen den nur empfehlen, wenn Sie sehr, sehr müde sind, keinen Kilometer mehr weiterfahren wollen und keinen Blick mehr für die Schönheiten Frankreichs haben sollten. Auch die Nachbarschaft eines Krematoriums ist nicht gerade das, was man sich als Wohnmobilfahrer wünscht.

Nach dieser „Enttäuschung" entschließe ich mich zur Weiterfahrt, denn der Ort selber reizt mich nun plötzlich auch nicht mehr. Also fahren wir wieder durch TENCE zurück auf die D 500 Richtung MONTFAUCON-EN-VELAY. Diese Straßenführung ist nicht ganz einfach, und Sie müssen sich gut konzentrieren, um die schwer erkennbare Straßenbeschilderung richtig abzufahren. Im Zweifelsfall zweimal rund um den Kreisel, wie ich das häufig praktiziere, um mir sicher zu sein, dass ich auch wirklich die richtige Ausfahrt nehme. Am Ortsausgang musste ich dann wieder einmal schmunzeln: Was einem in Frankreich so alles begegnet! Mitten auf der Hauptstraße ein Pferdewagen, der – begleitet von einem Bordercollie – seelenruhig dort entlang fuhr.

In MONTFAUCON-EN-VELAY erwartet uns gleich die nächste Enttäuschung: Nirgendwo eine Stellplatzausschilderung. Und auch sonst finde ich nichts, was ich Ihnen zum längeren Verweilen empfehlen könnte, also schauen Sie sich den Ort an und fahren Sie weiter, oder begeben Sie sich gleich mit uns auf die D 500 Richtung ST-PAL-DE-MONS, wo Sie am Ortsausgang am Kreisel die 2. Ausfahrt nehmen müssen, um auf der gleichen Straße bleiben zu können. Grobrichtung ist jetzt ST-DIDIER-EN-VELAY. In LA SEAUVE-SUR-SEMÈNE fahren Sie am Kreisel auf die D 12. Ihre nächste Richtungsänderung kommt dann am folgenden Rondell, wo Sie die 2. Ausfahrt auf die N 88 nach LA CHAPELLE-D'AUREC nehmen. Aber Achtung, das währt nicht lange, denn bereits beim nächsten Kreisverkehr geht es auf die D 471. Kurz hinter einer Kuppe – noch vor LA CHAPELLE! – erwartet uns dann endlich die lang ersehnte Wiedergutmachung: An einer ziemlich unübersichtlichen Stelle – es steht linkerhand eine Art Wartehäuschen – biege ich rechts in einen kleinen Weg ein und fahre ein kleines Stück den „Berg" hoch. Hier haben Sie nicht nur eine fantastische

(073) WOMO-Stellplatz: Chapelle-d'Aurec

GPS: N 45° 19' 32.4"
E 4° 13' 07.0"
(kein Straßenname)
max. WOMOs: 2 - 3
Gebührenfrei
Ausstattung / Lage: Mülleimer / außerorts, ruhig
Zufahrt: wie im Text beschrieben

Aussicht über einen Teil der recht einsam erscheinenden AUVERGNE, sondern auch noch einen ziemlich ruhigen und sehr schönen Picknick- und Schlafplatz. Auch ein kleiner Spaziergang sollte drin sein. Wir waren bereits mehrmals an diesem Ort, weil er uns tief beeindruckte. Dort sahen wir Eidechsen huschen und eine Schlange sich schlängeln, man hat Schatten- sowie Sonnenplätze, und es ist – trotz vorbeiführender Straße – relativ ruhig. Dieser Ort hat es mir persönlich angetan, denn er präsentierte sich mir gleich von mehreren

Keine Angst, die Schlangen gehen Ihnen in der Regel aus dem Weg!

Seiten: Ich war da bei herrlichstem Sonnenschein, was keiner Worte bedarf, bei Gewitterregen, der mir eine recht verschleierte AUVERGNE präsentierte, sowie bei verhangenem Himmel, was auch seine Reize hatte.

Doch lassen Sie uns weiterfahren, ehe ich mich im Schwärmen verliere und Sie damit langweile. Nach dem Ort LA CHAPELLE-D'AUREC hält wieder eine besonders schöne Wildnis Einzug, die begleitet wird von Kurven und Wald, Wald und Kurven. Am Ende der Vorfahrtsstraße setzen Sie bitte den Blinker nach links und biegen auf die D 47 Richtung AUREC ab. Hier sagen sich nun wirklich Fuchs und Hase „Gute-Nacht“! Und dennoch – oder gerade deshalb!? – genieße ich die Strecke, die so viel „Urtümlichkeit“ besitzt, sehr. Wieder dominieren Kurven. Schluchten und Felsen ergeben ein imposantes

Landschaftsbild. Als wir diese Strecke bei Gewitterregen befuhren, erzeugte dampfender Asphalt einen nahezu gespenstischen Eindruck. Für Belustigung hingegen sorgte ein Ort, den wir durchfuhren: Er hieß passenderweise LES SAUVAGES – die Wilden.

In AUREC-SUR-LOIRE angekommen, dachten wir daran, dass ist es nun an der Zeit sei, sich langsam wieder ein lauschiges Plätzchen zum Übernachten und Ausruhen zu suchen. Sollten Sie jetzt denken, hier gäbe es ein solches sowie viele lohnende Sehenswürdigkeiten, so muss ich Sie enttäuschen. Ein kurzer Stadtrundgang sollte uns genügen. Aber überzeugen Sie sich selbst! „Lohnend" war meiner Meinung nach aber die wunderschöne Strecke bis hierhin. Deshalb habe ich diesen Ort im vorliegenden Reiseführer auch nicht ausgespart.

Nehmen Sie jetzt mit mir gemeinsam die D 46 Richtung BAS-EN-BASSET, um zu unserem nächsten Zielort zu gelangen.

Den Ort BAS-EN-BASSET selber lassen wir zunächst einmal rechts liegen, biegen dafür jedoch links ab in die Route du Camping, dem Campingplatz- und Wohnmobilschild folgend. Und nun die Überraschung! Die Anfahrt hierhin ist nicht gerade berauschend, vor mir liegt ein Campingplatz, den ich ignoriere – da er mich nicht wirklich reizt –, dafür finde ich aber

(074) WOMO-Stellplatz: Bas-en-Basset

Position: N 45° 18' 25.5"
E 4° 07' 02.0"
(kein Straßenname)
max. WOMOs: > 5
Gebührenfrei
Ausstattung / Lage: Wasser, Mülleimer / am Ortsrand zwischen Loire und 2 Seen
Zufahrt: Wie im Text beschrieben
Sonstiges: Angelmöglichkeit

(C15) WOMO-Campingplatz-Tipp:
Camp Municipal la Garenne**

Position:N 45° 18' 28.3" E 4° 07' 05.4" (neben obigem Stellplatz)
Öffnungszeiten: 15. 04.-30. 09.
Ausstattung / Lage: sehr schattig, Spielplatz / 50 m bis zum See und zum Fluss, Angelmöglichkeit
Zufahrt: Wie zum Stellplatz

links neben der Zufahrtsstraße einen herrlichen, grasgrünen See mit einer wahrhaft großen Stellfläche davor, die uns Wohnmobilfahrer zum Verweilen geradezu einlädt. Uns ist dabei sofort klar: Hier – wo wir vor uns den See und hinter uns die *Loire* haben – werden wir nicht nur eine Nacht sondern mindestens noch einen weiteren Tag verbringen. Da der Platz nicht parzelliert ist, haben Sie die freie Auswahl.

Idylle pur am See

Von diesem fantastischen „Natur"-Stellplatz aus haben Sie wahrhaftig jede Menge Möglichkeiten, Ihre Zeit zu verbringen: Angeln im See und im Fluss, spazierengehen rund um den See und andernorts, die Natur beobachten, Rad fahren, eine Ortsbesichtigung zu Fuß, Ausflüge in die nähere Umgebung, und, und, und...

Sollten Sie wie wir zu den Naturliebhabern gehören, so bringen Sie doch ein wenig Geduld und Muße auf, sich mit Ihrem Campingstuhl – ein Fernglas in der Hand – vor das Wohnmobil zu setzen und zu beobachten. Ich garantiere Ihnen, Sie werden erstaunt sein, was Sie alles entdecken. Zunächst einmal fällt wahrscheinlich der Blick auf das gegenüberliegende CHÂTEAU DE ROCHEBARON. Schön, aber das meine ich nicht unbedingt! An diesem *Étang Vert* – er trägt tatsächlich den schönen Namen „Grüner See" – warten viele interessante Beobachtungen auf uns. Hier tummeln sich zahlreiche Tiere ebenso wie Jogger und Spaziergänger. Man sieht Fische auf der Wasseroberfläche ihre Kreise bilden oder aber nach Mücken springen. Frösche quaken ohne Unterlass, und Eidechsen huschen vorbei. Besonders beeindruckt war ich von einem Nachtreiherpärchen – den Héron bihoreau –, das ich am gegenüberliegenden Ufer beobachten konnte. Es handelt sich hierbei – o wunder, o staune – um die in Europa immer seltener werdende und in der HAUTE-LOIRE einzige Population dieser Art.

Kein Héron bihoreau an der Loire, dafür aber ein felis silvestris catus

Da wir uns ein wenig länger hier aufhalten möchten, erkunden wir auch gleich die Umgebung. Natürlich reizt besonders ein Besuch des CHÂTEAU DE ROCHEBARON, allerdings lassen Sie sich gesagt sein, dass Sie dort keineswegs mit dem Auto – und schon gar nicht mit dem Wohnmobil – hinfahren können. Sie müssen sich also entweder den sehr beschwerlichen Weg vom Ort aus hinaufquälen oder aber es einfach bleiben lassen – wie wir – und den Anblick der Ruine aus dem 12. Jahrhundert aus der Ferne genießen. Sollte Ihnen dennoch nach einem Ausflug zumute sein, so empfehle ich die etwa 15 Kilometer weite Fahrt nach VALPRIVAS.

Wir unternehmen letzteren Ausflug, da man uns versprach, dass man von dort aus eine besonders schöne Aussicht genießen könne.

Also auf nach VALPRIVAS! Dazu geht es direkt nach BAS-EN-BASSET rein, was Sie übrigens auf keinen Fall Sonntags und Mittwochs tun sollten, da an diesen Tagen dort Markt ist, und Sie sich zwischen Marktständen und Menschenmassen hindurch einen Weg bahnen müssten. Im Ort fahren wir nach einer Rechtskurve links ab. Auch hier kann es eng werden, denn dort wird „typisch französisch“ geparkt.

Über eine wunderschöne Strecke, die sehr stark ansteigend und kurvenreich aber gut ausgebaut ist, geht es nun stetig in die Höhe. Die Aussicht ist atemberaubend!

Gegen Ende gibt es zwei Möglichkeiten: Geradeaus – eine Strecke für den Schwerverkehr – oder links abbiegen für den „Normalverkehr“. Da wir glauben, die französischen Straßen gut zu kennen, entscheiden wir uns für den breiteren aber dafür sicherlich etwas längeren Weg, der einige Zeit später hinter LES BARAQUES verlangt, dass wir nach links auf die D 125 abbiegen, um von hier aus in den Ort zu gelangen.

(075) WOMO-Picknickplatz: Valprivas

GPS: N 45° 18' 41.6" E 4° 02' 51.4"
(kein Straßenname)
max. WOMOs: > 5
Gebührenfrei
Ausstattung / Lage: Mülleimer / am Ortsrand, ruhig
Zufahrt: Durchqueren Sie den Ort, auf der D 125 bleibend, um am Ortsausgang nach rechts zum Friedhof – cimetière – abzubiegen.

In VALPRIVAS angekommen, stelle ich mein Womo gegenüber dem Friedhof ab. Mit diesem Platz kann ich Ihnen gleichzeitig einen Stellplatz für die Übernachtung sowie einen Ausgangspunkt zum Wandern und zur Ortserkundung empfehlen. Kaum bin ich ausgestiegen, schon dreht sich eine etwas betagtere Französin um, die gerade dabei war, die Straße zu kehren, um mich charmant anzulächeln und gleich mit mir ins Gespräch zu kommen. Als ich ihr sage, dass ich einen Reiseführer über „ihre" Gegend schreiben würde, komme ich kaum noch los von ihr. Sie füttert mich mit unendlich vielen Informationen sowie weiteren Tipps bezüglich Sehenswürdigkeiten. Wieder eine Begegnung – nicht der 3. Art aber – mit der Freundlichkeit der Auvergnaten!

Valprivas und der Jakobsweg

Ich mache mich zunächst einmal daran, die atemberaubende Aussicht zu genießen. Dazu gehe ich ein paar Schritte weiter vor zu den drei Kreuzen, die gleichzeitig eine weitere Etappe des Jakobsweges ausmachen, der uns auch hier mal wieder begegnet. Kommen Sie mit mir und verweilen Sie einen Moment. Die Situation und die Aussicht bedürfen wohl keiner weiteren Worte!?

Ansonsten ist VALPRIVAS ein eher abgelegenes Dörfchen auf dieser fantastischen Hochebene, wo ausschließlich alte Menschen zu wohnen scheinen. Rings um den Ort sieht man wieder einmal Kühe, Kühe und Kühe. Das dortige Schloss, von dem ich mir so Einiges versprochen hatte, ist nicht gerade der Renner. Macht nichts, Frankreich hat ja noch mehrere davon.

Auf dem Rückweg bin ich an der Vorfahrtsstraße rechts abgebogen und habe es somit gewagt, die Straße für die Pkws zu nehmen. Sie ist 1½ spurig, kurvenreich und führt vorbei an einem Gehöft sowie einem Wegweiser zu einem Campingplatz. Wer hier Camping macht, der muss schon einen Hang zur Einsiedelei haben oder aber sich vor irgend jemandem verstecken wollen.

Wir verlassen nun BAS-EN-BASSET. Vom Stellplatz kommend, biegen Sie für die Weiterfahrt nach links auf die Hauptstraße. Sollten Sie direkt von VALPRIVAS aus weiterfahren wollen, so geht es am großen Kreisel in BAS-EN-BASSET nach rechts ab. Diese Straße trägt die Bezeichnung D 12 und wechselt später zur D 42, die bald darauf wiederum laut Michelin – aus welchem Grund auch immer – zur D 46 wird. Zunächst ist ein Hinweisschild auf MONISTROL-SUR-LOIRE zu erkennen, dem folgen wir aber nur kurz. Dann werden wir auf BEAUZAC und RETOURNAC aufmerksam gemacht. Letzteres ist unser Ziel.

In RETOURNAC können Sie – sollten Sie sich für einen Kurzbesuch entschließen – in der Nähe der Bahnschienen

(076) WOMO-Stellplatz: Retournac

GPS: N 45° 11' 56.6
E 4° 02' 06.5"
Chemin du Camping
max. WOMOs: > 5
Gebührenfrei
Ausstattung / Lage: Mülleimer, Wertstoff-Behälter, Bank / am Ortsrand / Schwimmbad nebenan
Zufahrt: Wie im Text beschrieben

sowohl rechts als auch links der Vorfahrtsstraße bequem parken (und sicherlich auch übernachten). Wir aber durchfahren den Ort komplett, überqueren die „Brücke der Menschenrechte“ und biegen direkt dahinter nach rechts ab. Achtung, gleich geht es wieder scharf rechts den Berg hinunter. Ursprünglich befand sich hier an der *Loire* ein Campingplatz, der wurde aber – wegen häufiger Überflutungen – geschlossen. Nun sind nur noch eine Beschilderung sowie Fragmente und eine wunderbare Stellfläche direkt an der *Loire* für uns Womo-Fahrer davon übrig. Die Höhenbegrenzung von 2,20 m konnten wir geflissentlich ignorieren, da die Schranke offen war. Ich hoffe, es wird auch so sein, wenn Sie dort ankommen.

Der Einstieg in die *Loire* ist an dieser Stelle nicht gerade einfach, so dass Sie lieber – wenn Sie sich ein wenig erfrischen möchten – das angrenzende Schwimmbad dazu benutzen sollten.

Um nun von dort aus meine Ortsbesichtigung vorzunehmen, quälte ich mich etwa 15 - 20 Minuten bei größter Hitze an der Hauptstraße entlang – immer bergauf, vorbei an ziemlich verfallenen und vergammelten Häusern. Ein Trost: Weiter oben wird der Ort etwas schöner! Im Nachhinein kann ich Ihnen nur raten: Bleiben Sie erst im Ort stehen und sehen Sie sich um.

Auf dem Weg ins Zentrum komme ich an dem Musée de Manifacture des Dentelles vorbei. Wieder einmal finden wir also in der AUVERGNE ein „Handarbeitsmuseum“. Aber Achtung, es liegt linkerhand ein wenig zurückgesetzt und ist schnell zu übersehen. Wenn es Sie interessiert, gehen Sie rein. Es

Modern trifft alt: Musée de Manifacture des Dentelles

lohnt sich. Hier in der vollständig restaurierten ehemaligen Fabrik für Spitzenklöppelei kann man Klöppelmaschinen sowie weitere Exponate und verschiedene Vorführungen ansehen.

Ich gehe weiter, besuche weiter „oben" im Ort noch die romanische Kirche vom Ende des 12. Jahrhunderts und gönne mir wieder einmal einen Espresso in einem Straßencafé als Belohnung für den beschwerlichen Anstieg.

Unser nächstes Ziel ist VOREY. Dazu muss ich zunächst kräftig Anlauf nehmen, denn die Ausfahrt aus dem Stellplatz ist recht steil, und man benötigt viel Schwung, um oben an der Straße rechts abbiegen zu können. Auf der D 103 geht es etwa 14 Kilometer entlang der *Loire*-Schlucht. Diese ist zwar nicht gerade atemberaubend, dennoch lohnt sich hin und wieder ein kurzer Seitenblick.

In VOREY angekommen, fahren wir zunächst beinahe ganz durch den Ort durch, um gegenüber einer Bar direkt vor dem großen Marktplatz in die kleine Seitengasse nach rechts einzubiegen. Fahren Sie langsam, denn diese Einfahrt ist nicht

(077) WOMO-Stellplatz: Vorey

GPS: N 45° 11' 12.2" E 3° 54' 17.0"
(kein Straßenname)
max. WOMOs: 4 - 5
Gebührenfrei
Ausstattung / Lage: Ver- und Entsorgung / direkt am Wasser sowie am Ort
Zufahrt: Wie im Text beschrieben.
Sonstiges: Angelmöglichkeit, Mehrere Einkaufsmöglichkeiten im näheren Umfeld, Jetons für Ver- und Entsorgungsstation am Campingplatz oder im Touristenbüro erhältlich.

(C16) WOMO-Campingplatz-Tipp: Les Moulettes***

GPS: N 45° 11' 11.0" E 3° 54' 23.3" Chemin de Felines
Öffnungszeiten: 01. 05.-15. 09.
Ausstattung / Lage: Ver- und Entsorgung, schattig, Laden, Restaurant, Spielplatz / direkt am Ort sowie am Fluss
Zufahrt: Wie zum Stellplatz
E-Mail:contact@camping-les-moulettes.fr
Internet: www.camping-les-moulettes.fr

nur leicht zu übersehen, auch das Hinweisschild für den Campingplatz ist nicht gerade überdimensional. Übrigens: Auch wenn es eng wird und ein Schild kommt, das auf eine Sackgasse hinweist, fahren Sie getrost weiter. Hinter dem Campingplatz finden Sie endlich einen kleinen aber recht idyllisch gelegenen Stellplatz direkt am Fluss.

Graffity einmal anders

VOREY selber ist ein touristisch erschlossener Ort mit vielen Geschäften und zahlreichen Freizeitangeboten. Angetan hatte es mir das auf dem Foto zu sehende Haus, welches die Illusion vermittelt, einen Durchgang zu haben. Am Ortsende finden Sie zudem einen der für mich in Frankreich immer wieder interessanten Supermärkte. Das Interessanteste aber ist und bleibt hier die Natur.

Verlassen Sie nun mit uns den Stellplatz, indem Sie an der Ausfahrt nach links auf die Hauptstraße abbiegen. Ja, Sie haben richtig gelesen. Links, auch wenn Sie damit wieder zurück fahren. Aber keine Angst, das währt nicht lange, denn bereits kurz vor Ortsende führt die D 26 nach ST-PIERRE-DU-CHAMP um letztendlich in CRAPONNE-SUR-ARZON zu landen. Zunächst geht es eine Allee entlang und am Ortsende wünscht sich sicherlich ein Großteil von uns Wohnmobilfahrern ein paar PS mehr, da es sehr, sehr steil bergan geht. Vorsicht, es kann knapp werden, wenn Ihnen – wie mir – ein Mähdrescher entgegen kommt. Da fragt man sich dann ganz schnell: Wer gibt wohl nach?

Am Ende der Vorfahrtsstraße biegen Sie links ab auf die breite D 9. Nun heißt es wieder aufatmen. Geschafft! Aber wir allesamt wären keine echten Womo-Fahrer und Frankreichfans, wenn wir solche Strecken nicht lieben würden!?

Wenn Sie es nun mal wieder auf die Spitze treiben wollen, so machen Sie in CRAPONNE-SUR-ARZON Halt, denn dieser Ort kann auf mehr als drei Jahrhunderte Spitzen-Tradition zurückblicken.

Ich entlasse Sie nun hier, da die 10. Tour zu Ende ist.

TOUR 11 (178 km)

La Chaise-Dieu – St-Anthème – Lac d'Aubusson d'Auvergne – Billom

Übernachtung:	Arlanc, Viverols, St-Anthème, Ambert, Lac d'Aubusson, Billom
Campingplätze:	Camp municipal les Prades, Camping - Le Rambaud
Baden:	Arlanc, St-Anthème, Ambert, Lac d'Aubusson
Besichtigen:	La Chaise-Dieu, Le Jardin pour la Terre, Viverols, Ambert
Wandern:	Cascade du Creux de l'Oulette, Col des Pradeaux
Markt:	La Chaise-Dieu (Do), Ambert (Do.), Billom (Mo.)

Sie stehen in CRAPONNE-SUR-ARZON mitten auf der D 9, dort wo ich Sie am Schluss von Tour 10 habe stehen lassen!? Und Sie haben genügend Zeit? Können Sie beide Fragen mit Ja beantworten, dann folgen Sie mir. Dazu verfolgen Sie die D 9 weiter durch den Ort hindurch. Vor der Mairie halten Sie sich rechts, um kurz darauf nach links auf die D 498 abzubiegen. Unser erstes gemeinsames Ziel ist der Stuhl Gottes, La Chaise-Dieu. Diesen Ort erreichen wir, indem wir am Ende der D 498 nach rechts auf die D 906 biegen.

La Chaise-Dieu ist nicht gerade wohnmobilfreundlich, denn es existiert kein Stellplatz. Lediglich der Campingplatz am

(C17) WOMO-Campingplatz-Tipp: Camp municipal les Prades ***

GPS: N 45° 20' 03" E 3° 42' 15" (kein Straßenname)
Öffnungszeiten: 1.6. - 30.9.
Ausstattung / Lage: sehr schattig, Laden, Spielplatz / in der Nähe mehrerer Gewässer
Zufahrt: Direkt an der D 906

Ortsrand wäre eine Alternative. Auch im Touristenbüro, wo man andernorts stets einen Platz zum Übernachten für uns wusste, bekam ich keine zufriedenstellende Antwort. Auf keinen Fall würde ich Ihnen raten, durchs Centre Ville zu fahren, da es hier recht eng und sehr lebhaft zugeht. Ich persönlich habe mich einfach in eine Parklücke an der Durchgangsstraße gestellt, die Seitenspiegel eingeklappt und gehofft, dass keiner mir eine Beule in mein Womo fährt. Es hat funktioniert! Schließlich können die Franzosen doch Auto fahren! Häufig stelle ich die Überlegung an, dass bei diesen Straßenführungen, bei diesen Gässchen und diesem Fahrverhalten sicherlich eine enorm gute Fahrschulausbildung unumgänglich ist, um zu überleben.

Selbstverständlich können Sie auch vom oben beschriebenen, etwa 1,5 km entfernten Campingplatz aus nach La Chaise-Dieu zu Fuß oder mit dem Rad gelangen. Auf keinen Fall vorbeifahren, denn ein Besuch lohnt sich!

Ein Tipp noch: Planen Sie ruhig mehrere Tage zum Verweilen in dieser Gegend ein, da nicht nur Stadtbesichtigungen empfehlenswert, sondern auch Spaziergänge und Ausflüge in der näheren Umgebung eine tolle Abwechslung sowie ein Quell der Erholung sind.

Zunächst einmal zum Ort selber. Wir begeben uns – von unserer Fahrtrichtung aus gesehen – nach links, um zum Ortskern zu gelangen. Am beeindruckendsten ist es, wenn Sie am Kloster vorbei durch die alten Gassen direkt zum Place de la Fontaine gehen, wo Sie rund um den Brunnen – direkt mit Blick auf die imposante Treppe der gotischen Abteikirche Saint-Robert – neben Souvenirläden auch zahlreiche Bars und Cafés finden. Sollten Sie Muße und Zeit haben, so lassen Sie sich mit mir in einem dieser „Etablissements“ nieder und beobachten das Leben um sich herum: Touristen jeglicher Couleur, telefonierende und Zeitung lesende Franzosen am

Nachbartisch, Klosterbrüder, allein herum laufende Hunde und vieles mehr. Und das alles im Angesicht der Kirche. Frisch inspiriert begeben wir uns nun in das Innere des Gotteshauses. Auch hier sollten Sie sich Zeit nehmen, da nicht nur die Klosterkirche selber sondern auch der Klostergarten mit dem beeindruckenden Wandelgang es verdient haben, dass man ihnen Aufmerksamkeit zollt. Mönche, denen ich hier begegnet bin, verlangen mir eine gewisse Ehrfurcht ab. Ich hier – im relativen Luxus lebend, mit dem Wohnmobil durch die Lande ziehend, umgeben stets von zahlreichen Menschen – und dort auf der anderen Seite die Gottesmänner, die dem weltlichen Leben abgeschworenen haben. Da fallen mir wieder einige Szenen der in den letzten Jahren so vielfältig erschienenen Bücher wie „Illuminati“ und andere über das religiöse Leben ein. Aber zurück zur Realität. Schauen Sie sich die Fresken aus dem 15. Jahrhundert sowie die vielen Wandteppiche aus den Anfängen des 16. Jahrhunderts genau an. Abermals überkommt mich Ehrfurcht. Ehrfurcht vor den damaligen Künstlern. Leider ist der „Totentanz“ – ein in den Jahren 1410 bis 1425 entstandenes Fresko – nie ganz vollendet worden und auch nur noch in Fragmenten

La Chaise-Dieu

Im Jahre 1043 verließ der Kanoniker Robert de Turlande nach der Rückkehr von einer Walfahrt die Stadt Brioude, um ein Leben in Askese zu suchen. Dabei kam er auf ein 1082 m hoch gelegenes Granitplateau, wo er sich niederließ. La Casa Die – das heutige La Chaise-Dieu – wurde geboren. Sieben Jahre später gründete er ein Benediktinerkloster. Ganze 3 Jahrhunderte anschließend wurde ein ehemaliger Mönch von La Chaise-Dieu Papst: Pierre Roger de Beaufort, bekannt als Klemens VI., dessen Hochgrab aus schwarzem Marmor sich heute im Mönchschor der gotischen Kirche Saint-Robert befindet.

erhalten. Dennoch lässt sich das ganze ursprüngliche Ausmaß mit einer Länge von 26 Metern sowie einer Höhe von 140 Metern erahnen. Weitere Sehenswürdigkeiten sind der mitten im Chor befindliche schwarze Marmorsarg des Papstes Klemens VI. sowie der Echo-Saal in der Nähe des Innenhofes. In letzterem kann man das physikalische Phänomen bestaunen, welches darin besteht, dass sich zwei Personen von gegenüberliegenden Winkeln aus zuflüstern können und sich dabei ausgezeichnet verstehen. Aber auch zahlreiche kleinere Details versetzen den Besucher in eine andere Welt, in ein anderes Jahrhundert, und machen nachdenklich über so zahlreiche Schicksale, die sich hier in den Mauern abspielten.

Nach so viel Kultur kommt nun wieder die Natur zum Zuge. Lassen Sie mich Ihnen hierzu ein paar Tipps geben. Zunächst könnten Sie mir im Ort rechts ab auf die kleine Straße zum *Plan d'Eau du Breuil* folgen oder aber mich direkt zum Campingplatz begleiten. Um an den *Plan d'Eau du Breuil* zu gelangen, passieren wir ein 4,20 m hohes Viadukt und kommen nach geraumer Zeit zu einem idyllisch gelegenen See, der von Wald umgeben ist. Hier kann man übrigens hervorragend für 9 pro Tag zum Forellenangeln antreten. Auch ein Waldspaziergang sowie eine kleine Wanderung entlang des Sees sorgen für einen freien Kopf und neuen Elan. Fahren Sie auf der D 906 weiter, so kommen Sie unweigerlich zum bereits im Kästchen erwähnten Campingplatz „Les Prades", der sehr ruhig an einem Teich inmitten eines Wäldchens gelegen ist. Hier wurden wir sehr herzlich empfangen und konnten wieder einmal feststellen, dass wir die einzigen Deutschen waren. Aber es gab schon ein Leben vor uns, denn gleich an der Rezeption wurde ich dazu aufgefordert, auf der dort hängenden Weltkarte unseren Heimatort zu markieren. Und was sah ich: Es waren schon andere Deutsche vor uns hier, sogar aus der Nähe unserer Wohnorte.

Von diesem Campingplatz aus lassen sich wiederum einige schöne Spaziergänge und Touren unternehmen. So ist zum Beispiel eine Fahrt mit der Touristen-Eisenbahn – der „ligne touristique du Livradois-Forez" –, die am Bahnhof von

La Chaise-Dieu hält, ein wunderbares Familienerlebnis. Aber aufgepasst: Diese Attraktion verkehrt nur in den Sommermonaten. Ferner findet man ein paar Meter weiter entlang der D 906 abermals zwei wunderschöne Seen, um die es sich

Natur pur direkt an der D 906

bequem wandern lässt. Auch konnten wir hier wieder einmal feststellen, dass Wohnmobile in Frankreich überall stehen. Übrigens ist das nette Personal am Campingplatz jederzeit gerne bereit, Sie mit ausreichendem Informationsmaterial sowie mit Tipps zu versorgen. Langeweile kommt also auf gar keinen Fall auf.

Doch irgendwann wird es Zeit, sich zu verabschieden, und so machen wir uns auf den Weg nach Arlanc.

Dazu fahren wir auf der D 906 weiter, bis wir unser Ziel erreichen. Wir durchqueren Arlanc auf eben genannter Straße, bis uns am Ortsende ein Schild signalisiert, dass wir Richtung „Plan d'Eau" nach links abbiegen müssen. Gehorsam wie ich bin, tue ich das auch. Übrigens ist der Hinweis „Plan d'Eau", der allgemein eine bestehende Wasserfläche ankündigt, in den meisten Fällen auch ein guter Tipp für eine Möglichkeit zu übernachten sowie zu baden. Auch in diesem Fall traf es zu.

(078) WOMO-Stellplatz: Arlanc

GPS: N 45° 24' 44.2" E 3° 43' 05.0" (kein Straßenname)
max. WOMOs: > 5
Gebührenfrei
Ausstattung / Lage: Ver- und Entsorgung, Toiletten, Mülleimer, Wertstoff-Behälter, Tische und Bänke / ruhige Lage außerorts
Zufahrt: Wie im Text beschrieben
Sonstiges: Schwimmbad sowie Freizeitpark nebenan / Nahe am Jardin pour la Terre

Wenn Sie ebenfalls auf diesen Stell- und Picknickplatz möchten, so müssen Sie an dem Campingplatz vorbeifahren und nach der Kurve gleich links abbiegen. Hier sehen Sie bereits einen See, ein Schwimmbad sowie eine große Freifläche zum Abstellen Ihres Womos. Etwas weiter vor uns, entdecken wir Franzosen, die mit ihrem Wohnmobil unter den schattigen Bäumen parken. Also platzieren Sie sich dort, wo Sie möchten, oder dort, wo es für uns Wohnmobilfahrer vorgesehen ist. Übrigens, im „See“ – der ein gestauter Fluss ist – ist Baden verboten, und das Schwimmbad öffnet erst am Nachmittag. Der Ort selber, der von hier aus etwas entfernt aber nicht unerreichbar liegt, hat neben einem schönen Altstadtkern noch den JARDIN POUR LA TERRE zu bieten. Dieser liegt direkt auf der Zufahrt zu unserem Stellplatz. Hier sind – einzigartig in Europa – auf über 6 Hektar -zig tausend Pflanzenarten aus aller Welt zu entdecken, deren Gesamtbild von oben betrachtet eine Weltkarte ergibt. Leider können unsere Womos noch nicht fliegen, so dass uns dieser einmalige Blick aus der Vogelperspektive vorenthalten bleibt.

Doch weiter geht die Reise, denn die AUVERGNE hält noch viele Überraschungen für uns bereit. Verlassen Sie also mit uns ARLANC, indem wir zunächst zurück fahren und dann links auf die Hauptstrecke Richtung AMBERT / VIVEROLS abbiegen. Nach rund 5 Kilometern halten Sie sich bitte rechts und lenken Sie Ihr Wohnmobil etwa 15 Kilometer lang – den Kurven entsprechend – auf der D 205, bis Sie mit mir den Ort VIVEROLS erreichen.

Es ist nicht nur der Ort, der mich letztendlich fasziniert, auch die Strecke dorthin ist ein Genuss. Ich kutschiere meinen „Hausschuh“, wie mein Chausson wörtlich übersetzt heißen würde, auf kurvenreicher jedoch sehr gut ausgebauter Straße über den COL DE CHEMINTRAND (1028 m. ü. d. M.), um endlich einen ersten Blick auf die riesige Festung werfen zu dürfen, die sich auf etwa 1000 Metern Höhe befindet. Der Stellplatz hier ist übrigens gut ausgeschildert, und diesen Schildern können Sie sogar ausnahmsweise trauen. Wir fahren durch

(079) WOMO-Stellplatz: Viverols

GPS: N 45° 25' 53.6"
E 3° 52' 57.4"
(kein Straßenname)
max. WOMOs: 6
Ausstattung / Lage: Ver- und Entsorgung, Mülleimer, Wertstoff-Behälter, Bänke / am Ortsrand, ruhig
Zufahrt: Wie im Text beschrieben

den Ort und biegen dort nach rechts ab, wo ich ein Schild mit der Aufschrift „École“ entdecke. Am Ortsende geht es dann über die Brücke und sofort wieder rechts rein zum Stellplatz. Dort – vor dem Campingplatz – können Sie sich entspannt niederlassen und einen Gang in das mittelalterliche Dorf unternehmen. Als einzigen Wegweiser hierzu möchte ich Ihnen lediglich den Tipp geben, sich gleich links zu halten und die 1. oder 2. Brücke zu überqueren, um den Anstieg zu wagen.

Genießen Sie nun wieder einmal mehr mit mir gemeinsam eine Zeitreise. Die verwinkelten Gässchen, die alten Häuser mit zweibogigen Fenstern, eine Muschel, die daran erinnert, dass hier einst zahlreiche Jakobspilger Quartier fanden, sowie schmiedeeiserne Türklopfer, die Steinbank – wo früher die Frauen saßen, um ihre Spitzen herzustellen – oder auch die Passagen, wo das Vieh – sprich die „chèvres“, die Ziegen – entlanggeführt wurden, all das erinnert an längst vergangene Zeiten. Lediglich die in den engen Gassen gekonnt parkenden Autos sowie die in den Häusern lärmenden Musikanlagen holen mich in die Realität zurück. Besonders beeindruckend fand ich das Bild, das sich mir auf meinem Rückweg bot und mir signalisierte, wie eng Vergangenheit und Gegenwart miteinander verknüpft sind: In modernen Jeans wusch eine Frau mittleren Alters ihre Wäsche im dortigen Bach, der *Ance*. Auf meine Frage hin, ob sie keine Waschmaschine habe, antwortete sie lächelnd: „Doch natürlich, aber so geht es doch auch!“

Zeitreise durch Viverols

Nicht versäumen dürfen Sie natürlich den Gang zur Burg. Es geht zwar steil bergauf, aber es lohnt sich. Heute befindet sich die Anlage, deren Fundamente aus dem 12. Jahrhundert stammen und die eine bewegte Geschichte hinter sich hat, in Privatbesitz. Eine Besichtigung ist jedoch – wenn auch nur zu sehr seltenen Zeiten – möglich.

Burganlage von Viverols - heute in Privatbesitz

Ehe wir uns nun in „schwindelnde" Höhen – in ein Skigebiet – begeben, machen wir noch einen kleinen Abstecher zu einem wunderschönen Wasserfall. Hierzu folgen Sie mir am besten wieder Schritt für Schritt – oder besser gesagt, Kilometer für Kilometer –, denn dieser liegt (leider) abermals etwas versteckt. Das sind wir ja aber von unserem letzten Wasserfallbesuch gewöhnt! Und so machen wir uns nun auf den Weg, indem wir durch VIVEROLS fahren und gegen Ortsende hinter der Peugeot-Werkstatt gleich rechts auf die D 261 Richtung ÉGLISOLLES biegen. In diesem Ort geht es dann an der Kirche nach rechts auf die D 256. Als Ziel können Sie SAILLANT lesen. Auch hier ist die Kirche wieder einmal – wie bereits in früheren Jahrhunderten – ausschlaggebend: Schwer erkennbar aber wahr geht es nach dem Gotteshaus nach links auf die D 139. Und nun beginnt eine Irrfahrt, die eigentlich keine ist, nur uns kommt es so vor, als würde nichts mehr stimmen. Ein paar Minuten später stehen wir nämlich vor einer abknickenden Vorfahrt. Hier biegen Sie bitte scharf rechts ab auf die D 257A, Richtung LA CHAULME. Nun begleitet uns mal wieder zur Abwechslung Wald. Es wird zudem ein wenig eng, und wir bewegen uns stark himmelwärts. Die nächstmögliche Abzweigung nehmen Sie nach links und landen auf der D 257 ohne A. Und nun…Überraschung! Von rechts kommt ein direkter Weg von SAILLANT. Also wenn Sie den zuvor gleich finden sollten, so nehmen Sie ihn! Vor mir hat er sich irgendwie gekonnt versteckt. An der großen Kreuzung haben wir – für Sie und für uns – dann erst einmal ein paar Spaziergänger gefragt, wo denn die Cascade sei. Grandes débats! Der eine sagte so, der andere so. Mit Blick auf unser Womo gab es dann wieder eine andere Meinung. Waren es die Höhe oder die Länge, die sie schwanken ließen? Egal, letztendlich fand sich eine für mich akzeptable Wegbeschreibung. Wir fuhren daher an dieser Kreuzung rechts ab auf die D 258 Richtung ESTIVAREILLES und waren auch schon sofort in LA CHAULME, das sich auf 1150 m Höhe befindet. Gleich hinter der Kirche entdeckten wir ein kleines Schild „Le Cascade“. Also nichts wie hin! Wieder hatte ich einen Weg vor mir, der recht eng war und nicht gerade so aussah, als sei er richtig. Und dennoch, es stimmte! Fahren Sie also getrost weiter – ein Stück durch den Wald – und steigen Sie dort in die Bremsen, wo Ihnen ein Haus mit einem kleinen Weiher entgegenlacht. Hier parkten wir und dachten, das Schlimmste der Odyssee nun hinter uns gehabt zu haben. Doch weit gefehlt. Wo ist nun der Wasserfall? Rechts? Links? Keine Hinweistafel, kein auch noch so kleiner Pfeil.

Nach ein paar Irrläufen entschließen wir uns, in die Richtung zu laufen, aus der wir gekommen sind, und gleich links in den Wald- / Feldweg einzubiegen. Der sieht zertreten aus, der könnte es sein! Wenn man genau hinhört, so kann man ein Rauschen vernehmen. Die Richtung ist also klar. Aber wie kommt man dort hin? Wir entschließen uns, dem kleinen Bachbett zu folgen, denn wo Wasser ist, müssten auch die Wasserfälle sein. Unterwegs begegnen uns ein paar Quadfahrer. Diese halte ich an und frage nach der Kaskade. Sie schicken uns zurück, um dann rechts abzubiegen. Halt!

(080) WOMO-Wanderparkplatz: Cascade du Creux de l'Oulette

Position: N 45° 27' 39.6" E 3° 56' 21.8" (kein Straßenname)
max. WOMOs: 3 - 4
Ausstattung / Lage: keine / außerorts **Zufahrt**: Im Text beschrieben

Tun Sie das nicht! Bleiben Sie auf dem Weg, der später nach links führt. Wir haben dieses leider erst auf dem Rückweg gemerkt. Der Hinweg ging auf gefährlichen Pfaden ziemlich senkrecht über Stock und Stein. Wir sind dann sozusagen nur noch fluchend teils entlang des Zaunes und teils nach Gehör gelaufen. Eine genaue Beschreibung hierzu ist unmöglich. Doch auch wir kamen an!

Unten an der *Cascade du Creux de l'Oulette* trafen wir ein Paar aus ISSOIRE, dem Ort, den wir auf unseren AUVERGNE-touren mehrmals besucht haben und den wir lieb gewonnen hatten. Auch sie hatten einen Hund dabei, und wir kamen in ein nicht enden wollendes Gespräch. Natürlich ging es dabei auch ums Essen, wie könnte es in Frankreich anders sein?

Übrigens, am Wasserfall selber ist der Platz recht knapp bemessen. Sollten Sie also mit einer Großfamilie unterwegs sein, so müssen Sie sich gut arrangieren, um etwas näher herankommen zu können. Wir hatten Glück, das nette Ehepaar verabschiedete sich und wir konnten uns in Ruhe auf einen der Steine setzen und genießen.

Nach so viel Kraxelei haben wir uns jetzt eine Ruhepause auf einem ruhigen Platz, möglichst mit Bademöglichkeit, verdient. Sind Sie da nicht auch der gleichen Meinung? Also auf nach ST-ANTHÈME, einem Skiort im Winter, der auch im Sommer nicht zu verachten ist.

Wir fahren wieder auf die Hauptstraße und zurück zu „unserer" großen Kreuzung. Diese überqueren wir, und es geht geradeaus – vorbei an einigen Villen und Gehöften – wieder einmal durch den Wald. Einen flüchtigen Blick abermals auf Fingerhut, Farn und Heidelbeersträucher werfend, frage ich mich, ob es noch höher hinaus gehen kann oder ob wir bald den Himmel erreicht haben. Antwort: Es geht! An einer Abzweigung mitten in der Kurve nehmen Sie bitte links die D 67, auf der Sie dann bleiben. Es folgt eine enge Ortsdurchfahrt durch St-Anthème. Wir halten uns links. Am Place de la Halle – dem Platz, wo die Kirche steht – fahren Sie nach rechts Richtung Ambert. Übrigens, diese Straßenbeschilderung finden Sie direkt an der Hauswand. Wenn Sie diese Richtung beibehalten, befinden Sie sich letztendlich auf der D 996. Am Ende des Ortes steht ein Hinweis auf Camping- und Stellplatz. Hier biegen wir links ab. Im Prinzip stoßen Sie nun direkt mit dem Womo auf die beiden Übernachtungsmöglichkeiten.

(081) WOMO-Badeplatz: St-Anthème

GPS: N 45° 31' 24.2" E 3° 54' 54.2" (kein Straßenname)
max. WOMOs: > 20 geringe Gebühr
Ausstattung / Lage: Ver- und Entsorgung, Mülleimer / ruhige Lage am Ortsrand
Zufahrt: Wie im Text beschrieben
Sonstiges: Bade- und Angelmöglichkeit, kein Strom, Wasser kostenlos

(C18) WOMO-Campingplatz-Tipp: Camping Le Rambaud**

GPS: N 45° 31' 22.1" E 3° 54' 53.2" Lieu-dit Rambaud
Öffnungszeiten: 18. 04. - 31. 10.
Ausstattung / Lage: Ver- und Entsorgung, schattig, Spielplatz, / Ortsnähe / 200 m bis zum See und zum Fluss
Zufahrt: Wie zum Stellplatz

Als wir im Sommer dort ankamen, war der Stellplatz wegen eines vorangegangenen Festes mit Gittern abgesperrt. Ich stand etwas ratlos rum und wollte mir die Sache mal genauer betrachten, als ein netter Franzose auf mich zukam und meinte, ich könne ruhig auf den Platz fahren. Aber dabei beließ er es nicht: Er forderte mich auf, ihm zu folgen, um mir – wie er sagte – „die Bibel der französischen Camingcaristen“ zu zeigen. Ich gehorchte, und er brachte mich zu anderen Wohnmobilfahrern, die alle den gleichen Aufkleber auf ihrem Fahrzeug hatten. Dieses Forum kenne ich. Allerdings benötigt man dafür Internetanschluss – der zurzeit in Frankreich für uns Ausländer noch recht teuer ist – sowie Französischkenntnisse. Als ich den Herren mitteilte, dass ich diese Informationsquelle auch bereits nutze, strahlten sie, und ich war wohl in ihrer Achtung gestiegen. Ich hatte das Gefühl, dass sie mich in den nächsten Tagen besonders freundlich grüßten. Eine Deutsche, die selber Wohnmobil fährt und dieses Forum kennt, wer von ihnen hätte das gedacht?

Sie haben nun die Möglichkeit, hier ein paar erholsame Tage mit Baden im unmittelbar angrenzenden Badesee, mit Angeln, mit einer Ortsbesichtigung des kleinen aber dennoch

Baden im Skigebiet – Wenn's Wetter stimmt!

interessanten Ortes oder aber mit Ausflügen in die Umgebung – beispielsweise in die Skigebiete – zu verbringen. Einer der Ausflüge sollte Sie dort hinbringen, wo ich jetzt mit Ihnen hinfahren möchte. Unser Ziel liegt direkt an der D 996 auf dem Weg nach AMBERT, unserem nächsten Aufenthaltsort. Es handelt sich dabei um den COL DES PRADEAUX.

Das Tor zur Auvergne in schwindelnder Höhe

Dazu fahre ich wieder auf die Hauptstraße, von wo ich gekommen bin, biege links ab und halte mich immer auf der D 996 Richtung AMBERT. So komme ich automatisch zum COL DES PRADEAUX, der auch PORT D'AUVERGNE genannt wird. Die gut ausgebaute Straße steigt auf 1196 m an. Direkt auf dem

(082) WOMO-Stellplatz: Col des Pradeaux

GPS: N 45° 31' 33.9"
E 3° 50' 50.4"
(kein Straßenname)
max. WOMOs: 4 - 5
Gebührenfrei
Ausstattung / Lage: keine / außerorts, nachts ruhig
Zufahrt: direkt an der D 996
Sonstiges: Bade- und Angelmöglichkeit

Pass biegen Sie vor dem Café / Restaurant rechts rein. Hier können Sie Ihr Wohnmobil abstellen. Es ist ein schöner Picknick- wie auch Wanderplatz. Eine Übernachtung ist ebenfalls denkbar. Zunächst einmal sollte man diesen herrlichen Blick genießen, dann steht eine etwa 1 - 1 ½ stündige Wanderung zur *Barrage des Pradeaux* an. Gemeint sind übrigens Hin- und Rückweg! Wer dieses scheut und nicht viel Wert auf unversehrten Lack legt sowie einen eigenen Sponsor für Reifen hat, der kann diesen Weg durchaus auch weiter fahren, um dann gut durchgeschüttelt auf dem Parkplatz vor dem See zu stehen. Ich bevorzuge das Wandern, zumal ich mir eine herrliche Landschaft sowie die Begegnung mit einigen Tieren verspreche. Und ich werde nicht enttäuscht. Wieder einmal entde-

...still und starr ruht der See

cken wir eine Schlange, doch leider eine – trotz Erste-Hilfe-Maßnahmen unsererseits – ziemlich tote. Hatte wohl die Verkehrsregel rechts vor links nicht beachtet!? Auch einige Eidechsen sowie zahlreiche Vögel und Heuschrecken begleiteten uns neben vielen Blumen unseres Weges. Im See selber soll man Forellen angeln können. Wir verzichteten diesmal auf das Abendbrot.

Genug des Höhenrausches, zurück auf den Boden der Tatsachen, sprich in die „Tiefen" der AUVERGNE, geht es nun weiter Richtung AMBERT. Ich klemme mich hinters Steuer, um den dortigen Stellplatz aufzusuchen, den die französische „Wohnmobil-Bibel" uns versprach.

AMBERT selber war im Mittelalter bekannt für seine Papiermühlen sowie für die Herstellung von Rosenkränzen. Heute ist es ein teils geschichtsträchtiger, teils moderner Ort. Beson-

(083) WOMO-Stellplatz: Ambert

GPS: N 45° 32' 54.1" E 3° 44' 08.3"
Esplanade Robert Lacroix
max. WOMOs: > 5
Gebührenfrei
Ausstattung / Lage: keine / ruhig, am Ortsrand gelegen
Zufahrt: Wie im Text beschrieben
Sonstiges: Direkt an einem Freizeitpark sowie am Panoramazug-Bahnhof gelegen

ders das kreisrunde Rathaus mit umlaufenden Arkaden, welches ursprünglich eine Kornhalle werden sollte, sowie die im Stil der Spätgotik gestaltete Kathedrale mit beeindruckenden Wand- und Deckenmalereien, stechen dem Besucher ins Auge. Das erste Gebäude finden Sie, wenn Sie direkt an der Hauptstraße – am Boulevard Henri IV. – zum Place de l'Hôtel de Ville gehen. Die Église St-Jean ist aufgrund ihrer Größe nicht zu verfehlen.

Für den Stellplatz richten Sie sich wieder nach dem Hinweis „Plan d'Eau". Das bedeutet, wir fahren zunächst Richtung Le Puy und biegen dann links zum Bahnhof – la gare – ab, um in einer 30er Zone zu landen. Hier steht ein Parkverbotsschild für Fahrzeuge über 3,5 t. Was das nun wieder soll, weiß keiner, denn zum einen wurde mir im Touristenbüro dieser Platz für die Wohnmobile genannt, und zum anderen sieht die Straße mit den Parkplätzen recht groß und stabil aus. Also, selbst wenn Sie eines der Giganten unter den Womos haben: Fahren Sie rein in die Esplanade Robert Lacroix. Übri-

Frosch(schenkel), wohin das Auge schaut ...

gens: Hier fährt auch der Panoramazug ab, der AMBERT mit LA CHAISE-DIEU verbindet. Und nun das versprochene Bad sowie die Bewegung und Erholung. Alles zusammen können Sie im gegenüberliegenden Freizeitpark haben, wo sich zahlreiche Menschen und Frösche tummeln.

Um weiterzufahren, biege ich auf der Vorfahrtsstraße rechts ab – ja, Sie haben richtig gelesen, wir müssen wieder ein kleines Stück durch AMBERT durch. Kurz vor der Kirche geht es dann nach links, dort, wo uns der Wegweiser Richtung VICHY / THIERS auf die D 906 schickt. Diese Straße, auf der wir nach einigen Tagen Abstinenz auch wieder Womos treffen, wird uns nun eine Zeitlang begleiten. Eigentlich wollten wir in OLLIERGUES einen Stell- oder Campingplatz suchen, aber uns wurde gesagt, dass es keinen mehr gäbe. Vor Ort konnten wir auch nichts dergleichen ausmachen. Sollten Sie Lust und Zeit verspüren, parken Sie am Platz direkt an der Hauptstraße und schlendern Sie ein klein wenig durch diesen idyllischen, verschlafenen Ort. Er hat seinen eigenen Charme. Unser Ziel ist jedoch COURPIÈRE, um von dort aus zum *Lac d'Aubusson-d'Auvergne* zu gelangen.

Wir stehen im Sommer 2010 wieder einmal unverhofft vor der vollendeten Tatsache: Déviation. Über die D 314 und anschließend die D 42 geht es anhand einer schlechten Ausschilderung wieder auf die „Normalstraße". Bleiben Sie gleich wo Sie sind. Sollten Sie Abwechslung benötigen, so wandeln Sie auf meinen zuvor beschriebenen Déviation-Spuren. Wieder auf der Hauptstrecke, nehmen wir– nach starkem Gefälle sowie dem Ende der breiten Straße – am Rondell die 2. Abfahrt auf die D 41, die später zur D 45 wird. Über eine kleine Straße nähern wir uns dem *Lac d'Aubusson*. Fahren Sie zu passender Zeit ruhig rechts rein, auch wenn's eng wird, es kommt Ihnen – normalerweise – niemand entgegen, denn es ist eine Einbahnstraße. Auf dem großen Parkplatz habe ich die Qual der Wahl, mich zu platzieren, obwohl reger Badebetrieb herrscht. Abkassiert wurde am nächsten Morgen, be-

(084) WOMO-Stellplatz: Aubusson d'Auvergne

GPS: N 45° 45' 13.7" E 3° 36' 39.1" (kein Straßenname)

max. WOMOs: > 20

mittlere Gebühr

Ausstattung / Lage: Ver- und Entsorgung, Toiletten in der Nähe, Müllleimer, Wertstoff-Behälter, Tische und Bänke / ruhig außerorts

Zufahrt: Wie im Text beschrieben

Sonstiges: Bade- und Angelmöglichkeit, kein Strom, Wasser im Stellplatzpreis enthalten

ziehungsweise, wir hatten einen Zettel an die Scheibe geklemmt bekommen, auf dem um Bezahlung gebeten wurde. Die „Zahlstelle“ zu finden war allerdings ein klein wenig kompliziert. Vielleicht hat sich das aber schon geändert, wenn Sie dieses Buch in Händen halten, denn es befand sich gerade ein Gebäude am Eingang des Seegeländes in Bau, dessen Zweck ich nicht ausfindig machen konnte.

Nun sind sicherlich auch bei Ihnen wieder ein paar Tage der puren Erholung angesagt. Hier lässt es sich herrlich wandern, angeln, relaxen und baden. Übrigens ist der Badestrand überwacht und für Kinder besonders geeignet. Aber bitte vorher genügend Vorräte hamstern, denn zum Einkaufen kommen Sie hier weit und breit nicht!

Rund um den 28 Hektar großen See führen verschiedene – zumeist schattige – Wanderwege, die sehr gut beschrieben sind. Gönnen Sie sich und uns ein wenig Ruhe und Fitness, lassen Sie uns gemeinsam die dortige Tierwelt sowie das Freizeitverhalten der Franzosen beobachten. Ich war wieder einmal beeindruckt, wie gut Jung und Alt in Frankreich zu leben wissen: Überall wurde an eigens dazu ausgewiesenen Plätzen gegrillt, es wurde gegessen und getrunken, gespielt und geruht. Ein Spaziergang in den Ort lohnt nicht wirklich.

Völlig ausgeruht geht es ein paar Tage später nach rechts durch die sehr, sehr enge Ortsdurchfahrt. Breitere Womos müssen eventuell ihre Spiegel einklappen. Am Ende der Vorfahrtsstraße biegen Sie nach links ab, um sich an der großen Kreuzung dann zu entscheiden, ob Sie die Strecke für größere Fahrzeuge oder die andere mit einer limitierten Höhe von 3,60 m nehmen. Meine Wahl fällt auf die erste, mir bekannte Route, und so biege ich nach links auf die D 45. Am Rondell geht es schließlich die 1. Abfahrt ab zur D 906 Richtung VICHY.

(085) WOMO-Stellplatz: Billom

GPS: N 45° 43' 15.7" E 3° 20' 42.4" — Rue des Fossés
max. WOMOs: 2 — Gebührenfrei
Ausstattung / Lage: keine / im Ort, neben einer Kirche
Zufahrt: Von der D 229 kommend am Kreisel die 2. Ausfahrt nehmend auf dieser Straße bleiben. Am nächsten Kreisel über die 3. Ausfahrt zur D 997 gelangen und über eine größere Abzweigung nach rechts hinaus fahren, um dann die 2. Querstraße nach rechts – die Rue des Fossés – zu nehmen. Hier bis zur Kirche vorfahren.

Dahin will ich Sie aber erst später entführen. Zunächst einmal nehmen wir am Ende von COURPIÈRE am Kreisel die 3. Ausfahrt nach BILLOM auf die D 223. Ein paar Kilometer später wechseln Sie bitte auf die D 212, wo es nur noch 13 Kilometer bis zum Ziel sind. Ach ja, um die Verwirrung noch perfekt zu machen: Irgendwann landen Sie unbemerkt auf der D 229. Aber keine Angst, glauben Sie mir: alles hier ist sehr gut beschildert. Und so landen wir auch bald in BILLOM.

Einen offiziellen Stellplatz in BILLOM werden Sie nicht finden, und auch der, den ich Ihnen oben beschrieben habe, wird Sie nicht vom Hocker reißen. Er wurde uns vom Touristenbüro als Möglichkeit genannt. Ist er auch nicht besonders schön, so ist BILLOM – eine der ältesten Städte der AUVERGNE – umso schöner. Daher folgen Sie mir zu einem Stadtrundgang. Bequemes Schuhwerk und Kamera sind hierbei Pflicht! Zunächst gehen wir von der aus dem 14. / 15. Jahrhundert stammenden Kirche Saint-Loup, vor der wir stehen, den Kirchhof überquerend immer geradeaus, am Hospital vorbei, in Richtung „Ville Close“ oder „Quartier médiéval“. Halten Sie sich dabei eher ein wenig links denn rechts. Um in diesen

mittelalterlichen Stadtteil zu gelangen, wo die Zeit still zu stehen scheint, müssen Sie zunächst das Gelehrten- sowie das Marktviertel passieren. Schon bald entdecken wir die ersten wunderschönen Fachwerkhäuser. Die Gassen werden enger und heimeliger. Die Rue de l'Etezon lässt mich bereits Raum und Zeit vergessen. Achten Sie hier sowie in den anderen Gässchen auf die verschiedenen Details an den Häusern. Neben zahlreichen Figuren werden Sie interessante Schriftzü-

ge sowie andere „Merkwürdigkeiten“ längst vergangener Zeiten bemerken. Die gotische, dreischiffige Stiftskirche St-Cerneuf mit der romanischen Krypta blieb mir leider in ihrem Inneren verborgen, da bis in den Sommer 2010 hinein Renovierungsarbeiten statt fanden.

Überhaupt befand sich ein Großteil des Quartier médiéval im Renovierungsrausch.

Nach der Kirchenumrundung und einem staunenden Blick auf den daneben stehenden Justizpalast, folgen Sie mir nun durch eine weitere wunderschöne Gasse – durch die Rue des Boucheries. Keine Angst, Sie werden sie finden, auch ohne detaillierte Wegebeschreibung. Hier in diesem Fleischer-Quartier stießen wir auf „merkwürdige“ Haken an den Häusern. Diese dienten in der damaligen Zeit keineswegs zum Blumen Aufhängen oder zum Wäsche Lüften. Nein! Hier hingen doch tatsächlich die toten Tiere! ... und Felle. Was mag es da wohl gestunken haben, als all die Häute und Fleischstücke dort baumelten!?

Ach, übrigens, sollte es Ihnen auch heute noch stinken, so liegt es keineswegs an Ihren Mitfahrern oder – hoffentlich – an unserer Reisebeschreibung, sondern vielmehr an der Tatsache, dass BILLOM dafür bekannt ist, dass hier rundherum ein besonders schmackhafter Knoblauch angebaut wird.

Zurück in unser Jahrhundert, fahren wir wieder auf die Hauptstraße, um dort links abzubiegen und die 2. Ausfahrt am Kreisel – die D 997B nach PONT-DU-CHÂTEAU – zu nehmen. Am STOP-Schild setzen Sie den Blinker nach links und begeben sich auf die D 997.

Vorbei an Sonnenblumen-, Mais- und Getreidefeldern ging es im Sommer auf einer gut ausgebauten Straße bis zum nächsten Rondell, wo ich die 2. Ausfahrt nahm. Beim nächs-

ten Kreisverkehr ging es abermals die 2. Ausfahrt raus, wo wir in Richtung CLERMONT-FERRAND fuhren.

Jetzt kann ja nichts mehr schief gehen, dachte ich, ich bin auf der richtigen Straße. Denkste! Vor mir taucht ein Schild „route barrée" auf. Was nun? Keine Déviation? Die Fahrzeuge vor mir fahren alle weiter. Ich also auch. Plötzlich stehe ich vor einem gesperrten Bahnübergang. Keine Umleitungsbeschilderung, nichts. Gut, dass ich Französisch spreche. Ich lasse mein Womo mitten auf der Straße stehen – kann ja eh keiner vorbei –, steige aus und begebe mich in die gegenüberliegende Bar. Da kommt gerade ein Monsieur herein, bei dem ich mich nach dem Weg erkundige. Er lacht und versucht, mir den Weg zu beschreiben. Als ich sage, ich habe ein Wohnmobil, ändert er die Route, erklärt und erklärt und erklärt. Nach der 3. Information hatte ich bereits wieder die 1. vergessen. Er sah es mir scheinbar an und fragte mich, ob ich ein paar Minuten Zeit habe. „Oui, naturellement!" Und so kam es, dass er schnell noch etwas erledigte, um dann über eine Art Feldweg vor mir herzurasen. An der nächsten großen Kreuzung hielt er an, stieg aus und erklärte mir, dass ich nun nach rechts abbiegen müsse, um auf die richtige Straße zu kommen. Hinter mir warteten derweil geduldig mehrere Pkws. Und keiner schimpfte! Das ist eben Frankreich! Merci! Über die D 4 erreiche ich so die geplante D 2089.

TOUR 12 (162 km)

Pont-du-Château – Châtel-Guyon – Riom – Thiers – Vichy

Übernachtung:	Pont-du-Château, Châtel-Guyon, Riom, St-Bonnet-près-Riom, Thiers, St-Rémy-sur-Durolle, Bellerive-sur-Allier
Campingplätze:	ILOA, Camping de la Croix St Martin
Baden:	Pont-du-Château, St-Rémy-sur-Durolle
Besichtigen:	Châtel-Guyon, Riom, Thiers, Château de Busset, St-Yorre, Vichy
Wandern:	Base de Loisirs ILOA
Markt:	Pont-du-Château (Do.), Riom (Sa.), St-Rémy (So.), Vichy (Di.)

Begleiten Sie mich nun auf eine sehr lange und interessante Tour. Ich hoffe, Sie warten noch auf mich vor der Brücke in PONT-DU-CHÂTEAU? Sollten Sie zwischenzeitlich herausgefunden haben, dass es hier Campingplätze gibt, obwohl ich nichts davon schreibe, so sei Ihnen gesagt, dass es ganz in meiner Absicht lag, diese nicht zu erwähnen. Ja, es gibt 2 Camping-

Pont-du-Château, die Brücke des Schlosses

plätze etwas außerhalb, aber beide kann ich nicht weiterempfehlen. Der eine hat eine limitierte Einfahrtshöhe von 2,85 m – was für ein (Alkoven-)Wohnmobil nun gar nicht geht –, an der Rezeption des anderen wurde mir gleich im 1. Satz gesagt, dass Hunde nicht erlaubt seien, ehe man meine Julie überhaupt sah. Ich habe aber zwei wunderschöne Stellplätze für Sie – und natürlich für uns – ausfindig gemacht. Also kommen Sie mit mir über die Brücke, um gleich nach links zur Base Nautique sowie zur Gendarmerie abzubiegen. Dieser Weg ist allerdings nur für Fahrzeuge unter 3,5 t sowie für wagemutige Womo-Fahrer geeignet, die gut fahren können.

(086) WOMO-Picknickplatz: Pont-du-Château I

GPS: N 45° 47' 48.0" E 3° 15' 01.6" Chemin des Vortilles
max. WOMOs: > 5 Gebührenfrei
Ausstattung / Lage: Mülleimer, Tische und Bänke / am Ortsrand, ruhig, direkt an der Allier
Zufahrt: Wie im Text beschrieben
Sonstiges: Bade- und Angelmöglichkeit – Nur für kleinere Womos

(087) WOMO-Badeplatz: Pont-du-Château II

GPS: N 45° 47' 44.1"
E 3° 15' 27.2"
Chemin de la Plage
max. WOMOs: > 5
Gebührenfrei
Ausstattung / Lage: Mülleimer, Bänke / ruhige Lage, am Ortsrand gelegen
Zufahrt: Wie im Text beschrieben
Sonstiges: Angelmöglichkeit

Es geht nämlich auf engstem Wege, vorbei an unmöglich parkenden Autos, ziemlich steil bergab. Nur Mut! Es lohnt sich! Sollten Sie lieber auf Nummer sicher gehen wollen, so fahren Sie bereits VOR der Brücke nach links ab zum Parc d'activité du Chambon, um gleich wieder rechts runter zum Ufer der *Allier* zu gelangen.

Den Ort selber können Sie sicherlich vom ersten Platz aus ein klein wenig schneller erreichen, aber auch anders ist es keine Tageswanderung. Hinter der Brücke halten Sie sich dazu links.

PONT-DU-CHÂTEAU ist überschaubar, und ich denke, dass Sie die wenigen wirklichen Sehenswürdigkeiten selber finden. Doch ehe wir uns dorthin begeben, bleiben wir eine Weile auf der Brücke stehen, um von hier aus den herrlichen Blick zu genießen. Sie sehen nichts Besonderes? Dann befinden Sie sich auf der falschen Brückenseite: Sie müssen vom 2. Stellplatz aus gesehen nach links gehen und auch nach links schauen!

Im Stadtzentrum sollten Sie sich die aus unterschiedlichen Epochen stammenden Häuser betrachten. Hierbei stechen in erster Linie Fachwerkbauten ins Auge. Das Château, welches 1580 in Brand geriet und im 17. Jahrhundert umgebaut wurde, ist mit seiner herrlichen Außenfassade ein lohnendes Fotomotiv. Heute beherbergt es das Rathaus. Wenn Sie noch Lust und Zeit haben, statten Sie den beiden Kirchen einen Besuch ab. Die eine liegt nahe dem Rond Point – dem Kreisverkehr – unten an der Hauptstraße, die andere befindet sich hinter dem Château.

Le château, heute la mairie – das Rathaus

Nun aber weiter! Dazu fahren wir am Kreisel nach der Brücke geradeaus die 2. Ausfahrt ab – auf die D 1093 Richtung VICHY. Hiermit widerspreche ich wieder massiv meinem Navi, aber das ist es ja längst von mir gewohnt. Dennoch fordert es mich penetrant auf: „Kehren Sie, wenn möglich, um!“ Tue ich aber nicht! Vielmehr wechsele ich am übernächsten Rondell auf die D 6 Richtung RIOM. Bleiben Sie bloß in CORMÈDE am Kreisverkehr auf der D 6 und lassen Sie sich nicht auf Diskussionen mit Ihrem Navi ein! Auch wenn die Grobrichtung RIOM ist, so werden Sie erkennen müssen, dass dieses nicht immer auf den Hinweisschildern steht. Halten Sie sich an die Wegweiser LUSSAT und BEAUZIRE. An einem weiteren Rondell wechselt die Straße, und wir fahren auf der D 420 nach MÉNÉTROL weiter. Dort bitte nicht zum Zentrum sondern am Ende der Vorfahrtsstraße nach links abbiegen – auf die D 78, wo endlich wieder RIOM auf den Schildern steht. Sie kommen auf die D 2009, mit der wir bereits Bekanntschaft gemacht hatten.

Wundern Sie sich nicht, wenn Sie plötzlich auf einer autobahnähnlichen 4-spurigen Straße sind. Die Route stimmt! Am Ende dieser Ausbaustrecke fahren Sie nach „Toutes Directions“, ein Reiseziel, das wir häufig in Frankreich antreffen. Am großen Kreisel nehme ich die 4. Ausfahrt, um auf der D 227 nach CHÂTEL-GUYON zu gelangen. Übrigens ist CHÂTEL-GUYON identisch mit CHÂTELGUYON! Die Franzosen benutzen beide Schreibweisen nebeneinander. Na ja, die Umstellung nach der Rechtschreibreform dauert eben auch dort so seine Zeit.

Hier im Thermalkurort, wo einst berühmte Kurgäste wie der Schriftsteller Guy de Maupassant weilten, findet heute noch die Behandlung von Darm- und Lebererkrankungen statt. Auch rheumatischen Beschwerden sowie dem Stress werden der Garaus gemacht. Wegen seiner extrem magnesiumreichen Quellen nennt man CHÂTEL-GUYON auch la Cité de Magnesi-

Roter Stein – klares Wasser

(088) WOMO-Stellplatz: Châtel-Guyon I

GPS: N 45° 55' 01.5" E 3° 03' 25.9" Avenue de Russie
max. WOMOs: > 5 Gebührenfrei
Ausstattung / Lage: Mülleimer / am Ortsrand, ruhig
Zufahrt: Von der D 227 auf die D 985, an der großen Kreuzung links auf den Boulevard Desaix, weiter geradeaus, wird dann zur Rue du Lac. Durchfahren bis zum großen Kreisel, dann die 1. rechts ab in die Avenue de Russie (D 15). Der Stellplatz liegt linkerhand.

(089) WOMO-Stellplatz: Châtel-Guyon II

GPS: N 45° 55' 23.2"
E 3° 03' 57.4" Avenue de Général de Gaulle
max. WOMOs: 6 - 7 mittlere Gebühr
Ausstattung / Lage: Ver- und Entsorgung, Toiletten in der Nähe, Mülleimer, Stadtplan / im Ort
Zufahrt: Von Stellplatz I weiterfahrend in die Rue de Brocqueville. An der großen Kreuzung geradeaus in die Avenue de Belgique. Am großen Rondell die 1. Ausfahrt rechts (Rue Roger Coulon) und an der nächsten großen Kreuzung abermals rechts in die Av. de Général de Gaulle. Nun links abbiegen. Vor der Gendarmerie ist der Stellplatz.

um, die Magnesium-Stadt. Das Magnesiumvorkommen können Sie übrigens daran erkennen, dass einige Steine rot gefärbt sind, über die das Wasser fließt.

CHÂTEL-GUYON ist eine sehr wohnmobilfreundliche Stadt, denn es finden sich dort gleich 2 Campingplätze sowie 2 Stell-

Kunst oder Illusion?

plätze. Ein 3. Stellplatz soll laut Touristenbüro im nächsten Jahr fertig sein. Wir haben uns beide Stellplätze angesehen, die jeweils nahe zum Stadtzentrum liegen und somit die Ortsbesichtigung ein wenig vereinfachen. Wirklich empfehlen kann man beide nicht so recht: Der erste (kostenlose) in der Avenue de Russie ist – um es milde auszudrücken – potthässlich, der zweite – gegenüber der Polizeistation – ist wegen seiner Nachbarschaft extrem sicher aber räumlich betrachtet recht eng sowie gebührenpflichtig. Wir haben uns für die Nähe zur Gendarmerie entschieden. Tipp: Sehen Sie zu, dass Sie zu früher Stunde ankommen, um dort noch einen Platz zu ergattern.

Folgen Sie mir nun unauffällig an der Polizeiwache vorbei, durch die angrenzende Rue des Remparts bis zur Église St-Anne sowie dem dahinter liegenden Calvaire. Bei klarem Wetter haben Sie vom Kalvarienberg aus eine schöne Fernsicht.

Die Kirche wurde 1845 erbaut und 1956 renoviert. Ich war hin- und hergerissen von den beinahe 1000 qm Fresken, die der in Estland gebürtige Maler Nicolas Greschny im Jahre der Renovierung malte. Sie erzählen die Biblische Geschichte in atemberaubender Weise. Man kann übrigens das Kircheninnere von Hand illuminieren und erhält so eine bessere Sicht sowie eine dem Anlass gerechtere Stimmung. Während einem meiner Besuche erklärte eine französische Mama ihrem etwa 6-jährigen Kind die einzelnen Bilder. Die wie Musik klingende Sprache, die Fresken, die Beleuchtung, all das versetzte mich in eine merkwürdige, ruhige Stimmung.

Eine der „brachliegenden“ Trinkhallen

Lassen Sie uns noch ein klein wenig in der Historie CHÂTEL-GUYONS weitergehen. Den Calvair im „linken“ Rücken, die Kirche direkt im Genick und die Polizei vor sich, gehen Sie mit mir nach links, um in die Rue Guy de Maupassant zu kommen. Zahlreiche architektonisch sowie künstlerisch interessante Häuser begleiten uns auf dem Weg zum Kurzentrum, wohin Sie – über die Rue Fenelon und anschließend die Avenue Général de Gaulle nach links gehend – gelangen. Bald schon entdecken wir das imposante Gebäude des Casinos sowie den Kurpark. Leider macht der – einst in Blüte stehende – Park einen eher desolaten Eindruck. Zahlreiche Trinkhallen bleiben geschlossen, die Halles des Sources sind nur zu bestimmten Zeiten zugänglich, und das Gebäude der Grands Thermes –

Trinkhalle außerhalb der Öffnungszeiten

das im Stil der Belle Époque mit Kapitellen, Stuckgewölbe, Marmorsäulen sowie doppelläufiger Treppe imponiert – hat lediglich Sonntags für 3 Stunden geöffnet. Also setze ich mich in ein Café und träume von vergangenen,großen Zeiten. Merkwürdigerweise waren die Preise im Café dieses Kurbades nicht nur erschwinglich sondern vollkommen zivil.

Bald heißt es von CHÂTEL-GUYON Abschied nehmen. Wir fahren vom Stellplatz rechts runter, um gleich nach links Richtung MOZAC abzubiegen. Danach gibt es – mir wird bald schwindlig ob so vieler Kreisel – wieder einmal zwei Rondells. Am ersten nehmen wir die 1. Ausfahrt, am darauf folgenden die 2. Ist doch leicht zu merken, oder!? Wir befinden uns nun auf der D 227 Richtung RIOM, unserem nächsten Ziel.

In RIOM, der Stadt mit dem ursprünglich gallo-romanischen Namen RICOMAGNUM – was soviel wie „reiche Stadt" bedeutet –, fahren Sie bitte am 1. Kreisel NICHT Richtung Zentrum sondern nehmen die 3. Ausfahrt auf die D 446 Richtung MOULINS und Autobahn. Und wieder ein Kreisverkehr! Hier ist die 1. Ausfahrt – zur D 2029 – Richtung centre historique unser Weg. Ab jetzt begleitet uns ein Womo-Symbol. Aufatmen! Wir befinden uns also auf dem rechten Weg! Bleiben Sie weiterhin auf dieser Straße. An der 2. Ampel – zur Abwechslung mal eine der seltenen Lichtsignale – geht es Richtung A 71 nach links. Hier finden wir ein „schüchternes" Hinweisschild mit dem Vermerk „Aire de Camping-car". Es geht nun immer geradeaus – rechts neben uns eine hohe Mauer – und rein in die 30er Zone. Oben am Berg entdecken wir abermals das Campingcar-Schild. Dieses dirigiert uns nach links (ebenso wie diejenigen, die die Autobahn suchen). Wir überqueren eine Eisenbahnbrücke, und schon sehen Sie vor sich den sehr sauberen, kleinen, wahrscheinlich meistens belegten und sicherlich nicht extrem ruhigen Stellplatz. Geschafft!

Wir hatten jedes Mal Glück und fanden einen Platz. Ich denke, man darf nur nicht am späten Nachmittag oder abends ankommen. Von hier aus sind wir in knapp 10 Minuten zu Fuß im historischen Zentrum der Stadt, indem wir die Eisenbahn-

(090) WOMO-Stellplatz: Riom

GPS: N 45° 53' 40.7"
E 3° 07' 29.1"
Route d'Ennezat
max. WOMOs: 4
Gebührenfrei
Ausstattung / Lage: Ver- und Entsorgung, Mülleimer / am Ortsrand
Zufahrt: Wie im Text beschrieben
Sonstiges: 2 EUR für Wasser oder Strom

brücke überqueren und stets geradeaus laufen. Lassen Sie uns über die Rue Faubourg de la Bade in die Rue de l'Hôtel de Ville gehen, um dann ganz in der Nähe der zahlreichen Sehenswürdigkeiten zu sein. Zuerst sehen Sie das städtische Museum, das Musée Mandet, welches Sie als Kunstliebhaber besuchen sollten. Weiter in der gleichen Richtung erreichen wir das Rathaus mit seinem sehenswerten Innenhof. Hier gilt es, gleich 3 „Schätze" zu entdecken: 2 Werke des bekannten Bildhauers Auguste Rodin sowie eine Kopie des Briefes von Johanna von Orléans – besser bekannt als Jeanne d'Arc –, in dem sie 1429 die Bürger der Stadt um Kriegsgeräte bat. Aber Achtung: Sollten am Tag Ihres Besuches dort Trauungen vorgenommen werden, so ist kein Durchkommen.

Ziemlich am Ende des historischen Stadtteils befindet sich die Basilique St-Amable aus dem 12. - 18. Jahrhundert mit

Rätsel: Um welche der 4 Jahreszeiten handelt es sich?

dem Ballainvilliers-Brunnen aus dem Jahre 1764 davor. Letzterer zeigt vier Maskaronen – Halbplastiken –, die die 4 Jahreszeiten darstellen.

Wenn Sie auf Ihrem Rückweg rechts und links dieser größeren Straßenzüge einbiegen, so finden sich zahlreiche weitere interessante Gebäude und Brunnen. Wollen Sie mehr über die AUVERGNE erfahren, so rate ich dringend, dem Musée Régional d'AUVERGNE einen Besuch abzustatten. Sie finden es in der Rue Delille, in der Nähe des Musée Mandet. Exponate zu Handwerk und Landwirtschaft, Wohngewohnheiten sowie Trachten und vieles mehr bieten dem Betrachter einen guten und interessanten Einblick in die Vergangenheit der Region. Leider durfte ich – trotz Presseausweis – in den Innenräumen nicht fotografieren, sonst hätten Sie sich einen ersten Eindruck von der Schönheit dieser Ausstellung machen können.

Weitere Sehenswürdigkeiten RIOMS sind die Kirche Notre-Dame-de-Marthuret mit einer Kopie der Madonna mit Vogel aus dem 14. Jahrhundert sowie der 30 m hohe Tour de l'Horloge im Renaissancestil. Ihn kann man über 128 Stufen besteigen, um eine fantastische Aussicht zu genießen. Einen schönen Anblick bieten der Löwen- und der Adam-und-Eva-Brunnen sowie das berühmte Holzhaus aus dem 15. Jahrhundert, welches sich Bränden und Erdbeben zu widersetzen wusste. Sollten Sie an einem Samstag in RIOM verweilen, so nutzen Sie unbedingt die Gelegenheit, am Place de la Fédération über den malerischen Markt zu schlendern, der hier wöchentlich stattfindet.

Übrigens bietet RIOM sehbehinderten Besuchern einen besonderen Service: Zahlreiche Tastmodelle in Kirchen und Museen bringen diesen Menschen die Sehenswürdigkeiten ein wenig näher.

Wenn Sie keinen Übernachtungsplatz finden, so steht Ihnen in ST-BONNET-PRÈS-RIOM ein recht ruhiger, allerdings nicht schöner Ausweichplatz zur Verfügung. Dorthin kommen Sie über die D 2144. Von unserem Stellplatz aus kämen Sie die 1. Ausfahrt am Rondell nehmend auf die Rue du Moulin d'Eau, um kurz vor dem Ortsendeschild nach rechts auf die Avenue George Gershwin abzubiegen. Am Kreisverkehr – Orientierungspunkt: Etap Hôtel – nehmen wir dann die 3. Ausfahrt in die Rue Louis Armstrong. Hier befindet sich leider kein Richtungsweiser. Gleich sind Sie wieder auf der Hauptstrekke, der D 2009. Dort halten Sie sich Richtung RIOM – ja, Sie lesen richtig! – sowie Toutes Directions und nehmen am nächsten Kreisel die 3. Ausfahrt nach ST-BONNET-PRÈS-RIOM. Bis dorthin verlassen wir diese Straße nicht mehr.

(091) WOMO-Stellplatz: St-Bonnet-près-Riom

GPS: N 45° 55' 38.0" E 3° 06' 48.4" (kein Straßenname)
max. WOMOs: > 5
Gebührenfrei
Ausstattung / Lage: Ver- und Entsorgung / im Ort
Zufahrt: Wie im Text beschrieben
Sonstiges: Wasser und Strom kostenlos

Im Ort geht es gleich vor der Kirche links ab auf den Stellplatz. Man hat von hier aus zwar einen schönen Blick, aber weder der Platz noch der Ort halten, was die Prospekte versprechen.

Folgen Sie mir jetzt in die Messerstadt THIERS. Dazu biegen wir nach rechts ab auf die Vorfahrtsstraße Richtung CLERMONT-FERRAND. Dieses Grobziel gilt natürlich auch dann, wenn Sie direkt aus RIOM kommen. Am großen Kreisel gelangen wir abermals auf die D 2009. Etwas später nehmen wir die

D 224 um nach MARINGUES zu kommen. Um ENNEZAT zu umfahren führt uns das Navi kurzzeitig auf der D 210 weiter, am übernächsten Kreisel fahren wir aber wieder auf die D 224. Am Ortsanfang von MERINGUES, nehmen Sie am Rondell bitte die 3. Ausfahrt und begeben sich auf die D 1093, wo auch schon THIERS auf dem Straßenschild zu lesen ist. An den nächsten beiden Kreiseln geht es zunächst wieder ab auf die D 223, um hinter CREVANT-LAVEINE auf die D 224 zu kommen. Kompliziert!? Manchmal hilft da doch ein Navi! – Wir sind nun in PONT-DE-DORE, wo ich nach der Ampel dem grünen Schild zur D 2089 nach THIERS links abbiegend folge.

In THIERS bleiben Sie bitte stets auf dieser breiten Straße, die sich zunächst Avenue du Général de Gaulle / Avenue Léo Lagrange und letztendlich stark ansteigend und kurvenreich nach einem größeren Rondell Avenue des États-Unis nennt, aber stets die Nummerierung D 2089 trägt. Ziemlich am „Gipfel" finden Sie ein Hinweisschild auf einen Busparkplatz, dort fahren wir sehr scharf rechts runter, um sofort wieder nach rechts abzubiegen. Ich musste mit meinem knapp 6 m langen Womo vor- und zurückrangieren, damit ich um die Kurve kam, daher rate ich Ihnen – wenn Sie ein größeres Wohnmobil haben oder eine bequemere Einfahrt suchen – die nächste Straße zu nehmen. Hier fahren Sie in der Rue Antoine de Saint-Exupéry, an dem Messermuseum vorbei, geradeaus

(092) WOMO-Stellplatz: Thiers

GPS: N 45° 51' 25.3" E 3° 32' 37.9"
Rue Antoine de St-Exupéry
max. WOMOs: > 5
Gebührenfrei
Ausstattung / Lage: Mülleimer, Tische und Bänke / im Ort
Zufahrt: Wie im Text beschrieben

Blick ins Tal der Durolle

weiter bis zum gleichnamigen Place. Mehrere Hinweise an der Hauptstraße deuten Ihnen verschiedene Zielpunkte. Unter anderem steht dort „Espace Scène de Spectacle". Hier sind Sie richtig! Vom Place de Saint-Exupéry aus haben Sie nicht nur einen herrlichen Blick „nach unten", Sie können diesen auch zum Übernachten sowie als Ausgangspunkt für eine Stadterkundung nutzen.

Um die malerische Stadt zu erobern, müssen Sie sich ein wenig den Berg hinaufquälen, werden dann aber mit den Eindrükken einer fantastischen Altstadt belohnt. LE VIEUX THIERS, wie sich der historische Teil nennt, ist eine verwinkelte Altstadt mit zahlreichen restaurierten Fachwerkhäusern aus dem 15. - 17. Jahrhundert. Das berühmteste ist das Mai-

Thiers – die Stadt der Messer

Die erste Siedlung Thiers war keltischen Ursprungs und wurde 532 von den Franken zerstört. Nach dem Beginn des Wiederaufbaus – der am rechten Ufer der Durolle stattfand – entstand das, was heute im Altstadtviertel zu sehen ist. Der Ort zog sich stets weiter den Hang hinauf und stand in der Blüte seines Daseins mit Beginn der Messerschmiedekunst. Es wird erzählt, dass die Kreuzritter aus der Auvergne diese Handwerkskunst aus dem Orient mitgebracht hätten. Im 14. Jahrhundert ließen sich hier die ersten Messerschmiede nieder. Es war ein hartes Gewerbe, da man mit kaltem Wasser und in ungesunder Haltung arbeitete. Die Anzahl der diese Kunst ausübenden Menschen stieg bis ins Ende des 18. Jahrhunderts stetig. Noch heute leben rund 5000 Menschen von diesem Handwerk. Im Maison des Coutelliers können Sie unter anderem den Nachbau einer historischen Messerschmiede bewundern sowie im Musée de la Coutellerie – ganz in der Nähe unseres Parkplatzes in der Stadt – Filmvorführungen und andere interessante Dingen bestaunen.

Ein Geschäft nicht nur für Messerwerfer

son du Pirou mit seinen spitzen Giebeln, welches heute das Office de Tourisme beherbergt.

Lohnenswert ist übrigens nicht nur ein Blick „nach unten“ sondern auch der Besuch der unteren Stadtregion an der *Durolle,* wo es gilt, sich im Vallée des Usines – im Tal der Fabriken – sowie im Maison de l’Aventure Industrielle in die Blütezeit der Messerschmiedekunst zurückversetzen zu lassen. Sicherlich fallen Ihnen beim Stadtrundgang die vielen Coutelleries ins Auge, wo Sie die berühmten Messer käuflich erwerben können. Schauen Sie doch einmal daheim nach, vielleicht schlummert auch in Ihrer Küchenschublade ein Messer aus THIERS!?

Möchten Sie länger in dieser Gegend verweilen oder verspüren Sie Lust auf Ruhe und Natur, so rate ich Ihnen, sich mit mir zur Base de Loisirs ILOA zu begeben. Dazu müssen wir wieder den Berg hinunterfahren, von wo wir gekommen sind. Am großen Kreisel nehme ich die 3. Ausfahrt Richtung VICHY / Base ILOA. Beim nächsten Kreisverkehr fahren Sie – dort wo linkerhand Mc Donalds und Carrefour sind – mit mir auf die D 906. Nach einiger Zeit kommt das nächste Rondell, wo wir die 3. Ausfahrt Richtung Les Rives de THIERS nehmen. Sie kommen an einem Baugeschäft vorbei, fahren aber stets geradeaus. Den Hinweis „Moulin bleu“ passieren wir und bleiben auf der Vorfahrtsstraße. Dem Schild „Les Rives de THIERS“ folgend, biege ich endlich nach links ab. Wir sind da! Sie müssen sich nun entscheiden, ob Sie auf dem Campingplatz oder auf dem benachbarten Stellplatz stehen möchten. Der Campingplatz hat den Vorteil, dass Sie hier kostenlosen WLAN-

(C19) WOMO-Campingplatz-Tipp: Camping Municipal ILOA**

GPS: N 45° 52' 17.8" E 3° 29' 08.4" Chemin du Courty
Öffnungszeiten: Anfang Mai - Mitte September
Ausstattung / Lage: Versorgung, Entsorgung nur WC / in der Nachbarschaft zu einem Freizeitgelände
Zufahrt: Wie im Text beschrieben
E-Mail: campingmunicipal.thiers@orange.fr
Sonstiges: kostenloser Internetzugang sowie Angeln im See und Schwimmbadbesuch, keine Einkaufsmöglichkeit in der Nähe

(093) WOMO-Wanderparkplatz: Base de Loisirs ILOA

GPS: N 45° 52' 16.3" E 3° 29' 03.5" Chemin du Courty
max. WOMOs: > 10 Gebührenfrei
Ausstattung / Lage: Ver- und Entsorgung, Toiletten in der Nähe, Mülleimer, Wertstoff-Behälter, Tische und Bänke / außerorts, ruhig
Zufahrt: Wie im Text beschrieben
Sonstiges: Bade- und Angelmöglichkeit, 5 km von Thiers

WOMO-Wandertipp

Ein sehr einfacher und keineswegs anstrengender aber schöner Spaziergang ist der Weg rund um den See, der – je nach Schrittgeschwindigkeit – etwa eine halbe Stunde dauert.

Ein weiterer Weg führt uns durch das Feuchtgebiet, welches zahlreiche Pflanzen und viele Tiere entdecken lässt. Auch dieses ist ein Rundweg. Er beginnt, der Straße vom Camping- sowie vom Stellplatz aus nach links folgend, kurz vorm Freizeitzentrum und ist mit einer blauen Markierung ausgewiesen. Auf diesem etwa 5 Kilometer langen Wanderweg können wir Fischreiher, zahlreiche Frösche sowie Eidechsen und mit Glück auch eine Schlange beobachten; wir lauschen dem Gesang verschiedener Vögel und finden am Wegesrand neben jeder Menge Farn, Eschen und Erlen auch blühende Sumpfblumen sowie Brombeerbüsche. Einige Wegstrecken waren zugewuchert, und man kam sich vor wie im Dschungel. Mitten im Wald sahen wir – nein, weder Hänsel & Gretel noch die Hexe – Angler an einem der vielen kleinen fischreichen Seen mehr oder weniger erfolgreich Würmer baden.

Anschluss haben sowie ebenfalls ohne Gebühr das nahe gelegene Schwimmbad benutzen und im See kostenfrei angeln können. Der Stellplatz ist vollkommen gratis. In beiden Fällen haben Sie allerdings keine Möglichkeit, etwas einzukaufen. Der Weg zum nächsten Supermarkt führt über viele Kilometer nach Thiers. – Dafür laden Wander- und Spazierwege zum Verweilen ein.

Doch lassen Sie uns nun weiterfahren. Wir begeben uns dazu auf die Hauptstrecke, wo wir nach rechts abbiegen, um in das etwa 15 km entfernte St-Rémy-sur-Durolle zu gelangen. Am Kreisel fahren Sie auf der D 94 Richtung Thiers. Es geht mal wieder stetig bergauf. Am nächsten Rondell nehme ich die 1. Ausfahrt, die mich auf die D 400 Richtung Zentrum leitet. Und nun o Schreck: Ich entdecke ein Schild, das mir eine limitierte Höhe von 2,50 m signalisiert. Und das, wo mein Chausson ganze 3,20 m misst! Was nun? Die komplette Strecke wieder zurück? Ich sehe Sie jetzt schon vor meinem geistigen Auge fragen: „Warum hat sie uns dann überhaupt erst hierher gelotst?" Keine Angst! Ich bin einfach weitergefahren, in der Hoffnung, dass es noch irgendwo eine Lösung gibt. Tun Sie es auch! Vertrauen Sie mir! Es zweigt zwar keine andere Straße ab, aber es gibt auch keine derartig niedrig hängende „Decke"! Zwar kommt ein Durchlass, und ich taste mich vorsichtig hindurch, aber mein Alkoven bleibt ein Alkoven, und ich habe letztendlich doch kein Cabriolet! Wahrscheinlich waren 3,50 gemeint!? Übrigens sind wir wieder in Thiers, diesmal von einer anderen Seite kommend.

In der Ortsmitte biege ich nach links auf die D 2089 Richtung St-Ètienne / Lyon, um am Ortsende abermals den Blinker nach links zu setzen und auf der D 201 – einer kleinen, kurvenreichen und ansteigenden Straße, die die Nummerierung ändert und über die Autobahn führt – zu fahren. Bleiben Sie einfach bis St-Rémy auf der Vorfahrtsstraße, dann kann nichts schief gehen. An der Kirche biegen wir nach links ab zum Plan d'Eau, um am Ortsausgang rechts runter in eine 20er-Zone

(094) WOMO-Stellplatz: St-Rémy I

GPS: N 45° 53' 42.1" E 3° 35' 50.5" (kein Straßenname)
max. WOMOs: > 5 Gebührenfrei
Ausstattung / Lage: Ver- und Entsorgung / ruhig am Ortsrand
Zufahrt: Wie im Text beschrieben / unten am Berg links hoch
Sonstiges: Wasser und Strom kostenlos

(095) WOMO-Picknickplatz: St-Rémy II

GPS: N 45° 53' 35.0" E 3° 35' 56.6" (kein Straßenname)
max. WOMOs: > 5 Gebührenfrei
Ausstattung / Lage: Toiletten in der Nähe, Mülleimer / ruhig am Ortsrand in einer Freizeitanlage
Zufahrt: Wie im Text beschrieben
Sonstiges: Bade- und Angelmöglichkeit

zum See zu fahren. Hier können Sie baden, angeln, Rad fahren, spazieren gehen oder einfach nur genießen.

St-Rémy-sur-Durolle selber ist wieder ein recht überschaubarer Ort mit einer gotischen Kirche aus dem 15. Jahrhundert. Sonntags können Sie dort über einen kleinen Markt schlendern. Sollten Sie an diesem Tag ankommen, so geben Sie Acht, dass Sie bei der Ortsdurchfahrt nicht wie wir die Abfahrt verpassen.

Marktreiben in St-Rémy

Zur Weiterfahrt nehmen wir die mittlere Straße den Berg hoch. Oben ganz vorsichtig scharf rechts abbiegen! Die D 201 fahrend, befinde ich mich nun auf einer kurvenreichen, gut ausgebauten Strecke nach Palladuc. Dort biegen wir am Ortsende – die Straßennummerierung beibehaltend – nach rechts ab Richtung La Guillermie und Ferrières-sur-Sichon. Abermals hat der Straßenbau uns in dieser einsamen Gegend mit zahlreichen Kurven „beschenkt“. – Am Col de la Plantade – auf ca. 1000 m Höhe – wechselt die Straßennummer in die D 122. Wir befinden uns jetzt im Département d'*Allier*.

Tatsächlich sehe ich in La Guillermie einen Campingplatz sowie eine Bar an der Straße! Das heißt, hier gibt es Leben! Einiges deutet darauf hin, dass dort ein Skigebiet ist. Wie mag es wohl im Winter hier aussehen? Mir kommt es gerade so vor, als sei nun die Welt zu Ende. Kein Mensch fährt in meine Richtung – ein paar vereinzelte Autos „flüchten“ auf der entgegengesetzten Straßenseite. Kurz vor Ferrières-sur-Sichon entdecken wir ein Schild, das besagt, dass es von hier aus ca. 40 Minuten bis zur „Grotte des Fées“ sind. Wir fahren weiter.

Ich durchquere Ferrières und biege am Ende der Straße nach links auf die D 995 Richtung Arronnes ab. Kurz darauf machen wir – das Ziel Vichy nicht aus den Augen verlierend – einen kleinen Umweg von rund 20 km, indem wir nach links auf die D 121 Richtung St-Yorre – dem Ort, dem mein Lieblingswasser entstammt – abbiegen. Nach einer kleinen Brücke geht es bergauf. Schon bald erblicke ich das Château de Busset. Dieser Anblick beeindruckt mich dermaßen, dass ich mich entschließe, dort anzuhalten.

Wir fahren nach Busset rein und nehmen die Straße nach rechts zum Château sowie nach St-Yorre. Hier scheint die Zeit still zu stehen, mitten im Sommer hängen ein Weihnachtsmann an einer Fassade sowie die Weihnachts-

(096) WOMO-Stellplatz: Busset

GPS: N 46° 03' 45.8" E 3° 30' 38.1"
max. WOMOs: 2 - 3
Gebührenfrei
Ausstattung / Lage: - / im Ort direkt vorm Schloss
Zufahrt: Wie im Text beschrieben

beleuchtung in der Straße. Gegen Ortsende folgen wir dem Schild „Château“. Direkt davor finde ich einen Parkplatz. Keine Angst, auch mit größeren Wohnmobilen klappt es!

Am Eingang zum Schlosshof werde ich über alles Mögliche und Unmögliche freundlichst informiert. Als ich diese historische Stätte näher betrete, fällt mir sofort ein gut angezogener, sympathischer Mann auf, der sich im Gespräch mit einem Arbeiter befindet. So stellt man sich einen modernen Schlossherren vor! Mutig – oder ist es eher vorwitzig? – , spreche ich ihn an, um zu fragen, ob er der Besitzer sei. Er bejaht, und wir kommen ins Gespräch.

Wie im Märchen: Schlossbesitzer heute

Nach etlichen Sätzen meint er plötzlich: „Wir können auch deutsch miteinander reden." Beat Dutli – ein Schweizer – erzählt mir im Folgenden mehr über sein Schloss. Ferner zeigt er sich sehr interessiert am Womo-Leben und würde es befürworten, wenn die Gemeinde einen Stellplatz errichten könnte. – Im Innenhof des Schlosses wäre sicherlich genügend Platz, doch wie kommt man über die knapp bemessene Zugbrücke? Tja, im Mittelalter gab es eben noch keine Wohnmobile!

Das Château de Busset ist ein sehr gut erhaltenes Bauwerk, welches das Mittelalter mit der Renaissance verbindet. Vom 15. Jahrhundert bis Ende des 20. Jahrhunderts war es im Besitz der Bourbonen. Seit 1996 wurde es zweimal verkauft und befindet sich heute in den Händen einer Schweizer Familie, die einen Hotelbetrieb dort leitet sowie Aktien anbietet.

Laut Touristeninformation wurde mit dem Bau des Schlosses Ende des 13. Jahrhunderts durch Renaud de Vichy, einen Meister der Templer, begonnen. Beachtenswert sind die 4 Türme. Von der Spitze des quadratischen Orionturms aus – der die vier Himmelsrichtungen weist – beobachteten die damaligen Tempelritter gerne das Sternbild. Der Gefängnisturm befindet sich im hinteren Teil des Schlosses. Von der befestigten Mittelalterburg entwickelte sich das Gebäude nach 1530 zum gemütlichen Landsitz, als Philippe de Bourbon Busset Louisa Borgia, die Tochter von Cesare Borgia, ehelichte. Hierin ist auch der italienische Renaissancestil des Schlosses begründet. Allein die Tatsache, dass Henri IV. – künftiger König Frankreichs – 1589 zu Besuch kam, zeugt von der Wichtigkeit der Familie Bourbon, der die Provinz Bourbonnais den Namen zu verdanken hat. Selbst die Französische Revolution konnte dem Schloss nichts anhaben, da der damalige Besitzer – François Louis Joseph de Bourbone – als „Vater der Armen" galt und beim Volk sehr beliebt war.

Das Château de Busset ist nicht nur eines der bedeutendsten Schlösser der Auvergne sondern auch eines der beiden größten. Der hintere Teil des Schlosses wird geprägt vom Mittelalter, ein Hauptteil der Fassaden lassen das 16. Jahrhundert erkennen, alle Granitteile – wie etwa die Türme, die Zugbrücke sowie die Terrasse und die Kapelle – entstammen dem 19. Jahrhundert. Noch heute weist es als besondere Attraktion das Bett auf, in dem damals Henri IV. schlief. Alte Fresken aus dem 16. Jahrhundert, der Französische Garten – entstanden 1920 durch den Vater des kürzlich verstorbenen Comtes – und der Italienische Garten – mit Schwimmbad aus den Jahren 1963/64 – dominieren das heutige Schloss ebenso wie das exklusive Restaurant mit Hotelbetrieb. Besichtigungen, geführte Visiten, Konzerte und Expositionen stehen zur Verfügung. Näheres können Sie unter www.busset.com erfahren.

Doch trennen wir uns nun von soviel Luxus und biegen unten wieder nach rechts auf die D 12 ab, um zum rund 4,5 km entfernten ST-YORRE zu gelangen. Hier ist es keineswegs einfach, die versprochene Quelle zu finden, denn weder ein Schild noch eine gedruckte Touristeninformation weisen uns den Weg. Wir haben sie denn auch nicht gefunden, dafür aber zwei nicht weniger interessante Plätze.

Fahren Sie dazu mit mir an der Ampel nach links auf die D 906 Richtung THIERS. Nun geht es bis zum Kreisverkehr.

Dort nehmen wir die 1. Ausfahrt. Folgen Sie der Beschilderung bezüglich des Campingplatzes und bleiben Sie auf der Vorfahrtsstraße. Für den ersten Vorschlag biegen wir nach links und fahren über die Brücke nach ST-SYLVESTRE-PRAGOULIN. Dort stoßen Sie direkt auf eine Art Monument [GPS:N 46° 03' 37.7" E 3° 27' 30.0"], wo normalerweise das gute Quellwasser herausströmen sollte. Als wir da waren, passierte nichts dergleichen! Beim zweiten Ziel hatten wir wesentlich mehr Erfolg. Es liegt im Prinzip in der gleichen Richtung, nur biegen wir VOR der Brücke nach rechts ab, in die Avenue de la Source. Übrigens ist der Hinweis „Sources Boutillage" recht hilfreich. Nach einiger Zeit gelangen Sie an die Abfüllfabrik des köstlichen – etwas salzig schmeckenden – Mineralwassers. Wie ich können auch Sie sich kurz links auf den Parkplatz stellen, um ein paar Meter hinter der Fabrik – an der Hauptstraße gelegen – selber vom Geschmack zu überzeugen. Dort steht es Ihnen frei, kostenlos die Flasche oder das Glas abzufüllen [GPS: N 46° 04' 07.8" E 3° 27' 22.9", Avenue des Sources]. Das ist auch wieder etwas, was es bei uns so nicht gäbe. Hier würde man „richtig Geld" verlangen, um auch nur eine kleine Kostprobe zu erhaschen. Da in ST-YORRE selber das „wilde Stehen" untersagt ist, fahren wir zurück auf die D 906 Richtung VICHY.

Um sich diesen wunderschönen Ort VICHY anzusehen, stehen Ihnen mehrere Ausgangspunkte zur Verfügung. Zunächst einmal könnten Sie es sich auf dem Campingplatz „Camping de la Croix St Martin" in ABREST gemütlich machen, wo Sie an einem schönen Fleckchen der *Allier* stehen. Von hieraus sind es etwa 2 km bis VICHY.

Die zweite Möglichkeit befindet sich in BELLERIVE-SUR-ALLIER. Dazu müssen wir wenige Kilometer weiter und durch VICHY durch fahren. Direkt neben einigen Campingplätzen, die ich hier nicht extra nenne, ist ein recht komfortabler Platz.

(C20) WOMO-Campingplatz-Tipp:
Camping de la Croix St Martin***

GPS: N 46° 06' 29.8" E 3° 26' 24.8" Avenue des Graviers 99
Öffnungszeiten: Anfang April - Mitte September
Ausstattung / Lage: Ver- und Entsorgung, sehr schattig, Spielplatz, Pool, kostenloser WLAN-Anschluss / nächster Ort: 1 km.
Zufahrt: Durch den Ort, in die 30er Zone, wo es gegen Ende links ab auf den Campingplatz de la Croix-St-Martin geht. Hierzu müssen wir über eine Eisenbahnbrücke, rechts den Berg hinunter, die Eisenbahnschienen überqueren und am Sportplatz vorbei. Ca. 1 - 2 km weiter, gegenüber einem GEDIMAT nach links abbiegen. Ab hier ist es ausgeschildert.
E-Mail: camping-vichy@orange.fr
Internet: www.camping-vichy.com

(097) WOMO-Stellplatz: Bellerive-sur-Allier

GPS: N 46° 06' 55.3" E 3° 25' 50.0" Rue Eugénie Desgouttes
max. WOMOs: > 20 hohe Gebühr
Ausstattung / Lage: Ver- und Entsorgung, Strom, Toiletten, Mülleimer, Dusche, Waschmaschine, Brötchenservice / am Ortsrand, ruhig
Zufahrt: Nach Vichy kommend, weiter auf der N 209 entlang der Allier. Am Kreisverkehr die 3. Ausfahrt. Auf der Avenue de France bleiben und sich nach dem Wegweiser, der nach Clermont-Ferrand weist, richten. Über die große Allierbrücke und sofort links einordnen. Den Hinweisen bezüglich Z. A. für Zone Artisanale / Stade sowie dem Campingplatzzeichen folgen. Am 2. Rondell nach links indie Avenue de Général du Gaulle abbiegen, beim nächsten Rond Point abermals nach links. Nach einigen Metern kommt links abgehend die Rue de la Grange de Grain. Wenn Sie jetzt Gefahr laufen, aufs Wasser zu stoßen, biegen Sie nach rechts. Diese kleine, teils einspurig verlaufende Straße befahren Sie – einige Campingplätze neben sich lassend – bis zum Ende, wo sich rechterhand der Stellplatz befindet.
Sonstiges: Bade- und Angelmöglichkeit, Bootsüberfahrt nach Vichy möglich

Auch von hier aus erreichen Sie die Stadt in wenigen Minuten zu Fuß.

Der Stellplatz ist zwar – optisch gesehen – nicht gerade ein Reißer, aber ansonsten stimmen die meisten Faktoren. Er liegt ruhig und zentral, hat kostenlosen Strom sowie eine direkte Frischwasserzufuhr an den meisten der einzelnen Stellplätze. Eine Ver- und Entsorgungsstation ist vorhanden und ein netter, sehr gesprächiger Gardien dreht seine Runden. Hinzu kommt, dass im nebenan gelegenen Restaurant ein Brötchenservice vorhanden ist. Schwer beeindruckt hat mich die Tatsache, dass für uns Wohnmobilfahrer am Eingang in einem kleinen „Chalet" sowohl eine Waschmaschine zur freien Benutzung als auch eine Toilette sowie eine Dusche untergebracht waren. Ach übrigens an alle Wellness-Fans: Die Dusche ist regulierbar bezüglich Strahl und Musikauswahl! Das ist mal was auf einem Stellplatz!?

Begleiten Sie uns nun zu einem Stadtbummel durch das geschichtsträchtige VICHY. Dazu können Sie entweder das Angebot des netten Gardiens vom Stellplatz annehmen, der mir vorschlug, mit dem Boot über die *Allier* zu setzen, oder aber zu Fuß ans andere Ufer gehen. Schwimmen wäre natürlich eine weitere Alternative. Was die Fahrt übers Wasser anbelangte, standen mir ein Ruderboot, eines mit Motor sowie ein Tretboot zur Verfügung. Auf jeden Fall hätten wir alleine übersetzen, das Boot dort liegen lassen und auf dem Rückweg wieder benutzen müssen. Das war für uns „Landratten"

Vichy

Vichy ist eine sehr geschichtsträchtige Stadt an den Ufern der Allier. Vieles erinnert auch heute noch an die Aufenthalte Napoléons sowie seiner Mutter in der Zeit von 1861 - 1866. So entstand beispielsweise der Parc des Sources auf Anordnung Napoléons, und am Boulevard des Ètats-Unis erinnern seine Chalets an den mächtigen Herrscher. Ihren Aufschwung behielt diese wunderschöne Kurstadt bis ins Jahr 1890 hinein. In der Belle Époque zwischen 1900 und 1910 kommt es hier zu einem 2. Bauboom, und in den 30er Jahren des vergangenen Jahrhunderts erlebte Vichy sein „Goldenes Zeitalter".

In den Köpfen der Menschheit jedoch am meisten haften geblieben ist die jüngere Geschichte. Am 18. Juni 1940 nämlich richtete General de Gaulle den berühmten Appell von London aus an die französische Bevölkerung. Damals konnte die französische Regierung nicht mehr in Paris bleiben und zog zunächst nach Bordeaux. Nach dem Waffenstillstand im Juni 1940 musste die Regierung die von den Deutschen besetzte Stadt verlassen und kam so nach Vichy, da diese – aufgrund ihrer zahlreichen Hotels – nicht nur eine hohe Aufnahmekapazität besaß sondern zudem über eine moderne telefonische Infrastruktur verfügte. Am 09. und 10. Juli des gleichen Jahres sprechen sich die amtierenden Abgeordneten im Opernsaal von Vichy für das Ende der 3. Republik aus. Damit löst der französische „Staat" unter der Führung von Philippe Pétain die Republik ab. Ab da ist Vichy für ganze 4 Jahre Hauptstadt Frankreichs.

Weit über die eigenen Grenzen hinaus berühmt geworden ist Vichy aber auch durch seine heilenden Quellen. Bereits die Römer wussten um die wohltuende Wirkung des Thermalwassers vulkanischen Ursprungs. Die Schriftstellerin Madame Sévigné kurte hier 1676/77 und wurde von einer Lähmung der Hände geheilt. 1903 wurde die Quellenhalle – eine Glas-Stahl-Konstruktion – eingeweiht. Dort hin werden die wichtigsten Quellen, deren Temperaturen von 18 ° C bis max. 43° C betragen, geleitet.

zu viel verlangt! Also entschieden wir uns für den Fußmarsch. Fester Boden unter den Füßen war uns einfach sicherer!

Ich verlasse also den angegebenen Stellplatz und laufe direkt am Fluss entlang. Am Ende geht es über die Brücke. An der darauffolgenden Kreuzung würden Sie übrigens auch dann ankommen, wenn Sie vom zuvor genannten Campingplatz in ABREST kämen. Gehen Sie nach rechts oder links, so stehen Ihnen herrliche Spaziergänge an den jeweiligen *Allier*ufern zur Auswahl. Ich aber nehme Sie nun mit in die der Brücke geradeaus folgende Avenue Aristide Briand. Wir erreichen den Place de la Source de l'Hôpital. Von hier aus finden Sie in allen Himmelsrichtungen Sehenswürdigkeiten.

Wenn Sie die herrlichen – von außen beeindruckenden, von innen noch wesentlich imposanteren – Églises St-Blaise und Notre-Dame-des-Malades mit mir besichtigen möchten, so lassen Sie uns zweimal nach rechts biegen. In der alten Kirche finden wir wieder einmal eine der schwarzen Madonnen. Es handelt sich dabei um die wundertätige „Dame", auch Madonna der Kranken genannt. Von ihr ist heute nur noch der Kopf im Original erhalten. Dieser alte Teil wurde durch den

Bau einer 2. Kirche, deren Fenster und Mosaike im Art-Déco-Stil gehalten sind, erweitert. Übrigens ein – nicht nur für Kunstliebhaber – sehr interessanter Anblick.

Vom bereits erwähnten Platz nach links gehend, kommen wir an zahlreichen weiteren Sehenswürdigkeiten vorbei.

Keinesfalls versäumen – wie könnte man auch, stechen sie doch sofort ins Auge – sollten Sie die herrlichen Einkaufsstraßen der Stadt mit ihren exklusiven und edlen aber auch „normalen“ Geschäften. Aber vergessen Sie nicht vor lauter interessanten Schaufenstern auch einmal einen Blick auf die Fassaden der Häuser zu werfen! Häufig stoßen wir zudem auf die berühmten und sehr schmackhaften Pastillen aus VICHY. Das Casino-Théâtre – angrenzend an den Parc des Sources – erinnert ebenso wie das Spa Quartier mit der überdachten Galerie und zahlreiche andere Sehenswürdigkeiten an die Belle Époque. Reges Treiben, verbunden mit einer eigenartigen Ruhe, herrschen in der Hall des Sources sowie in der Galerie Napoléon III.

Ich könnte an dieser Stelle meine Aufzählungen fortsetzen, doch das würde einen eigenen Reiseführer ergeben und den Rahmen des Buches sprengen. Am besten besorgen Sie sich im Touristenbüro eine Informationsbroschüre oder

Wandeln Sie doch einmal auf Napoléons Spuren

erkunden auf eigene Faust. Vergessen Sie dabei aber nicht, eine Kostprobe des heilenden Wassers sowie der gesunden Pastillen zu nehmen. Eine Einkehr in eines der gemütlichen Straßencafés oder aber einfach ein ruhiges Plätzchen auf einer der zahlreichen Parkbänke sollten Sie sich unbedingt gönnen. Schließlich sind wir ja „auf Urlaub" und nicht auf der Flucht.

Übrigens ist VICHY auch am Abend einen Besuch wert. Sollten Sie jedoch einen erneuten Fußmarsch in die Stadt scheuen, so gönnen Sie sich wenigstens einen Abendspaziergang an der *Allier*, um ein unvergessenes Bild in sich aufzusaugen.

Unsere 12. Tour beenden wir, indem wir wieder über die Brücke zurückfahren. Gleich dahinter geht es nach rechts mit der Grobrichtung THIERS-PARIS-LYON. Anschließend biegen Sie mit mir nach links ab und folgen der Anweisung „Toutes Directions". An der nächsten Ampel geht es auf die D 126 Richtung CUSSET / MOULINS. In CUSSET bin ich mal wieder ungehorsam und widerspreche zum wiederholten Male meinem Navi: Ich biege rechts ab. Nach einer weiteren Rechtsabbiegung nehmen Sie am Kreisel die 2. Ausfahrt auf die D 906B, die uns nach CHÂTEL MONTAGNE führen will. Dieser Strecke folgen wir noch ein wenig. Nach der Überquerung der Eisenbahnschienen geht es irgendwann rechts ab auf die D 25 nach BREUIL, Grobrichtung CHÂTEL-MONTAGNE / LA BRUYÈRE. In LA BRUYÈRE schließlich fahren Sie die 2. Ausfahrt links ab auf die D 123 nach ST. CHRISTOPHE / ISSERPENT. Am Ende geht es auf die D 7, um letztendlich in LE BREUIL zu landen.

Tour 13 (191 km)

Le Breuil – Lapalisse – St-Pourçain-sur-Sioule – Dompierre – Moulins – Gannay-sur-Loire

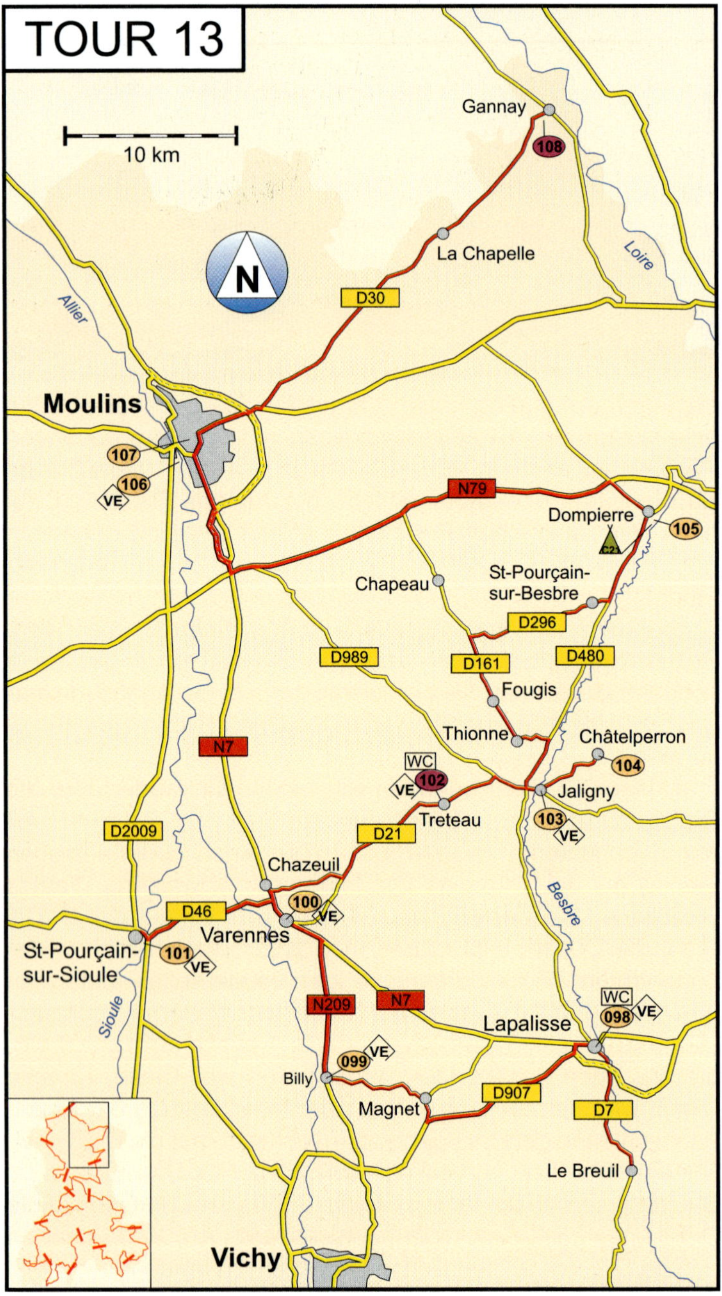

Übernachtung:	Lapalisse, Billy, Varennes-sur-Allier, St-Pourçain-sur-Sioule, Treteau, Jaligny-sur-Besbre, Dompierre-sur-Besbre, Moulins, Gannay-sur-Loire
Campingplatz:	Camping Municipal Dompierre-sur-Besbre
Baden:	St-Pourçain-sur-Sioule, Allier bei Moulins
Besichtigen:	Fontaine Mandrin, Lapalisse, Billy, St-Pourçain-sur-Sioule, Jaligny-sur-Besbre, Musée Préhistorama, Château Les Fougis, Dompierre-sur-Besbre, Abbaye de Sept-Fons, Moulins
Wandern:	Le Breuil, St-Pourçain-sur-Sioule
Markt:	Lapalisse (Do.), Varennes (Sa.) St-Pourçain (Sa.), Jaligny (Mi.), Dompierre (Sa.), Moulins (Fr.)

Da wir nun in Le Breuil sind, wollen wir uns auch gleich ein wenig umschauen. Ihr Wohnmobil können Sie entweder ziemlich zu Beginn des Ortes links auf dem Place du Points publique [GPS: N 46° 10' 53.0" E 3° 39' 23.5"] oder aber nach dem Ortsende hinter den Kirchen [GPS: N 46° 11' 08.8" E 3° 39' 26.8"] – ebenfalls links – abstellen. In diesem kleinen Ort wollen wir – vom erstgenannten Parkplatz aus hoch gehend und der Beschilderung zu einem kleinen Fußweg folgend – die alte Fontaine Mandrin finden, die nach dem gleichnamigen Dieb benannt wurde, der uns bereits in Tour 8 in Brioude begegnete. Zahlreiche interessante und gut ausgeschilderte Wanderwege führen ebenfalls von diesem Parkplatz aus in die Umgebung.

Im Anschluss fahren wir weiter über die D 7. Kurz vor Lapalisse zweigt es für den Schwerverkehr rechts ab. Wir aber fahren geradeaus, stets der Vorfahrtsstraße entlang, um an deren Ende den Blinker nach rechts zu setzen. Lassen Sie sich nicht irritieren von dem Verbot, rechts abzubiegen. Dieses gilt lediglich für Lkws. Die nächste Straße fahren Sie bitte sofort links rein. Wenn Sie genau hinschauen, finden Sie an der Seite einen ziemlich kleinen Hinweis auf den Womo-

(098) WOMO-Stellplatz: Lapalisse

GPS: N 46° 15' 00.4" E 3° 38' 03.7" Place Jean Moulin

max. WOMOs: > 5

Gebührenfrei

Ausstattung / Lage: Ver- und Entsorgung, Toiletten, Mülleimer, Wertstoff-Behälter, Bänke / ruhige Lage im Ort

Zufahrt: Wie im Text beschrieben

Sonstiges: Wasser und Strom 2 EUR, Angelmöglichkeit

Stellplatz. Hinter dem Vorfahrt-gewähren-Schild biege ich schließlich nach rechts ab und komme am Ende des Parkplatzes an den schön gelegenen, sauberen und ruhigen Stellplatz direkt an der *Besbre*. Nur ein paar Schritte trennen uns vom Ort. Folgen Sie mir daher nun zu einem Stadtrundgang. Hierzu überqueren wir die Fußgängerbrücke direkt am Stellplatz und wenden uns nach rechts. Weiter geht es die Rue de la Prairie hoch. Wir kommen in der Nähe des Schlosses heraus, welches eine sehr lange Entstehungsgeschichte hat, die vom 12. bis ins 16. Jahrhundert reicht. Neben dem Schlossgarten sind der Goldene Salon sowie die flämischen Tapisserien, die Gemälde und die im italienischen Renaissancestil gehaltenen Originalmöbel besonders sehenswert. Seit rund 580 Jahren befindet sich das Château im Besitz der Familie Chabannes. Die Kapelle aus dem 15. Jahrhundert beherbergt das Grab Jacques I. de Chabannes und seiner Gemahlin Anne de Lavieu. Übrigens können Sie auch auf dem Parkplatz vor dem Schloss übernachten, hier entdeckte ich einen Hinweis auf die Ent- und Versorgungsstation sowie

Wie im Märchen – wenn die Autos nicht wären...

Lapalisse

Der Ort hat seinen Namen dem französischen Marschall Jacques de Chabanne – auch bekannt als Jacques de La Palice bzw. La Palisse – zu verdanken. Dieser wurde 1470 in Lapalisse geboren und verstarb 1525 während der Belagerung von Pavia. Noch heute macht man sich über einen missverstandenen Satz nach seinem Tod lustig, in dem aus den Wörtern „ferait“ und „envie“ „serait“ und „en vie“ wurde, was den Sinn der Zeilen dahingehend änderte, dass es hieß: „...vor seinem Tode war er noch am Leben“. Daraus entstand das Lied „Les vérités de La Palice“ auch bekannt als „Les Lapalissades“. Les vérités de La Palice und Les Lapalissades sind zudem Köstlichkeiten, die man in den örtlichen Pâtisserien erhält. Im heutigen Sprachgebrauch bedeutet „La Lapalisade“ soviel wie „eine Binsenweisheit“.

darauf, dass eine limitierte Verweildauer von maximal 12 Stunden möglich sei.

Übrigens scheinen die Bewohner von LAPALISSE besonders stolz auf ihre bewegte Vergangenheit zu sein, denn an zahlreichen (Schau)Fenstern kann man immer wieder riesengroße Fotografien entdecken, die das vergangene Leben der Stadt darstellen.

Doch wir wollen nun weiterfahren und verlassen den Stellplatz, indem wir an der 1. Kreuzung nach links abbiegen. Am Ende der Vorfahrtsstraße geht es rechts weiter. Bleiben Sie bis zum Ortsende auf dieser Straße. Am 1. Kreisverkehr nehmen wir die 4. Ausfahrt, um uns auf der N 7 Richtung VICHY / MOULINS zu halten. Interessant ist übrigens das Richtung Ortsausgang an der N 7 linkerhand liegende Musée Centre d'Art, das „L'Art en Marche". Es handelt sich dabei um ein in einer Industriehalle untergebrachtes Museum , das mehr als 350 wechselnde Exponate von rund 150 Künstlern präsentiert. Geöffnet ist es von Mai bis Oktober.

Am nächsten Rondell ist abermals die 4. Ausfahrt fällig. Dadurch gelangen wir auf die D 907 mit den Richtungen VICHY / CUSSET / MAGNET. Hier bleiben wir längere Zeit, danach heißt es: Gut aufgepasst! Bei der Rue de Malbroug biegen Sie rechts nach MAGNET ab, fahren durch den Ort und halten sich auf der Rue du Village Martin. Wieder einmal Achtung: Rund 500 m weiter müssen wir nach rechts, um auf der gleichen Straße bleiben zu können! Kurz darauf biege ich die 2. rechts ab – auf die Rue des Écoles –, welche sich D 173 nennt. Etwas später jedoch geht es auf der D 430 weiter. Das ist Frankreich! Am Friedhof biege ich nach rechts ab, um die Straßennummerierung beizubehalten. Fahren Sie nun Richtung BILLY-Centre und wundern Sie sich nicht, wenn es manchmal ein wenig eng wird. Aber wir haben ja bereits mehrere solcher Engpässe gemeinsam gemeistert! Also warum nicht auch diesen?

Wollen Sie es einfacher haben, wo fahren Sie die N 7 weiter, um etwa 20 km später nach links auf die N 209 abzubiegen. Und genau neben dieser Straße liegt gegen Ortsende der hier genannte Stellplatz.

(099) WOMO-Stellplatz: Billy

GPS: N 46° 14' 09.5" E 3° 25' 51.1" Rue Chabotin
max. WOMOs: 3 Gebührenfrei
Ausstattung / Lage: Ver- und Entsorgung / innerorts
Zufahrt: Wie im Text beschrieben
Sonstiges: kein Strom, nicht besonders schön, direkt an der Straße

Wenn Sie von „meiner" Strecke auf die N 209 stoßen, biegen Sie nach links ab, um gleich darauf wieder nach rechts in die Rue de la Fontaine auf den Platz zu gelangen. Hier stoßen Sie auf eine recht „antiquierte" Versorgungsstation: Ein kleiner Gullydeckel, den man zur Entsorgung hochheben muss, sowie ein unscheinbar platzierter Wasseranschluss, der fürs Frischwasser gedacht ist. Übernachten würde ich persönlich nur dann, wenn ich extrem müde bin: Der Platz bietet weder Komfort noch ist er schön gelegen. In der Ferienzeit sowie an

Sonn- und Feiertagen steht ihnen gegenüber das Schulgelände (GPS im Kästchen) zur Übernachtung frei. Dort ist es aber auch nicht viel schöner. Rund 10 km weiter finden Sie jedoch in VARENNES-SUR-ALLIER einen schöneren und ruhigeren Stellplatz zur Übernachtung.

Egal, lassen Sie das Womo stehen, um BILLY zu erkunden. Der Ort ist bereits durch sein – Ende des 12. Jahrhunderts erbautes – „château-fort" weit sichtbar. Es hatte zunächst militärische Funktion. Bis zur Französischen Revolution behielt es seine Macht. Um zur Burg zu gelangen, von wo man einen herrlichen Blick über das Tal der *Allier* genießen kann, gehe ich vom Stellplatz aus – die Hauptstraße im Rücken habend – nach rechts.

Verlaufen kann man sich in BILLY übrigens nicht, daher erübrigt sich die genaue Wegbeschreibung. Auch ohne die Burg versprüht der kleine, verschlafene Ort mit seinen bezau-

Die Tränke für die Pferde hier - die für ihre Reiter ein paar Meter weiter.

bernden Häusern rund um den Burgberg einen besonderen Charme.

Zahlreiche restaurierte Fachwerkhäuser lachen einem entgegen. Besonders schön wirkt BILLY im Sommer, – dann, wenn die Häuser und Vorgärten liebevoll mit Blumenschmuck versehen sind.

Übrigens befindet sich die *Fontaine de Nicolaï*, auch *Fontaine de Jules César* genannt, wo dereinst wahrscheinlich die Truppen ihre Pferde tränkten, direkt unterhalb unseres Womo-Ver- und Entsorgungsplatzes.

Wir wollen weiter nach SAINT-POURÇAIN-SUR-SIOULE und verlassen BILLY, indem wir von der Rue de la Fontaine nach links abbiegen. Bald werden wir – wegen der engen Ortsdurchfahrt – nach rechts in die Einbahnstraße geleitet. Auf diese Weise umrunden wir BILLY. Kommen Sie ja nicht auf die Idee, nach links abzubiegen, um mit dem Womo zum Château zu fahren! Es wird eng!

Weiter geht's nach links, um auf der N 209 zu bleiben, wir sehen einen kleinen Angelsee. Dieser N 209 folgen Sie bis kurz vor VARENNES-SUR-ALLIER. Dort nehmen Sie die 3. Aus-

(100) WOMO-Stellplatz: Varennes-sur-Allier

GPS: N 46° 18' 45.1"
E 3° 24' 14.9"
Rue de l'Hôtel de Ville
max. WOMOs: > 5
Gebührenfrei
Ausstattung / Lage: Ver- und Entsorgung, Mülleimer / im Ort
Zufahrt: Wie im Text beschrieben
Sonstiges: Wasser und Strom je 2 EUR, an Markttagen muss weiter hinten geparkt werden

fahrt, um auf die N 7 – Grobrichtung MOULINS – zu gelangen. Am Ortsanfang werden wir von einem Womo-Schild empfangen, das uns auf einen Stellplatz im Centre Ville hinweist. Wir sind also willkommen! Aufgrund dieser klaren Ansage fahre ich in die angegebene Richtung. Es geht stets der Vorfahrtsstraße entlang. Halten Sie sich an die auf „VICHY“ und „Toutes Directions“ verweisende Beschilderung. In der Rue de l'Hôtel de Ville biegen Sie kurz vor dem Rathaus beziehungsweise dem Touristenbüro nach rechts auf den Parkplatz ein. Im hinteren Bereich befinden sich ein paar Wohnmobilstellplätze.

Neben dem Touristenbüro hängt ein Automat, an dem man Jetons auch außerhalb der Öffnungszeiten ziehen kann. Toll mitgedacht! In diesem Büro wurde ich besonders freundlich empfangen und zum Verweilen sowie zu einem gemeinsamen Stadtrundgang eingeladen. Sehr beeindruckt war ich von der Ehrlichkeit der netten Dame, die mir erzählte, dass es in TRETEAU einen wesentlich idyllischeren Stellplatz gäbe. Diesen wollen wir Ihnen keineswegs vorenthalten, doch lassen Sie uns erst einmal gemeinsam nach SAINT-POURÇAIN-SUR-SIOULE fahren. Aufgepasst: Achten Sie auf den Zusatz „sur-*Sioule*“, denn es gibt weitere ST-POURÇAINS!

Ich fahre vom Stellplatz nach rechts raus, um später der Straßenführung nach links zu folgen. Hier ist bereits unser Zielort ST-POURÇAIN-SUR-SIOULE ausgeschildert. Übrigens geht es gleich wieder nach rechts Richtung MOULINS. Sie fahren auf der N 7 weiter bis zum nächsten Kreisel. Dort nehmen wir die 2. Ausfahrt auf die D 46. Bleiben Sie auf dieser Strecke. Am 3. Rondell nehmen Sie die 2. Ausfahrt auf die D 2009. Kurz

(101) WOMO-Stellplatz: St-Pourçain-sur-Sioule

GPS: N 46° 18' 45.0" E 3° 17' 47.6" Rue des Béthères
max. WOMOs: > 20 Gebührenfrei
Ausstattung / Lage: Ver- und Entsorgung, Mülleimer, Wertstoff-Behälter, Tische und Bänke, Stadtplan / ruhig am Ortsrand
Zufahrt: Fahren Sie von der Hauptstraße nach rechts in die Rue de la Motte. Die Post liegt rechts, ein Restaurant befindet sich links. Vorbei an den Pompiers – der Feuerwehr – geht es über die nächste Kreuzung in die 40er Zone. Am Ende der Straße müssen wir nach rechts abbiegen. Hier wird uns gezeigt, dass wir uns auf dem Weg zum Parkplatz, zum Schwimmbad aber auch zum Stellplatz befinden. Keine Angst, es geht wirklich – auch für große Wohnmobile – weiter! Sie fahren – den Parkplatz links liegen lassend – über eine kleine Brücke und durch eine enge, blumengeschmückte Straße. Links ist der Tennisplatz und rechts das Schwimmbad. Am Ende der Straße geht es nach links auf den Stellplatz.

Sonstiges: Bade- und Angelmöglichkeit, Wasser und Strom 2 EUR

darauf biegen Sie nach der Brücke „Charles-de-Gaulle“ rechts ab. Im Anschluss an eine Linkskurve geht es – gegenüber der Boulangerie – rechts rein. Achtung: Der Hinweis auf den Stellplatz ist zumeist von Bäumen verdeckt.

Dieser Platz zählt zu meinen Favoriten. Nicht nur, dass mich bei einem meiner ersten Besuche die nette gardienne – ja, die gibt es hier, obwohl der Platz kostenlos ist! – freundlich begrüßte, auch zahlreiche Eidechsen huschten zum Empfang über den Weg. Zudem steht man nahe am fischreichen Wasser und kann direkt vom Womo aus Enten und Reiher beobachten. Das Schwimmbad ist nebenan, und der Ort selber ist gut zu Fuß erreichbar.

Folgen Sie mir nun und gehen Sie mit mir links am Schwimmbad vorbei in die Stadt. Sie gelangen auf eine Art Parkplatz, wenden sich nach rechts – vorbei an der alten Mühle –, um gleich wieder nach links zu schwenken. Wir kommen direkt am Touristenbüro raus. Hier sehen Sie auch zugleich die Brücke, über die wir gekommen sind. Wenn Sie

St-Pourçain-sur-Sioule

St-Pourçain-sur-Sioule wird erstmals Ende des 5. Jahrhunderts urkundlich erwähnt. Man erzählt sich, dass damals der ehemalige Sklave und Schweinehirt Porcianus (= Pourçain) auf der Flucht vor seinem gewalttätigen Herrn in einem Kloster Zuflucht fand, wo er später Abt wurde. Das Benediktinerkloster befand sich auf einem Hügel über der Sioule und bildete den Mittelpunkt des heute noch bestehenden Weinbaugebietes.

St-Pourçain ist als Hauptstadt der Weingegend von Bourbonnais der wohl bekannteste Weinort der Auvergne. Der Saint-Pourçain-Wein zählt zu den ältesten französischen Weinen. Das bereits von den Phöniziern gegründete Anbaugebiet erlebte im 3. und 4. Jahrhundert einen starken Aufschwung. Auf den Tischen der Könige Frankreichs durfte er jahrhundertelang nicht fehlen. Während der Reblauskrise Ende des 19. Jahrhunderts, als die Reben zahlreicher Weinbaugebiete vernichtet wurden, gelang es den örtlichen Winzern, neue – Reblaus resistente – Sorten zu pflanzen und somit die Weinproduktion zu retten. 2009 hat das Nationale Weinkomitee dem St-Pourçain die beliebte Bezeichnung AOC verliehen.

Wahrzeichen der Stadt sind der Uhren- sowie der Glockenturm. Letzterer wurde 1940 beschossen und drei Jahre später vom Blitz getroffen. Beide sind auf Etiketten einiger Weinflaschen zu sehen.

Im Hof des ehemaligen Benediktinerklosters befindet sich das Musée de la Vigne et du Vin.

nun die Hauptstraße überqueren und im Prinzip stets geradeaus gehen, erreichen Sie den alten Teil der Stadt. An den Straßen sowie an einigen Hausmauern werden wir mittels Schilder über die Sehenswürdigkeiten informiert.

Nicht versäumen sollten Sie den Besuch des im Ortskern gelegenen Klosterhofes sowie der angrenzenden Kirche Sainte-Croix aus dem 11. – 14. Jahrhundert. Diese ist in ihrem Inneren sehr beeindruckend. Geht man durch den Torbogen nach rechts in die Rue de Metz, so findet man an deren Ende an der Nordseite der Kirche eine Nische mit dem Namensgeber der Stadt.

Einst Schweinehirt und Sklave

Aber lassen Sie uns noch ein klein wenig im Klosterhof verweilen. Hier – wo einst die Benediktinermönche wandelten – stehen heute noch einige wenige Zeugen der Vergangenheit für Sie bereit. Richten Sie dabei ruhig auch einmal Ihren Blick nach oben und betrachten die Fenster.

Ein Besuch des dort untergebrachten Musée de la Vigne et du Vin bringt Ihnen abermals das köstliche Nass ein wenig näher. Wiedereinmal können Sie erkennen, dass der Weinanbau ein schwieriges und kompliziertes Metier ist. Den Uhr- sowie den Glockenturm erblicken wir von nahezu jedem Punkt der Stadt aus.

Übrigens dürfen Sie es sich am Stellplatz von SAINT-POURÇAIN ruhig gemütlich machen, denn hier ist es erlaubt, sich entsprechend auszubreiten. Besonders schön ist – wie bereits erwähnt – , dass man dabei direkt an der *Sioule* – einem Nebenfluss der *Allier* – steht und bei Bedarf sogar hineingehen kann. Da die Aufenthaltsdauer nicht beschränkt ist, treffen wir hier Wohnmobilisten, die einen Großteil ihres Urlaubes einzig auf diesem Platz verbringen. Beinahe Campingplatz-Atmosphäre! Anzumerken sei, dass es – besonders gegen Abend – häufig recht voll wird. Doch die Stadt kommt uns Wohnmobilfahrern entgegen, indem sie durch Erweiterung nach hinten zusätzliche Stellmöglichkeiten zur Verfügung stellt. Welch ein Service!

Mein „Arbeitsplatz“ - So lässt es sich leben!

Die Benutzer dieses Stellplatzes sind übrigens international. Nur selten haben wir in der AUVERGNE derartig viele verschiedene Nationalitätenkennzeichen auf einem Platz gesehen. Im Sommer 2010 standen wir in unmittelbarer Nachbarschaft zu zwei netten Paaren. Zu unserer Linken ein Paar mit holländischem Kennzeichen. Sie war Holländerin und hat sich – wie sie selber sagte – „einen Franzosen geschnappt". Besonders kurios war, dass wir genau dieses Paar einige 100 km weiter in einem Wohnmobilgeschäft wiedertrafen. Die Welt ist eben klein! Zu unserer Rechten stand ein Paar aus Straßburg mit einem 9 m langen Wohnmobil. Sie hatten zudem einen 5 m langen Anhänger für ihren Pkw dabei und freuten sich schon auf die Caravanmesse in Düsseldorf, weil sie damit liebäugelten, sich ein längeres Wohnmobil zu kaufen. Ich stellte mir vor, wie sie damit über „unsere" Brücke aus Tour 8 kommen wollten. Unsere Unterhaltungen waren stets

WOMO-Wandertipp: Entlang der Sioule

Gehen Sie den bereits im Text beschriebenen Weg entlang der Sioule bis zum Touristenbüro. Dort halten Sie sich weiterhin am Fluss auf, gehen unter der Brücke hindurch, bis Sie auf der anderen Seite zum Parkplatz vor dem Parc de Loisir kommen. Richtung Campingplatz gehend halten Sie sich rechts. Eine Brücke liegt vor uns, die es zu überqueren gilt. Der Wegweiser verspricht die Île de Loisir sowie „le Cordelliere / Espace Buvette – Repas". Wir richten uns ab sofort nach dem Hinweis „Promenade aux bords de Sioule" und dem kleinen orangenen Schild „Rando Office de Tourisme", den Fluss links neben uns lassend. Als ich nach ca. 2 Stunden an einer Kuhweide ankam und der Weg sich vom Fluss entfernte, da ersterer nach rechts abbog, habe ich beschlossen, zurück zu kehren. Sollten Sie weitergehen wollen, so halten Sie sich rechts, und Sie kommen im Ort raus.

dreisprachig und bestanden aus einem Hin- und Herübersetzen: deutsch – holländisch – französisch. Schön war's!

Doch lassen Sie uns nun gemeinsam einen interessanten Ausflug unternehmen. Auf unserem oben beschriebenen Trip begegnen uns nicht nur zahlreiche Spaziergänger, Radfahrer und Angler, auch etliche Eidechsen und sogar wieder einmal eine – lebende – Schlange kreuzen unseren Weg. Kleine „Kunstwerke" von Kindern ließen mein Lehrerinnenherz – speziell das der Kunstlehrerin – höher schlagen. Zunächst einmal entdeckten wir den „Jardin des sons" – den Garten der Töne – , der von Schülern der Michelette-Berthelot-Schule stammte. Sollten Sie mit Ihrem Nachwuchs unterwegs sein, so ist dieses ein Highlight, da es hier etwas zu entdecken sowie auszuprobieren gibt. Gleich neben dem Modellflugplatz befand sich im

Le Jardin des Sons

weiteren Verlauf im Sommer ein blühendes Wiesenblumenfeld mit Erklärungstafeln. Nebenan war der „Jardin des Contes“ – der Garten der Erzählungen –, wo auf einer großen Ausstellungsfläche Grundschüler aus ST-POURÇAIN, die sich mit dem Märchen „Die 3 kleinen Schweinchen“ beschäftigt hatten, den Besuchern die Geschichte ein wenig näher bringen wollten. Ich weiß zwar nicht, ob diese beiden Ausstellungen noch vorhanden sind, wenn Sie dieses Buch in Händen halten, aber ich hoffe sehr, dass zumindest andere Kinderarbeiten zu sehen sein werden.

Zahlreiche weitere Stellen luden mich während meiner Wanderung zu einer Rast ein. Kleine Wehre und herrliche Ufer machten den Aufenthalt am Wasser besonders interessant.

Doch lassen Sie uns jetzt gemeinsam zu dem Stellplatz nach TRETEAU fahren. Wir begeben uns dazu wieder über die Brücke, um am Kreisel die 3. Ausfahrt auf die D 46 zu nehmen. Überqueren Sie 2 Rondells und bleiben Sie weiter auf der D 46. Etwas später nehmen Sie am nächsten Kreisverkehr die 2. Ausfahrt. Nun befinden wir uns kurzzeitig auf der N 7. Schließlich geht es kurz vor CHAZEUIL nach rechts ab. Hier ist „Chemaclef“, der Name einer Firma, zu lesen, und die Weiterfahrt für Fahrzeuge über 6 t verboten. Wir sind nun – laut Navi – auf der D 268, wo es ein kurzes Stück durch den Wald geht.

(102) WOMO-Picknickplatz: Treteau

GPS: N 46° 22' 05.9" E 3° 31' 04.3" (kein Straßenname)
max. WOMOs: > 5
geringe Gebühr
Ausstattung / Lage: Ver- und Entsorgung, Toiletten, Mülleimer, Tische und Bänke / ruhige Lage am Ortsrand
Zufahrt: Wie im Text beschrieben
Sonstiges: Wasser und Strom 2 EUR, Angelmöglichkeit

Am STOP-Schild fahren Sie bitte geradeaus. Wir befinden uns mal wieder auf einer sehr kleinen Straße, und ich habe das Gefühl, dass der Weg bald unweigerlich auf einem Bauernhof oder gar an einem Bretterzaun, der das Ende der Welt signalisiert, enden müsse. Aber weit gefehlt! Es kommt abermals ein STOP-Schild. Hier biegen Sie nach links auf die D 21, von wo aus es noch rund 8 km bis Treteau sind. Diese Straße führt uns nun direkt dort hin.

Am Ortsanfang lacht uns ein Stellplatzschild entgegen. Mich daran orientierend biege ich gleich an der 1. Kreuzung nach rechts ab auf die D 163 Richtung Treteau-Ortsmitte. Übrigens begegnet uns hier wieder die bereits bekannte Verbindung Plan d'Eau und Womo-Piktogramm. Die nächste Straße biegen Sie sofort nach rechts ab. Auch hier ein – ziemlich kleines – Womo-Schild, und direkt vor uns der See. Ich staune, wie viele Wohnmobile dort – mitten in einer unbekannten Gegend – zu finden sind. Auf die Müllcontainer stoßend, müssen wir uns nun entscheiden: Rechts oder links um den See? Beides ist möglich, aber rechts erscheint mir näher.

Hier am See gibt es Natur pur! Und wieder einmal kann man erkennen, dass Wohnmobile und Natur durchaus gut miteinander zu vereinbaren sind. Selbst die Heupferde hier scheinen Wohnmobile zu mögen, ließ eines von ihnen sich doch an meinem Reifen für längere Zeit häuslich nieder. Viele Haubentaucher, unzählige schwarze Katzenwelse, Eidechsen und natürlich Kühe vervollständigen das Bild der Natur.

Treteau selber hat nicht viel zu bieten. Neben der al-

ten Mühle – der Vieux Moulin – direkt an unserem Stellplatz sowie einer – geschlossenen – Kirche sind nur noch die Reste des ehemaligen Châteaus erwähnenswert.

Ach ja, wenn Ihnen nach Baguette gelüstet, das finden Sie – neben einigen wenigen weiteren Lebensmitteln – in der Bar auf der linken Seite rechts an der Hauptstraße.

Um unsere Tour fortzusetzen, nehmen wir den selben Weg, den wir gekommen sind. Am STOP-Schild geht es nach rechts, so dass wir nicht durch TRETEAU müssen. Die D 21 führt uns Richtung JALIGNY-SUR-BESBRE. Der recht dunkle Bois de JALIGNY, durch den wir fahren, nimmt uns die Sonne. Am Ende der Vorfahrtsstraße geht es nach rechts auf die D 989. Jetzt wird es wieder heller; der Wald liegt rechts.

Fahren Sie geradeaus nach JALIGNY-SUR-BESBRE rein. Dieser Ort ist – wie am Anfang zu lesen – „Capital de la Dinde“, Hauptstadt der Pute. Ich sehe allerdings weit und breit keine – tierische – Pute. Dafür sehe ich ein kleines, beschauliches Dörfchen mit einem schön gelegenen Stellplatz, von wo aus man bequem zu einer Ortsbesichtigung starten sowie einige

(103) WOMO-Stellplatz: Jaligny

GPS: N 46° 22' 52.5" E 3° 35' 30.1" Rue de la Chaume
max. WOMOs: 5
Gebührenfrei
Ausstattung / Lage: Ver- und Entsorgung, Mülleimer, Strom / im Ort, ruhig
Zufahrt: Wie im Text beschrieben
Sonstiges: Angelmöglichkeit, Ausgangspunkt für einige Kurzausflüge

interessante Ausflüge in die Umgebung unternehmen kann. Letztere jedoch weniger zu Fuß!

Doch der Reihe nach: Um auf besagten Stellplatz zu gelangen, fahren Sie im Zentrum die 1. Straße nach links Richtung Kanu-Verleih und Aquarium. Das Aquarium habe ich zwar nicht sofort entdeckt, dafür aber den Kanu-Verleih und davor eine nagelneue Ent- und Versorgungsstation mit Stellplätzen direkt an der *Besbre*.

Im Gegensatz zu TRETEAU ist im Ort „mehr los“ – besonders an Markttagen.

Beim Rundgang durch JALIGNY hörte ich seit langem wieder die ersten deutschen Worte. Tourismus!? Nein, weit gefehlt, ich denke eher, dass es sich um Leute handelte, die hierher gezogen sind. Wie ich nämlich ein paar Tage später erfuhr, leben zahlreiche Deutsche und Holländer in der Nähe.

Doch lassen Sie mich weiter berichten, was es hier zu sehen gibt: Sie finden ein wunderschönes Schloss – das jedoch nicht zu besichtigen und zu betreten ist – sowie eine alte Kirche aus dem 11. Jahrhundert, deren Eingang mit einem Gitternetz versperrt war. Zweimal Enttäuschung – beide Gebäude wollten mich wohl nicht!? Doch die zwei wunderschönen Kurzausflüge, zu denen ich Sie nun im Anschluss entführen möchte, entschädigten mich.

Die eine Tour führt uns direkt in die Vergangenheit, zu einem Museum, das sich mit der Prähistorie beschäftigt, die andere mutet eher futuristisch an, denn es geht zu einem Schloss, welches einen Skulpturenpark vorzuweisen hat. Beides sind Tagesausflüge, auch wenn die räumliche Entfernung nicht allzu groß ist.

Folgen Sie mir zunächst in die Vergangenheit zum MUSÉE PRÉHISTORAMA. Dazu fahren wir, vom Stellplatz kommend, an der Hauptstraße nach links ab auf die D 989. Gegen Ortsende geht es abermals nach links – auf die D 21 –, wo bereits zu lesen ist, dass es nur noch 4,5 km bis zum MUSÉE PRÉHISTORAMA sind. Bleiben Sie auf dieser Straße, die uns wieder einmal bestätigt, dass wir in der Gegend der tausend Seen, der vielen Charolais-Kühe sowie der zahlreichen gut erhaltenen Schlösser sind. Bald schon erblicken wir von Weitem das CHÂTEAU DE CHÂTELPERRON. Und kurze Zeit später sind wir in LA GARE. Wir fahren kurz weiter, bis sich vor uns ein ehemaliger, alter Bahnhof auftut. Dort biegen Sie nach links auf den Parkplatz.

Das Museum befindet sich jetzt genau neben Ihnen in dem wunderschön restaurierten Gebäude des alten Bahnhofes. Sie können nun ein Picknick einlegen, etwas Kühles

(104) WOMO-Stellplatz: Châtelperron - La Gare

GPS: N 46° 24' 07.8" E 3° 38' 07.5" (kein Straßenname)
max. WOMOs: 1 - 2 Gebührenfrei
Ausstattung / Lage: keine / außerhalb, direkt am Museum
Zufahrt: Wie im Text beschrieben

nebenan in der „Bar“ trinken, ein wenig die Landschaft erkunden oder aber sich ganz einfach in die interessante Vergangenheit der Menschheit begeben (siehe Infokästchen auf der nächsten Seite). Sollten Sie in Begleitung von Kindern – vor allem von Kindern im Grundschulalter – sein, so ist dank des Museumsbesuches der Tag sicherlich gerettet. Aber Achtung, das Museum ist nicht täglich und auch nicht durchgehend geöffnet!

Öffnungszeiten Museum:
Apr. - Sept.: 10 - 12 und 17 - 18 Uhr
Sonntags: 14 - 18 Uhr
Dienstags: Geschlossen
Okt. - März: 10 - 17 Uhr
Montags: Geschlossen

Um zu unserem nächsten Ziel – dem CHÂTEAU FOUGIS – zu gelangen, fahren wir über die D 21 zurück nach JALIGNY-SUR-BESBRE. Am Ende der Vorfahrtsstraße setzen Sie bitte den Blinker nach rechts, somit kommen Sie – Richtung Zentrum fahrend – auf die D 989. Das Navi will Sie wahrscheinlich schon mehrfach vorher nach rechts abbiegen lassen. Tun Sie es nicht! Bleiben Sie beharrlich! – Seit vielen, vielen Wochen

Musée Préhistorama

Der Neandertaler und der Homo sapiens – Freund oder Feind?

Vor rund 30.000 Jahren starben die Neandertaler aus, der Homo sapiens hingegen überlebte. Dies ist unumstritten. Nicht klar ist den Wissenschaftlern allerdings bis heute, ob diese beiden „Menschentypen" friedlich nebeneinander lebten oder sich bekriegten.

In der Grotte des Fées in Châtelperron wurden Knochen gefunden, die beweisen, dass Neandertaler und Homo sapiens dort parallel lebten. 1840 entdeckte man diese Höhle beim Eisenbahnbau. Die letzten archäologischen Untersuchungen fanden zwischen 1951 und 1955 statt, als der Wissenschaftler Henri Delaporte Schicht für Schicht abtrug und alles sorgfältig dokumentierte.

Analysen der Fundstücke aus der Feengrotte lassen sich eindeutig den beiden Kulturen – dem Chatelperronien (Neandertaler) und dem Aurignacien (moderner Mensch) – zuordnen.

Die Untersuchungen der Knochen ergaben, dass die Grotte des Fées vor rund 38.000 – 40.000 Jahren von dem Menschentyp bewohnt war, dessen Vorfahren zwischen dem nahen Osten und Europa bereits seit 150.000 Jahren das Land besiedelt hatten. In den nächsten 1000 - 1500 Jahren hielten Zuwanderer aus Afrika – sogenannte „moderne" Menschen oder auch Homo sapiens – sich dort auf. Ferner konnte nachgewiesen werden, dass diese Grotte vor ca. 36.000 Jahren abermals von Neandertalern bewohnt wurde. 2000 Jahre später verlor sich deren Spur endgültig. Somit ist anzunehmen, dass zwischen zwei Neandertaler-Perioden der Homo sapiens Einzug in die Höhle hielt. Dies widerspricht der Theorie, dass der Neandertaler vom modernen Menschen vertrieben worden sei. Stellen sich allerdings Fragen wie: Warum ist der moderne Mensch zwischenzeitlich verschwunden? Haben beide gar parallel dort „gehaust" oder eine Art WG – Wohngemeinschaft – gegründet?

„Was ist da so Besonderes dran?", werden Sie fragen. Na schließlich ist das der erste eindeutige Beweis dafür, dass der relativ grazile Homo sapiens und der eher gedrungene Neandertaler sich über mehr als 1000 Jahre nebeneinander in Frankreich aufhielten. Und das alles in „unserer" Auvergne! Nun bleibt es Ihrer Fantasie überlassen, sich das Miteinander oder auch das Gegeneinander vorzustellen. Sind sie sich wirklich jemals begegnet? Lebten sie – wie ein altes Ehepaar – nebeneinander her? Haben sie abwechselnd die Höhle bewohnt? Haben sie gemeinsam gejagt und gefeiert? Haben sie sich bekriegt oder sich eher miteinander gepaart? All das sind Fragen, die die Wissenschaft bislang noch nicht klären konnte. Klar jedenfalls ist, dass beide sich hier in dieser Grotte des Fées aufhielten sehen wir das erste deutsche Wohnmobil. Es gibt doch noch Deutsche, die die AUVERGNE kennen!? Oder war es Zufall? Egal, der Bekanntheits- und Beliebtheitsgrad dieser Region wird sich hoffentlich mit unserem Buch schlagartig ändern!?

Ach übrigens, bleiben Sie auf der D 989, um an der großen Kreuzung – wo eine der wenigen Ampeln Frankreichs sind – nach rechts auf die D 480 Richtung DOMPIERRE-SUR-BESBRE abzubiegen. Nehmen Sie jetzt noch die 3. Straße gleich am Ortsende nach links, um auf die D 161 nach THIONNE zu gelangen. Und wieder ein Schloss!

In THIONNE haben wir erst einmal einen netten Franzosen von der Leiter geholt. Er putzte gerade Fenster, und eigentlich wollte ich mich lediglich noch einmal des Weges vergewissern, weil mein Navi wieder verrückt spielte, aber Monsieur ließ einen französischen Redeschwall auf mich nieder, dass volle Konzentration gefragt war. Schmunzeln musste ich, als er meinte, ich müsse unbedingt zu dem Schloss FOUGIS, da dort ein Landsmann von mir – ein Künstler – etwas ganz „Verrücktes“ gemacht habe. Irgendwann dann konnte ich mich doch von ihm loseisen, und wir fuhren halbrechts Richtung

Futuristisch? Surrealistisch? Verrückt?

CHAPEAU, weiterhin auf der D 161 bleibend. Bald schon erblickten wir rechterhand zwischen Heuballen und vor der Kulisse eines Schlosses ein paar riesige Skulpturen. Ein ziemlich futuristischer – oder eher surrealistischer? –, vielleicht auch verrückter Anblick!

Doch nun kommt die eigentliche Herausforderung! Wie kommen wir dort hin? Luftlinie gar kein Problem, aber wo versteckt sich die Einfahrt? Ich finde einen Privatweg. Wir fahren weiter, sind unserer Meinung nach zu weit weg, drehen, fahren abermals an der Privatzufahrt vorbei, um nochmals zu wenden. Das macht meinen Beifahrer langsam ganz schön nervös! Aber ich will Sie nicht länger auf die Folter spannen. Schließlich haben wir eine passende Zufahrt gefunden – übrigens hat mein Navi auch hier wieder kläglich versagt, als ich CHÂTEAU FOUGIS eingab. Nun des Rätsels Lösung: Von THIONNE kommend fahren Sie dort rechts rein, wo „Goyette" auf einem klitzekleinen Wegweiser steht [GPS: N 46° 25' 49.1" E 3° 33' 31.2"]. Schon bald geht es rechts runter in eine Art Feldweg. Ein Parkplatzschild findet sich hier an der Wegegabelung. Keine Angst, es sieht nur so aus, als würde es kompliziert werden. Es wird lediglich an manchen Stellen ein wenig eng, und man kann nur beten, dass einem kein größeres Fahrzeug entgegen kommt. Auch sollten Sie nicht besonders pingelig sein, was den Lack anbelangt, da tiefer hängende Äste gerne einmal Ihr Wohnmobil streicheln. Aber selbst mit einem großen Womo können Sie hier fahren, eine Wendemöglichkeit gibt es ebenfalls. – Rechts von uns erblicken wir schließlich einen See und kommen auch schon bald darauf auf einen Parkplatz [GPS: N 46° 25' 40.5" E 3° 33' 58.7"] direkt daneben. Hier können Sie getrost bleiben, um ein kleines Picknick zu machen, sich ein wenig zu erholen sowie den Skulpturenpark zu besuchen. Bitte übernachten Sie dort nicht, denn uns wurde gesagt, dass man das nicht gerne sieht.

Bitte nur ausruhen, nicht übernachten!

Gerade als ich meine Sachen zusammenpacken will, um mir das Schloss sowie die Kunstwerke ein wenig genauer anzusehen, kommt ein junger Mann über die Wiese auf mich zu. Auweia, darf ich vielleicht doch nicht hier stehen? Weit gefehlt! Er nähert sich mir, reicht mir die Hand und begrüßt mich aufs herzlichste. Als er mein Presseschild sieht, wird er noch ein wenig gesprächiger. Übrigens bietet auch er mir als einer der wenigen Franzosen an, mit ihm deutsch zu reden. Als Halbfranzose erklärt er mir in einem einwandfreien, sehr charmanten Deutsch, dass er einer der Kuratoren sei, die diese Kunstausstellung betreuen. Schmunzelnd fügt er hinzu, dass er bereits beobachtet habe, wie ich mehrfach an der Privatzufahrt vorbeigefahren sei. Ich erhalte eine Menge Informationen – besonders über die Skulpturen –, um anschließend kostenlos einen Rundgang starten zu dürfen. Très charmant et gentil! Schade nur, dass ich die AUVERGNE schon so bald verlassen muss, denn ein paar Tage später soll hier ein Fest mit Musik und Tanz stattfinden. Zahlreiche Künstler und

Château Fougis und der Skulpturenpark

Die Entstehung des Gebäudes wird um die Zeit 1580 datiert. Man erzählt sich, dass sogar Heinrich IV., der erste Bourbonenkönig, zu Beginn des 17. Jahrhunderts in den Wäldern von Les Fougis zur Jagd ging. Der Name „Fougis“ entstammt wahrscheinlich dem Begriff „Fougères“, was übersetzt so viel wie „Farne“ bedeutet.
2000 erwarb der deutsche Künstler Erich Engelbrecht das bereits seit mehreren Jahren zum Verkauf stehende Château, um auf rund 130 Hektar eine einzigartige Ausstellung Monumentaler Skulpturen zu errichten.

Der Künstler

Erich Engelbrecht wurde 1928 in Deutschland in Bielefeld geboren. 1949 – 1950 studierte er an der TH Hannover Elektro- und Fertigungstechnik sowie Wirtschaftswissenschaften. 1958 – 60 studierte er Philosophie und Kunstgeschichte in München, wo er seine zukünftige Frau und Verbündete für die Kunstentwicklung – Waltraud – kennen lernte. Beide sind große Anhänger des bekannten Psychologen C. G. Jung.
1960 kehrte Engelbrecht nach Bielefeld zurück und begann zu malen. Ein Jahr später baute er einen Bauernhof in Holterdorf für sich um. Hier arbeitete er an großen Ölbildern sowie an den ersten Monumentalen Stahlfiguren, die er rund ums Haus errichtete. Im Laufe der Zeit bemalte der vielfältig begabte Künstler zudem Holzfiguren, widmete sich der Gobelinweberei, fertigte Radierungen, Lithografien und Siebdrucke an. Ferner schrieb er Aphorismen und Gedichte.
Im Jahre 2001 schaffte er einen Park für Monumentale Skulpturen auf dem Grundstück des Renaissance-Châteaus les Fougis.

Die Skulpturen

Mehr als 20 riesige – über 10 m hohe – Metall-Skulpturen schmücken den Schlosspark von Les Fougis. Auf dem liebevoll angelegten Grundstück kann man seiner Fantasie freien Lauf lassen und anhand eines Informationsblattes, welches man beim Eintritt erhält, auch deren Namen erfahren. Wer mehr wissen möchte, der findet dieses unter http://www.fougis.com

Kunstinteressierte werden dazu erwartet, es wird campiert sowie gefeiert. Na, vielleicht im nächsten Jahr!?

Ich genoss die Stunden in dem Schlosspark mit den beeindruckenden Skulpturen sehr. Man kam sich neben ihnen extrem klein und dennoch recht groß vor. Inmitten gepflegter Natur konnte ich meine Fantasien

spielen lassen und wieder einmal Kind sein. Huschende Eidechsen, zirpende Grillen, singende Vögel sowie ein lieber französischer Jagdhund waren auf dieser Exkursion meine einzigen Begleiter.

Sollten Sie weder für das Château noch für die Kunst oder die Urgeschichte der Menschheit Sinn haben, so kann ich Ihnen nur sagen: Ihnen entgeht echt was! Aber egal, die Interessen sind ja bekanntlich verschieden, und so möchte ich Sie nunmehr nicht länger mit den meinigen konfrontieren. Lassen Sie uns daher in JALIGNY-SUR-BESBRE an der Ampel weiter fahren. Sie bleiben dazu auf der D 480 bis Sie DOMPIERRE-SUR-BESBRE erreichen. Genießen Sie die Strecke, denn wir befinden uns entlang der *Besbre.* Gönnen Sie sich hin und wieder einen Blick auf diesen interessanten, sehr kurvenreich verlaufenden Fluss, der eingebettet ist in ein zumeist tiefes Sandbett, was seinem Wasser die braune Farbe verleiht.

Sollten Sie eher abenteuerlustig sein, so machen Sie es wie wir. Wir fuhren vom CHÂTEAU LES FOUGIS aus den schmalen Weg zurück, um dann am Ende nach links – das Navi sagt rechts! – abzubiegen und auf der Hauptstraße die Ausfahrt nach rechts zu nehmen. Es geht die D 161 weiter. Die Straße ist stellenweise sehr schmal, und es kann sein, dass Sie zu einem Verkehrshindernis werden, da es sich hier schlecht überholen lässt. Aber machen Sie sich nichts draus! Die Franzosen sind geduldig mit uns Wohnmobilfahrern! Besonders dann, wenn eine Frau am Steuer sitzt! Später fahren wir – abermals rechts abbiegend – auf die D 296 Richtung ST-POURÇAIN-SUR-BESBRE (nicht zu verwechseln mit unserem zuvor besuchten ST-POURÇAIN-SUR-SIOULE!). Und es wird noch enger, „noch einspuriger“! Bei Gegenverkehr spielen wir das Spiel: Wer gibt als erster nach? Dafür werden wir aber mit einer fantastischen Natur belohnt: Wir erblicken ein gerade geborenes Kälbchen auf der Weide und zwei Pirole kreuzen unseren Weg – knapp den Alkoven verfehlend. Tatsächlich kommen uns zwei Autos entgegen! Aber wir haben Glück: Genau an dieser Stelle befindet sich eine kleine Ausweichbucht.

Bitte bleiben Sie weiterhin auf der D 296. Wir überqueren dabei an einer Stelle die D 53. Und noch etwas Kurioses begegnet uns: Ich komme an einem 70 km/h-Begrenzungsschild vorbei. Da frage ich mich ernsthaft, wer außer einem Lebensmüden auf dieser Strecke so schnell fahren kann? Bei uns hätte man hier eine Beschränkung auf 20 – 30 km/h angesetzt.

Wir passieren einige Orte ohne Namen und landen schließlich in ST-POURÇAIN-SUR-BESBRE. Am STOP-Schild fahre ich

nach rechts ab auf die D 164. Auch hier gibt es wieder ein Schloss. An der nächsten Kreuzung biegen Sie mit mir nach links auf die D 480 ab. Nun sind wir wieder dort, wo wir auch direkt aus JALIGNY gekommen wären.

Bleiben Sie auf der D 480, dann erreichen Sie DOMPIERRE-SUR-BESBRE auf direktem Weg. Ziemlich zu Beginn des Ortes bringt uns ein Schild, welches uns auf einen Campingplatz hinweisen möchte, zum Schmunzeln: Es besagt, dass es bis zum Campingplatz noch 00 Meter sind. Schön wär's!

Ich fahre also diese breite Ortsdurchfahrt weiter bis an die große Kreuzung. Dort biegen wir nach rechts ab. Auf dieser Straße befinden sich sowohl der Supermarkt als auch das Touristenbüro und das Angelgeschäft. Letzteres erwähne ich hier, weil Sie, wenn Sie daran interessiert sind, direkt hinter dem Campingplatz sowohl am See als auch am Fluss oder im Kanal angeln können. Aber lassen Sie mich erst einmal ankommen. Dazu überqueren wir die *Besbre* und sind im QUATIER MADELAINE. Nach der Brücke geht es sofort die 1. Straße nach rechts Richtung Stadion, Schwimmbad und Campingplatz. Bitte rechts halten, dann stehen Sie bald vor der Schranke. Nun müssen Sie sich nur noch anmelden.

(C21) WOMO-Campingplatz-Tipp:
Camp Municipal - Les Bords de Besbre**

GPS: N 46° 30' 57.4" E 3° 41' 05.5"
Öffnungszeiten: Mitte Mai - Mitte September
Ausstattung / Lage: Ver- und Entsorgung, schattig / Ortsnähe
Zufahrt: Wie im Text beschrieben
E-Mail:camping.dompierre@free.fr

Die Dame an der dortigen Rezeption war hellauf begeistert, als ich ihr von unserem Projekt, einen Reiseführer zu schreiben, erzählte, allerdings war ihre erste Frage: „C'est gratuit?" Als ich ihr versicherte, dass sie nichts dafür bezahlen müsse, um im Buch lobend erwähnt zu werden, strahlte sie und wollte mir sogleich einen Deutschprofessor für weitere Informatio-

(105) WOMO-Stellplatz: Dompierre

GPS: N 46° 31' 03.8" E 3° 41' 04.3"
max. WOMOs: 2 - 3
Ausstattung / Lage: Mülleimer / ruhige Lage am Ortsrand, unschön
Zufahrt: Wie im Text beschrieben
Sonstiges: Angelmöglichkeit

nen vermitteln. Ich lehnte dankend ab, wollte ich doch den Ort auf eigene Faust erkunden.

Wenn Sie keinen Campingplatz in Anspruch nehmen wollen, so finden Sie auch einen ziemlich hässlichen – aber direkt am Stadtrand sowie an der *Besbre* gelegenen – Stellplatz für die Nacht. Dazu fahren Sie, wenn Sie von Jaligny kommen, bereits VOR der Brücke rechts rein zum Plan d'Eau. Linkerhand ist eine Autowaschstraße und rechterhand das Centre des Secours. Halten Sie sich links. Sie haben einen Abfalleimer sowie einen Glascontainer dort. Es ist kein Halteverbotsschild vorhanden. Lassen Sie sich nicht abschrecken von dem Schild, das eine limitierte Höhe von 2,10 m zeigt, diese Barriere kommt erst später.

Ehe ich Sie nun zu einem etwas größeren Ausflug entführe, lassen Sie uns gemeinsam die Stadt sowie den Parc de Loisir erobern. Hierfür gehen wir am Blumenrondell des Campingplatzes von der Rezeption aus gesehen rechts vorbei. Gleich neben dem Sportplatz ist eine Metallbrücke. Diese überqueren wir. Wenn Sie sich nun nach rechts wenden, kommen Sie in die Stadt, die einige interessante und lustige Häuserfassaden vorzuweisen hat.

Gleich im Park befindet sich neben dem Parc de Rosiers – dem Rosengarten – ein Kunstwerk, das Jugendliche mit der speziellen Erlaubnis des Bürgermeisters und viel Liebe gemalt haben. Gehen Sie hingegen nach links, so finden Sie eine wunderschöne Freizeitanlage vor. Weiter hinter kommen wir an einen Teich. Der weitere Spazierweg führt Sie entlang des Flusses, wo Sie mit etwas Glück – seltene – Wasservögel beobachten können.

Von Dompierre-sur-Besbre aus sollte man einen Abstecher zum etwa 4,5 km entfernten Abbaye de Sept-Fons unternehmen. Ich habe dazu das Womo bewegt, aber auch eine Radtour ist denkbar. Begeben Sie sich mit mir vom Campingplatz aus nach links, um nach der Brücke gleich wieder rechts auf die D 55 abzubiegen. Hier wird uns das Kloster bereits per Hinweistafel angekündigt. Am Ende der Vorfahrtsstraße biegen Sie abermals nach rechts, um am Kreisel die 2. Ausfahrt zu nehmen. Bald fahren wir über eine blaue Brücke, die den

Klosterleben

Die Abbaye Notre Dame de Sept-Fons, wie das Kloster offiziell heißt, liegt in der Nähe des Loire-Ufers. Es gehört zum Zisterzienserorden und hier wiederum den Trappisten. Die Trappisten sind ein römisch-katholischer Mönchsorden, der im 17. Jahrhundert aus der Reform des Zisterzienserordens hervorging.
1132 wurde das Kloster Sept-Fons gegründet. 1791 wurden die dortigen Mönche vertrieben und das Gebäude als nationales Eigentum verkauft.

Kurze Zeit später erwarben die Mönche ihr eigenes Kloster zurück und fanden 1845 wieder ins dortige klösterliche Leben. Von 1899 bis 1934 stand es unter der Leitung von Abt Jean-Baptiste Chautard, der die Abtei durch sein Buch sowie in erster Linie durch den Verkauf diätetischer Erzeugnisse vor dem finanziellen Untergang rettete. Die Abteikirche wurde 2009 vom Bischof von Moulins geweiht.
Heute folgen rund 70 Mönche einschließlich der jungen Novizen den Regeln des Heiligen Benedikts. Ora et labora ist ihre Devise. Sie widmen sich dem Studium, beten, betreiben Handarbeiten und leben von der Landwirtschaft. Sie führen ihren eigenen Garten, betreiben Imkerei, lagern und versenden. Neben dem Verkauf von Büchern, Heiligenfiguren, Käse, Marmelade, Senf und vielem anderen wird in erster Linie das Germalyne, ein Nahrungsergänzungsmittel aus 100% Weizenkeime, welches im dortigen Kloster vor etwa 80 Jahren entwickelt wurde, veräußert.
Ferner befinden sich im Kloster 27 Zimmer, die man zum Zwecke der Erholung und Besinnung nach vorheriger schriftlicher Anmeldung mieten kann. Den Familienangehörigen stehen 10 Hotelzimmer zur Verfügung.
Morgens um 3.00 Uhr werden die Mönche regelmäßig geweckt und zum Gebet gerufen. Die Armen!

Kanal überquert, und stoßen direkt auf das gesuchte Gebäude. Links davor ist ein Parkplatz, der groß genug für uns Womo-Fahrer ist [GPS: N 46° 30' 49.3" E 3° 40' 57.1"].

Nur keine Scheu, steigen Sie aus und begeben Sie sich durch das Klostertor auf der gegenüberliegenden Straßenseite. In der hauseigenen Boutique werde ich von einem sehr netten Mönch empfangen, der mir bereitwillig zahlreiche Informationen gibt. Die „heiligen“ Räume darf ich allerdings nicht betreten. In einem der zugänglichen Trakte können Sie Bilder vom Umbau und der Renovierung betrachten, sowie anhand eines Modells die enormen Ausmaße des Klosters bestaunen und sich eine interessante 30-minütige Filmvorführung ansehen.

Unser nächstes und vorletztes Ziel ist MOULINS. Dazu verlassen Sie den Campingplatz und fahren nach links auf die Hauptstraße. Folgen Sie stets der D 779. Es geht den Berg hinauf und an der Kirche vorbei, Grobrichtung MOULINS. Am nächsten Rondell begeben Sie sich die 3. Ausfahrt raus auf die N 79 / E 62. MOULINS ist sehr gut ausgeschildert, es sind noch etwa 40 km bis dorthin. Da diese Strecke eher als langweilig zu bezeichnen ist, machen wir nun einen Sprung direkt zum Zielort.

Nehmen Sie die Abfahrt „MOULINS" und fahren Sie am Rondell die 3. Ausfahrt raus auf die N 7. Übrigens ist es die Ausfahrt 48, die wir nahmen. Wenn Ihnen die Straßenschilder sagen, dass Sie in YZEURE-MOULINS sind, fahren Sie weiterhin geradeaus Richtung Zentrum. Nach der Bahnschiene halte ich mich links – „Autres Directions" ist wieder einmal zu lesen. Grobrichtung: CLERMONT-FERRAND. Dann geht es eine kleine „Rampe" hoch, danach fahren Sie am Kreisverkehr die 3. Ausfahrt raus. Wir überwinden die längere *Allier*-Brücke und biegen im anschließenden Kreisel die 4. Ausfahrt ab. Hier entdecken wir endlich das ersehnte Womo-Zeichen. Diesem folgen Sie. Das heißt, es geht gleich wieder links ab, um sofort links einen Berg hinunter zu fahren. Wenn Sie sich unten rechts halten, haben Sie es so gut wie geschafft.

(106) WOMO-Stellplatz: Moulins I

GPS: N 46° 33' 29.8" E 3° 19' 28.6"
Chemin de Halage
max. WOMOs: >20
geringe Gebühr
Ausstattung / Lage: Ver- und Entsorgung, Mülleimer, außerhalb Tisch und Bank / Restaurant- und Ortsnähe
Zufahrt: Wie im Text beschrieben
Sonstiges: Sehr komplizierte Bezahlungsweise (siehe Text), Angel- und Badegelegenheit

Ich steige vor der Schranke aus, und schon kommen mir drei Menschen entgegen, sehen mein Presseschild hinter der Scheibe und outen sich sofort als Chef de l'Office de Tourisme – Monsieur Laurent Laborie – sowie zwei französische Kollegen von uns. Mir wurde erklärt, dass dieser Stellplatz erst seit ein paar Tagen existiert. Zuvor war hier ein Campingplatz. Ich bekam noch ein paar Belehrungen bezüglich der Handhabung dieses – zugegeben recht komplizierten – Systems, die dortige Schranke zu passieren, sowie eine Einladung für den Nachmittag ins Büro. Dort wurde ich mit Informationsmaterialien nahezu erschlagen.

Doch lassen Sie uns erst einmal auf den Stellplatz gelangen, noch stehen wir ja davor. Anfänglich dachte ich, man müsse für diese 4 mir entgegen trotzenden blauen Stationen –den Flots bleus – ein extra Studium absolviert haben, dann aber merkte ich, dass die „Blaue Flotte" gar nicht so feindlich war wie angenommen. Hier eine Kurzanleitung für Sie: Strom, Wasser und WC-Entleerung gibt es nur mit Jetons, die man an einer der Säulen rechts vor der Schranke ziehen muss. Diese Jetons, die Sie lediglich mit der Kreditkarte erhalten, gelten auch für die am Platz befindlichen Stromsäulen. Für den Einlass müssen Sie am Automaten bei der Schranke zunächst Ihr Autokennzeichen eingeben. Anschließend fragt er Sie, ob dieses auch richtig sei. Wenn Sie es bejahen, spuckt er Ihnen ein Ticket in Form einer Scheckkarte aus. Dieses sollten Sie nicht verlieren! Beim Verlassen des Platzes ist diese nämlich wieder in den dafür vorgesehenen Schlitz zu stecken. Der zu zahlende Betrag wird errechnet, und Sie müssen – abermals mit Kreditkarte – zahlen. All diese Instruktionen erhalten Sie in verschiedenen Sprachen, so auch auf Deutsch. Leider steht manchmal die Sonne so ungünstig, dass das Display kaum zu lesen ist! Übrigens ist die Errechnung des Aufenthaltes ein wenig „gewöhnungsbedürftig": Die ersten beiden Stunden sind kostenlos, danach wird nach Stunden abgerechnet, wie man auf dem Foto sieht. Grundkenntnisse der Mathematik sind also erforderlich, will man den genauen Preis im Voraus wissen. Generell kann man behaupten, dass der Aufenthalt hier sehr günstig ist.

Hat man es endlich geschafft, auf den Platz zu kommen, wird man mit einer großen Fläche sowie Ruhe und Ortsnähe belohnt. Ich denke, dass es sich schnell herumsprechen wird, wo dieser neue Platz ist. Bereits im Sommer 2010 konnten wir feststellen, dass er relativ gut besucht wurde: An unserem ersten Abend standen 1 Belgier, 3 Italiener, 1 Franzose und 3 Deutsche dort.

In MOULINS selber steht Ihnen ein weiterer Platz zur Verfügung. Dieser ist aber eher als reine Parkgelegenheit für eine

(107) WOMO-Stellplatz: Moulins II

GPS: N 46° 34' 00.5" E 3° 19' 38.9" Place de Jean Moulin
max. WOMOs: 4 Gebührenfrei
Ausstattung / Lage: keine / Extra-Parkplatz im Ort
Zufahrt: Wie im Text beschrieben
Sonstiges: Leider meistens verbotenerweise von Pkws blockiert

Stadtbesichtigung zu empfehlen. Das größte Manko dieses Platzes ist, dass er trotz Verbotes häufig von Pkws zugeparkt wird. Übrigens für diejenigen unter Ihnen, die nicht Französisch sprechen: Ein Halteverbotsschild mit dem Zusatz „sauf camping-cars" bedeutet, dass hier für alle anderen außer für Womos Halteverbot gilt. Ein sehr seltenes aber eindrucksvolles Schild!

Nun fragen Sie sich sicherlich, wie Sie auf diesen 2. Stellplatz kommen. Tja, das ist nicht ganz so einfach zu erklären. Sollten Sie ein Navi haben, so geben Sie am besten die Adresse oder aber die Koordinaten ein. Wenn nicht, so halten Sie sich an folgende Beschreibung: Von der D 707 – über die Avenue d'Orvilliers – kommend, fahren Sie am Kreisel, dort wo Sie für den 1. Stellplatz über die Brücke müssten, geradeaus weiter. An der nächsten großen Kreuzung geht es nach rechts ab in den Cours de Bercy. Am nächsten Rondell nehmen Sie die 1. Ausfahrt in den Cours Vincent d'Indy. Der nächste Kreisel wird „überfahren" – Autsch! – und danach geht es gleich wieder rechts in die Rue du Vert Galant. Nun sofort wieder links, und Sie entdecken – direkt hinter einem großen Parkplatz – die 4 ausgeschilderten Parkplätze für unsere Womos. Geschafft!?

Doch lassen Sie uns erst einmal eintauchen in die Welt der Berühmtheiten, in die Welt des Theaters, der Opern und des Filmes. Dazu müssen wir an den Kreisel, der von unserer Ankunft in MOULINS aus gesehen hinter der Brücke liegt. Von der Brücke aus kommend, nehmen wir die 1. Ausfahrt, um auf die D 13 in der Route de Montilly zu fahren. Gleich links befindet sich in einem ehemaligen Militärgebäude das „Centre national du costume de scène et de la scènographie", ein Kostümtheater, das rund 8500 Kostüme aus Film, Theater und Kunst beherbergt. Vom 1. Stellplatz

Kreiert von Franck Sorbier für La Traviata

aus kann man dort bequem zu Fuß hin gelangen. – Übrigens befindet sich in dieser Straße auch gleich auf der rechten Seite ein Supermarkt.

Als ich im „Centre national du costume de scène et de la scènographie“ war, fand gerade die Ausstellung der „Divas“ statt, die die edlen Roben bekannter Damen wie Dalida, Maria Callas oder Montserrat Caballé darbot. Auch einige Video-Vorführungen waren zu bestaunen. Untermalt war der ganze Besuch von der entsprechenden Musik.

Sollten Sie diese besuchen wollen, so müssen Sie sich sicherlich beeilen, denn die Themen wechseln.

Wieder einmal war man mir gegenüber sehr zuvorkommend: Fotografieren ist verboten, und dennoch durfte ich für Sie – liebe Leser – ein paar Fotos „schießen“. Aber mal ehrlich: Ich hatte mehr von dem Museum erwartet.

Wissenswertes über Moulins

Moulins wurde erstmals im Jahre 990 erwähnt. Man nimmt an, dass der Name aufgrund der Nähe zahlreicher Mühlen in dieser Gegend entstand. Der Legende nach wurde Archambaud Graf von Bourbon während der Jagd, nachdem er die Allier überquert hatte, von der Nacht überrascht und fand Einkehr in einer Mühle. Er verliebte sich in die hübsche Müllerin und erbaute dort ein Jagdhaus, aus dem später ein Schloss wurde. Drumherum entstand rasch ein Dorf.
Moulins wird Mitte des 13. Jahrhunderts zu einer 1000 Einwohner zählenden Stadt. Im 15. Jahrhundert herrschte Moulins über das Herzogtum „Bourbonnais“. Ein Leben in Luxus brach vielerorts an. Zahlreiche Künstler wurden an den dortigen Hof von Pierre II. und seiner Frau Anne de France berufen. Nach der Revolution wird Moulins Sitz der Präfektur. Etliche Kloster fanden hier ihren Platz, und zu Beginn des 19. Jahrhunderts wird das 1. Gymnasium Frankreichs in Moulins gegründet.

Übrigens ist der Aufenthalt an den Ufern der *Allier* ein besonderes Erlebnis: An heißen Tagen findet man an zahlreichen Stellen eine angenehme Erfrischung im kühlen Nass, sowie einen ruhigen Sonnenplatz, Angelfreunde unter Ihnen werden es genießen – besonders im Bereich des Wehrs – auf Fischfang zu gehen, und auch diejenigen unter Ihnen, die sich gerne an einem einmalig schönen Anblick ergötzen, werden keineswegs enttäuscht sein. Das Panorama, welches sich Ihnen bietet, wenn Sie über die *Allier*-Brücke – von Stellplatz I kommend – gehen, wird Ihnen unvergesslich in Erinnerung bleiben. – Doch lassen Sie uns nun gemeinsam zu einem ausgiebigen Stadtbummel durch MOULINS aufbrechen.

Um die einzelnen Sehenswürdigkeiten der Stadt zu finden, müssen Sie über die eben erwähnte Brücke gehen. Auf ihr können Sie abermals einen besonders schönen Blick genießen. Dann sollten Sie immer geradeaus – sich ein wenig links haltend – laufen, um zum historischen Kern zu gelangen. Die einzelnen Straßenzüge zu nennen erscheint mir zu aufwändig. Ich traue Ihnen zu, dass Sie alles alleine finden. Daher möchte ich Ihnen lediglich das nennen, was Sie keineswegs versäumen sollten.

Nicht versäumen sollten Sie, sich am Place d'*Allier* einen Platz im „Grand Café" – das seit 1899 existiert – [GPS: N 46° 33' 52.0" E 3° 19' 51.2"] zu sichern. Hier sang einst Coco Chanel ihre Lieder, und zahlreiche weitere prominente Persönlichkeiten bevorzugten das im Rokokostil gehaltene Café mit den dekorativen Decken, den zahlreichen Spiegeln sowie den beeindruckenden Balkons, auf denen einst das Orchester

Wie einst Coco Chanel...

spielte. Wer nun glaubt, hier könne man nur einkehren, wenn das Portemonnaie entsprechend gefüllt und man nobel angezogen sei, der liegt falsch. Die Preise waren beinahe „unnatürlich human“ und die Besucher modern, légère gekleidet. „Unser“ Ober hetzte durch die Gegend, dennoch verströmte er mitnichten Hektik. Mein Hund bekam sogar unaufgefordert eine Schüssel mit Wasser hingestellt. Doch kommen Sie selber hierher und erleben Sie das einmalige Flair dieses Cafés. Es macht einfach Spaß, hier zu sitzen, die Menschen rund um einem zu beobachten und zu genießen. Etwas mehr Hektik herrscht an Markttagen. Aber auch das sollte man unbedingt einmal erlebt haben.

Ein weiteres Muss ist auf jeden Fall der Besuch der Kathedrale, die aus zwei verschiedenen Teilen besteht. In ihrem Inneren kann man das Triptychon des Meisters von MOULINS bestaunen, welches allerdings nur zu ganz bestimmten Zeiten zugänglich ist. Aber auch dann ist nicht immer darauf Verlass, dass eine Besichtigung klappt. Frankreich eben! Als ich im August 2010 dort war, schloss der Priester gerade – trotz Öffnungszeiten – die Tür und teilte mir auf meine Anfrage hin mit, dass er jetzt weg müsse und in rund einer halben bis dreiviertel Stunde wiederkäme. C’est la vie!

Den Mal coiffée, den Bergfried des Herzogschlosses, der bis 1986 als Gefängnis diente, finden Sie direkt gegenüber der Kathedrale. In unmittelbarer Nachbarschaft stehen der Schlosspark sowie der Pavillon Anne-de-Beaujeu. Letzteres wurde gebaut, damit der Bruder der Herzogin von Bourbon – König Charles VIII. – hier die Pracht Italiens wiederfinden kann. Heute befindet sich darin ein Museum mit archäologischen Funden, Gemälden, mittelalterlichen Skulpturen sowie Fayenzen.

Sollten Sie übrigens die Möglichkeit haben, an einem Freitag in MOULINS sein zu können, so nutzen Sie die Gelegenheit, über den großen Markt zu schlendern, der sich hier in zahlreichen Gassen und Straßen präsentiert. Ein Tipp für die Damenwelt: Hier – wie generell auf allen Märkten des Landes – können Sie zu wirklich niedrigen Preisen fantastische, ausgefallene Mode kaufen. Den Gourmets unter Ihnen sei gesagt: Spezialitäten jeglicher Art erhalten Sie nirgendwo so frisch und in so großer Auswahl wie auf Frankreichs Märkten.

Unsere Tour und somit auch unser gesamter AUVERGNE-aufenthalt nähert sich langsam dem Ende. Lassen Sie uns zum Abschluss noch einen romantischen Stellplatz genießen. Dazu fahren wir am Rondell die 1. Ausfahrt raus Richtung Zentrum. Nach der Brücke geht es gleich wieder nach rechts. Danach müssen Sie sich links – Toutes Directions – halten.

An der großen Kreuzung, dort, wo eine Ampel den Verkehr regelt, biegen Sie halb links nach AUTUN ab. Das ist nun Ihre weitere Zielrichtung. Wenn Sie etwas später einen hübsch hässlichen Turm mit etlichen Satellitenschüsseln sehen, dann fahren Sie an diesem – unter einer Brücke hindurch – vorbei und setzen kurz dahinter den Blinker nach links. Dies ist die D 30 Richtung LA-CHAPELLE-AUX-CHASSES sowie GANNAY-SUR-LOIRE. Letzteres ist unser Abschlussziel. Übrigens ist diese Straße für Fahrzeuge über 7,5 t gesperrt. Also vorsichtig, sollten Sie zu viel von den guten französischen Spezialitäten gegessen haben!

(108) WOMO-Picknickplatz: Gannay

GPS: N 46° 43' 37.3"
E 3° 35' 56.4"
Le Port des Vameaux
max. WOMOs: 4
Gebührenfrei
Ausstattung / Lage: Versorgung, Toiletten, Mülleimer, Wertstoff-Behälter, Tische und Bänke / ruhige Lage außerorts
Zufahrt: Wie im Text beschrieben

Wieder einmal führt unser Weg durch Wald, und wieder einmal werden wir auf den drohenden Wildwechsel aufmerksam gemacht. Und schon sehen wir am Straßenrand ein totes Wildschwein liegen. Eine extrem lange Mauer auf der rechten Seite begleitet unsere Route. Abermals sehen wir hunderte von Charolais Kühen. Es geht durch eine von Ackerbau und Viehzucht sowie Wald geprägte Landschaft. Noch einmal Natur pur. So verabschiedet sich die AUVERGNE von uns.

Direkt an der D 30 – noch vor einer Brücke mit blauem Geländer gegenüber eines Teiches – entdecken wir ein Hinweisschild mit der Aufschrift „Pôterie“ und „Base nautique des Vanneaux“. Diesem fahren Sie nach. In LA-CHAPELLE-AUX-CHASSES geht es übrigens ein kleines Stück entlang der AUVERGNATISCHEN Grenze, was man natürlich nur merkt, wenn man die Route auf dem Atlas verfolgt. Und auch wir befinden uns mit unserem letzten Stellplatz bei GANNAY-SUR-LOIRE im „Grenzgebiet“, und keiner merkt es!

Hier am idyllisch gelegenen Kanal wollen wir unsere AUVERGNE-Tour so langsam ausklingen lassen. Der Picknickplatz lädt zu einem letzten französischen Essen mit einem guten Gläschen Vin rouge ein. Das genießen wir jetzt noch und damit verabschieden wir uns von Ihnen und hoffen, Ihnen die AUVERGNE ein wenig schmackhaft gemacht zu haben. Sie kommen doch, so wie wir, bestimmt wieder?

Adressen

Ein paar Anschriften brauchen Sie vielleicht bereits, bevor Sie Ihre Reise überhaupt angetreten haben. Von folgenden amtlichen Fremdenverkehrsämtern erhalten Sie viel nützliches Informationsmaterial:

Atout France
Postfach 100 128
60001 Frankfurt
Zeppelinallee 37
60325 Frankfurt/Main
Tel. 0900 / 157 00 25
Fax 0900 / 159 90 61
info.de@franceguide.com

in Österreich:

Atout France Österreich
Lugeck 1 - 2
1010 Wien
Tel. 0900 25 00 15
Fax 01 / 503 28 72
info.at@franceguide.com

und in der Schweiz:

Atout France Zürich
Postfach 33 76
Rennweg 42
8021 Zürich
Tel. 044 217 46 00
Fax 044 217 46 17
info.ch@franceguide.com

Sollten Sie größere Probleme haben, wie zum Beispiel einen Unfall, Diebstahl oder auch den Verlust der Dokumente, helfen Ihnen die diplomatischen Vertretungen gerne und unbürokratisch weiter:

Deutsches Generalkonsulat
33, Boulevard des Belges
69458 Lyon Cedex 06
Tel. 04.72.69.98.98
Fax 04.72.43.06.94
info@lyon.diplo.de

Ein **Honorarkonsulat von Deutschland** sowie der **Schweiz**, welches für die AUVERGNE zuständig ist, existiert nicht.

Honorarkonsulat von Österreich
27, rue de la Villette
69003 Lyon
Tel.06.30.93.92.74

Tipp:

Bedenken Sie bitte, dass Sie, wenn Sie von Ihrem Handy aus anrufen, zunächst die Vorwahl für das entsprechende Land – in unserem Fall die 0033 für Frankreich – anwählen, und dann die erste 0 weglassen müssen.

Ärztliche Hilfe

Ein Thema, an das man nicht gerne denkt. Trotzdem kann es vorkommen, dass Sie oder ein Familienmitglied im Urlaub erkranken oder wegen eines Unfalls ärztliche Hilfe benötigen.

Wenn Sie Mitglied einer gesetzlichen Krankenversicherung sind, brauchen Sie die Europäische Krankenversicherungskarte (European Health Insurance Card - EHIC), die Sie bei Ihrer Krankenversicherung kostenlos erhalten.

Als Privatversicherter erhalten Sie – ebenso wie in Deutschland – eine ausführliche Arztrechnung, die Sie bei Ihrer Versicherung einreichen.

Tipps:

» *Beim ADAC können Sie, ebenso wie bei den lokalen Fremdenverkehrsämtern (Office de Tourisme oder Syndicat d'Initiative), eine Liste deutschsprachiger Ärzte in Ihrem Urlaubsgebiet anfordern. Wenn Sie der französischen Sprache nicht mächtig sind, können Sie sich mit den Medizinern oft auch in Englisch verständigen.*

» *Den ADAC-Arzt in München erreichen Sie unter der Telefonnummer 0049/89 22 22 22.*

» *Überlegen Sie sich, ob Sie überhaupt einen Arzt brauchen. Auch die Apotheker können Ihnen in vielen Fällen weiterhelfen. Sie sprechen ebenfalls oft Englisch. Der Weg in eine „Pharmacie" ist nach einem Arztbesuch sowieso meist nötig. Als kleiner Trost sei Ihnen gesagt, dass die Medikamente in Frankreich wesentlich billiger sind als bei uns.*

Angeln

Viele der fischreichen Gewässer in der AUVERGNE lassen die Anglerherzen höher schlagen. Und so kommt es, dass man nicht nur überall Angler sitzen sieht, sondern dass es zudem in beinahe jedem Ort gut bestückte Angelgeschäfte gibt. Das bedeutet für Sie als Angler, dass Sie sich weder Köder noch Zubehör zwingendermaßen aus Deutschland mitnehmen müssen. Ganz im Gegenteil: Das dortige Sortiment ist überwältigend.

Neben der *Allier* sind vor allem die *Sioule* sowie die *Besbre* als fischreiche Flüsse im DÉPARTEMENT ALLIER bekannt. Die wildromantischen Schluchten der *Truyère* gelten als Anglerparadies im CANTAL. Einige Seen – wie beispielsweise der *Lac de Pêcher* – laden ebenfalls zum Angeln in diesem Département ein. Im HAUTE-LOIRE können Sie an der *Gazeille*, am *Lignon* sowie an etlichen Seen Ihrem Hobby frönen.Der *Lac du Bouchet* ist von Januar bis August für Hobbyangler und von September bis Dezember für Sportangler zugängig. In den Schluchten der *Haute-Allier* befindet sich ein Lachsschutzgebiet. Die meisten Angelseen finden Sie im Département PUY-DE-DÔME.

Zu den Besonderheiten der auvergnatischen Gewässer zählt der Lachs, der in der *Allier* zu finden ist. Er legt auf seiner Reise von der Flussmündung der *Loire* am *Atlantik* eine über 900 km lange Strecke – und das alles ohne Wohnmobil! – zurück, um im Oberlauf der *Allier* abzulaichen. Dessen Vorkommen ist – ebenso wie das des Fischotters und des Bibers – ein untrügliches Zeichen für extrem gute Wasserqualität. Aber keine Angst, der Fischbestand ist noch so hoch, dass weder Biber noch Otter ernstzunehmende Konkurrenten für die Angler sind.

Weitere in der AUVERGNE vorkommende Fischarten sind die Forelle, der Bachsaibling, der Zander, der Hecht sowie der Karpfen. Leider haben sich in den letzten Jahren die schwarzen Katzenwelse, die ursprünglich aus Amerika stammen, derartig vermehrt, dass sie zu einer Art Plage geworden sind. Wir konnten uns mit eigenen Augen davon überzeugen, dass ganze Schwärme davon die dortigen Gewässer bevölkern, so dass große schwarze Flecken auf den Wassern zu schwimmen scheinen. Mancherorts ist es daher verboten, diese Fische nach dem Fangen wieder ins Wasser zu setzen.

Um in der AUVERGNE angeln zu dürfen, müssen Sie – wie in Deutschland auch – die bestehenden Vorschriften beachten. Generell benötigen Sie einen bei uns erworbenen Angelschein, dem eine Fischereiprüfung zugrunde liegt. Gegen eine vergleichsweise geringe Gebühr können Sie dann eine Angelerlaubnis für bestimmte Gewässer sowie bestimmte Abschnitte und entsprechende Zeiten erwerben. Diese erhalten Sie entweder in Angelgeschäften oder aber in Bars, Touristenbüros, Tabakläden sowie manchmal sogar in Restaurants oder in der Bürgermeisterei. Neben Tages-, Wochen- oder auch Monatskarten gibt es Jahreskarten, die fürs ganze Land gelten können. Sollten Sie also öfters nach Frankreich fahren, so ist die Jahreskarte nicht nur die wesentlich kostengünstigere sondern auch die bequemere Variante. Hierzu benötigen Sie zusätzlich ein gültiges Passfoto. Kinder und Frauen erhalten günstigere Angelkarten. Das Angeln im Meer ist übrigens nicht nur kostenlos, es bedarf auch keinerlei Erlaubnis. Aber nun suchen Sie nicht das Meer in der AUVERGNE!

Weitere Informationen erhalten Sie bei den jeweiligen Geschäftsstellen der Fédération Départementale des Pêcheurs – dem Département-Verband der Angler. Diese sind:

für 03 – L'ALLIER

8 rue de la Ronde
03500 St-Pourçain-sur-Sioule
Tel. 04.70.45.42.90

für 15 – CANTAL

14 Allée du Vialenc
15000 Aurillac
Tel. 04.71.48.19.25

für 43 – HAUTE-LOIRE

Maison de la Pêche
32 Rue Henri -Chas
43000 Le Puy-en-Velay
Tel. 04.71.09.09.44

für 63 – PUY-DE-DÔME

site de Marmilhat
63370 Lempdes
Tel. 04.73.92.56.29

Auch bei der Brigade Départementale du Conseil Supérieur de la Pêche – dem Départements-Amt der Fischereiaufsicht – sind Informationen erhältlich. Näheres erfahren Sie über die Touristenbüros.

Autohilfsdienste

Ich wünsche Ihnen zwar, dass Sie sich in Ihrem Urlaub nicht über eine Panne ärgern müssen, aber passieren kann ja bekanntlich immer etwas. Sie können das Risiko mindern, wenn Sie vor Ihrer Reise das Womo noch einmal zur Inspektion in die Werkstatt fahren. Nehmen Sie bei dieser Gelegenheit auch gleich die neueste Ausgabe des internationalen Kundendienstverzeichnisses Ihrer Automarke mit.

Aber was, wenn Sie jetzt wirklich irgendwo stehen und das Womo keinen Mucks mehr von sich gibt?

Tipps:

» *Auf den französischen Autobahnen werden die Pannendienste ebenso gerufen wie bei uns, nämlich über die Notrufsäulen. Ansonsten wenden Sie sich an die „Police Sécours", die Sie an jeder Telefonzelle über die Notrufnummer 17 erreichen. Unter der Nummer 04.72.17.12.22 können Sie rund um die Uhr über „AIT-FIPA Assistance" in Deutsch einen Pannenhilfsdienst herbeirufen.*

» *Holen Sie sich vor der Abreise bei Ihrem Automobilclub oder bei Ihrer Versicherung einen (Auslands-)Schutzbrief. Damit werden nicht nur die Kosten für Pannenhilfen bis zu einem gewissen Grad übernommen, er bietet auch andere Leistungen, wie zum Beispiel Krankenrücktransport, Verzollung bei Totalschaden, Ersatzteilversand und ähnliches. Vom ADAC wissen wir, dass für Fahrzeuge, die bestimmte Maße überschreiten, eine kostenlose Zusatzpolice abgeschlossen werden muss. Dabei sind bestimmte Kosten, die aufgrund einer Sonderbehandlung wegen der übergroßen Maße anfallen können, begrenzt oder ausgeschlossen. Erkundigen Sie sich danach!*

Campingplätze

In fast allen Orten finden Sie Campingplätze aller Kategorien. Das kann sowohl ein gemeindeeigener „Camping municipal" als auch ein privater Platz sein. Die Adressen und Ausstattungen entnehmen Sie bitte den einschlägigen Campingführern. Freies Camping ist jedoch — bis auf einige Ausnahmen — möglich und, besonders außerhalb der Saison, in den touristisch weniger erschlossenen Gebieten auch nötig. Lesen Sie hierzu ebenfalls die Abschnitte „Freies Camping" weiter hinten.

Fahrzeug

Das Auto spielt bei Ihrem Urlaub eine der Hauptrollen. Schließlich wollen Sie nicht nur, wie viele andere Touristen auch, damit in Ihr Urlaubsgebiet fahren, sondern auch noch darin wohnen. Deshalb ist es doppelt wichtig, dass Sie sich auf Ihr rollendes Heim verlassen können.

Tipps:

» *Bringen Sie Ihr Womo vor der Fahrt noch einmal zur Inspektion.*

» *Die Zweitbatterie fristet irgendwo in einem Stauraum ein einsames Dasein. Vergessen Sie nicht, auch dort – wenn nötig – den Füllstand zu überprüfen.*

» *Besorgen Sie sich Reservebirnen, Ersatzsicherungen, einen Keilriemen und — wenn Sie keinen Selbstzünder fahren — Zündkerzen. Natürlich können Sie das alles auch in Frankreich kaufen. Aber was machen Sie Sonntagmorgens in einer abgelegenen Gegend mit gerissenem Keilriemen?*

» *Denken Sie ebenso an einen Reservekanister (nicht nur bei Streik!) und an ein bis zwei Liter Motorenöl.*

» *Ihr Womo hat nicht nur vier oder sechs Reifen, sondern fünf oder sieben. Ein Ersatzreifen ist völlig nutzlos, wenn er nicht einsatzbereit ist. Auch den mal überprüfen.*

Flora, Fauna und Landwirtschaft

Die AUVERGNE ist aufgrund ihrer Lage, ihres Klimas sowie der

Abgeschiedenheit ein idealer Ort für eine große Artenvielfalt in der Tier- und Pflanzenwelt.

Schroffe Felsen, erloschene Vulkane, dichte Wälder aber auch satte Almwiesen prägen das Bild. Im Frühjahr findet man vielerorts einen Blütenteppich aus gelben aber auch weißen Narzissen. Ebenso kann man sich an den rot blühenden Hundszahnlilien erfreuen. Wilde Stiefmütterchen sowie wilder Jasmin, Orchideen und gar Enzian sind in der AUVERGNE keine Seltenheit. Die Wurzeln des gelben Enzians, der in erster Linie auf den Hochplateaus in 800-1500 m Höhe wächst, werden zur Gewinnung des dort bekannten Aperitifs „Gentiane" verwandt. Zahlreiche Wege werden von Farnen sowie vom Knabenkrautgewächs gesäumt.

Besonders in den Feuchtgebieten und Mooren trifft man auf eine üppige Vegetation sowie eine breit gefächerte Tierwelt.

Weite Teile der AUVERGNE sind bewaldet. Laub- und Mischwälder stehen neben Nadelwald. Die Höhenlagen werden von Buchen und Tannen dominiert. Der größte zusammenhängende Eichenwald Europas – der FÔRET DE TRONÇAIS – befindet sich in „unserem" Gebiet. Im Spätsommer und Herbst können Sie neben der Jagd auch das große Pilzvorkommen in den auvergnatischen Wäldern kennenlernen.

Im Norden – im BOURBONNAIS – zeichnet sich die Landschaft durch saftige Weiden sowie eine typische Heckenumrandung aus. Bäume sind nur vereinzelt zu finden.

Die Gegend um BILLOM ist bekannt für den Knoblauchanbau, rings um ST-POURÇAIN-SUR-SIOULE gedeiht der berühmte Wein, und LE PUY-EN-VELAY ist für seine grünen Linsen bekannt.

Auch die auvergnatische Tierwelt ist eine spezielle. In der von Landwirtschaft geprägten AUVERGNE stechen in erster Linie die zahlreichen Kuhherden ins Auge. Allen voran finden wir die alte französische Rasse des Salers-Rindes, deren Milch hauptsächlich zur Käsegewinnung verwandt wird. Die vielen Charolais-Rinder sind für die Fleischverwertung gedacht.

Besonders artenreich ist die Vogelwelt. Neben Sing- und Raubvögeln sind besonders viele Wasservögel unterwegs. Über den Schluchten der *Haut-Allier*, der *Sioule* sowie der *Haute-Loire* und des *Allagnons* ziehen Milane, Falken und Schlangenadler ihre Kreise. Waldkauze und Bussarde befinden sich in den Torfmooren. Der majästetische Uhu ist aufgrund seiner Lebensweise von uns Wohnmobilfahrern eher nicht zu sehen – dafür aber zu hören. Mit etwas Glück entdecken Sie in der Nähe von Wasserläufen einen Eisvogel bei der Nahrungsaufnahme oder den seltenen Flussuferläufer. Speziell im ALLIERgebiet sind verschiedene Arten von Reiher, Fluss-Seeschwalben und Fischadler neben Schwänen und Enten beheimatet. Auch der in Mitteleuropa eher seltenere Triel – der zu den Regenpfeifern gehört – brütet in der AUVERGNE. Wiedehopf und Neuntöter kehren nach der Überwinterung in Afrika hierher zurück. In BAS-EN-BASSET konnte ich mich mit eigenen Augen von der Anwesenheit eines seltenen Nachtreiherpärchens überzeugen.

In den auvergnatischen Wäldern leben Füchse, Rehe, Wildschweine, Marder, Eichhörnchen und Hermeline. Das Bête wurde Gott-sei-Dank ausgerottet. Imposante Hirsche lassen sich in der PINATELLE D'ALLANCHE (CANTAL), im HAUT-ALLIER sowie im FÔRET DE TRONÇAIS beobachten. Die äußerst scheue Ginsterkatze, die im Westen der Region vorkommt, werden Sie kaum zu Gesicht bekommen.

Eine besondere Art von „Immigranten“ finden wir an den Hängen des PUY MARY und des SANCY, wo rund 300 Mufflons in enger Nachbarschaft mit Gämsen und den scheuen Murmeltieren leben.

Gehen wir zu den kleineren Tieren über, so fallen wunderschöne Schmetterlinge und possierliche Eidechsen auf. Letztere sind nicht nur außerhalb der Ortschaften zu finden. Eidechsen haben es uns besonders angetan. Die größte ihrer Art ist die Smaragdeidechse, die sich aber eher außerhalb der menschlichen Besiedelung aufhält.

In dem vorliegenden Reiseführer lesen Sie gleich viermal von der Begegnung mit einer Schlange. Aber keine Angst! Autofahren ist weitaus gefährlicher! In der Regel meiden diese Reptilien auch die Begegnung mit uns Menschen. Zudem sind die meisten europäischen Schlangen vollkommen ungefährlich. An Gewässern und in Feuchtgebieten trifft man mit etwas Glück auf sogenannte Wasserschlangen – zu ihnen zählen die Ringel- und die Würfelnatter. Während sich die Ringelnatter von Kleintieren und Fischen ernährt, frisst die Würfelnatter ausschließlich Fisch. Andere harmlose Nattern leben an Land.

Einzig die Vipern und die Ottern zählen zu den Giftschlangen. In der AUVERGNE sind die Kreuzotter und die Aspisviper beheimatet. Ihr Gift ist für einen gesunden Menschen allerdings keineswegs tödlich. Zudem kann man davon ausgehen, dass eine Giftschlange vor dem Menschen – den sie bereits durch die Erschütterungen seiner Schritte lange vor seinem wirklichen Erscheinen wahrnimmt – flieht. Lediglich wenn sie sich angegriffen fühlt, kann sie zubeißen.

Aufgrund ihrer Unfähigkeit, ihre Körpertemperatur über den Stoffwechsel zu regulieren, müssen Echsen und Schlangen die Sonnenstrahlen zur Erwärmung dieser nutzen. Daher trifft man diese Wechselblütler normalerweise nur bei schönem Wetter – also gehäuft in den Sommermonaten – in der AUVERGNE an. Im Winter verfallen sie in eine Art Starre.

In den Weihern der SOLOGNE BOURBONNAISE – im Nordosten der AUVERGNE – leben die in Europa sehr seltenen Europäischen Sumpfschildkröten. Mehrere Hunderte von Wasserfrösche konnten wir überall in den Gewässern quaken hören und springen sehen.

Freies Camping

Als Wohnmobilneuling oder -mieter werden Sie von verschiedenen Veröffentlichungen in Zeitschriften oder von Tabellen der Automobilclubs mehr oder weniger verunsichert Ihre Reise antreten. In diesem Land ist eine Übernachtung außerhalb eines Campingplatzes gestattet, in jenem Land gerade noch toleriert, dort kommt nur ein Campingplatzaufenthalt in Frage, hier muss man lediglich den Grundstückseigentümer fragen. Der Trend — das muss leider gesagt werden — geht dahin, die Wohnmobile auf die Campingplätze zu verbannen. Die Gründe hierfür sind vielfältiger Art:

» *Die ständig wachsenden Zulassungszahlen der Womos machen die Präsenz der Fahrzeuge mittlerweile unübersehbar. Wo vor Jahren noch einsam ein Wohnmobil stand, werden mittlerweile Wagenburgen gebaut und rufen — verständlicherweise — den Unmut der Anwohner hervor.*

» *Es darf auch nicht verschwiegen werden, dass das Verhalten der Wohnmobilfahrer mit dazu beigetragen hat, dass Verbote erlassen wurden. Eine sich ständig vergrößernde Pfütze unter einem Fahrzeug wird auch von einem wohlwollenden Nachbarn naserümpfend kritisiert werden. — Und das mit Recht.*

In Frankreich werden eine oder mehrere Übernachtungen im Womo außerhalb von Campingplätzen — nach unserer Erfahrung — fast immer toleriert. Hierbei ist jedoch noch etwas anzumerken: In der Hauptsaison werden Sie mit Sicherheit Schwierigkeiten heraufbeschwören, wenn Sie an einem überfüllten Strandparkplatz an einem der wunderschönen Seen Ihr Vorzelt oder Sonnensegel aufbauen und tagelang, am Klapptisch sitzend, Parkplätze blockieren, während Mütter und Väter samt Kindern und mittelschwerem Gepäck mit hängender Zunge von weit her an Ihnen vorbeiziehen. Es gehört also schon etwas Fingerspitzengefühl dazu, einen Standplatz zu suchen und zu finden. Wenn Sie längere Zeit mit aufgebautem Vorzelt und mit Tisch und Stühlen im Freien an einem Ort bleiben wollen (man nennt das amtlich „campingähnliches Leben“) empfehlen sich auf jeden Fall der Campingplatz oder extra dafür hergerichtete Stellplätze.

Fremdenverkehrsbüros

Obwohl diese Einrichtungen ein bisschen nach „Pauschalreisen” klingen, möchte ich ihnen doch ein eigenes Stichwort widmen. Bereits Monate vor Ihrer Tour können Sie sich bei den Französischen Verkehrsbüros in Deutschland Unterlagen zuschicken lassen. Neben einer Menge Werbematerial erhalten Sie auch Hinweise auf aktuelle lokale Veranstaltungen, die Ihnen kein Reiseführer liefern kann. In jedem größeren und manchmal auch kleineren Ort finden Sie ein „Office de Tourisme" oder ein „Syndicat d'Initiative" (OTSI), wo man Sie gern über lokale Ereignisse informiert. Oft sind diese Behörden auch im Bürgermeisteramt untergebracht. In den meisten Orten jedoch finden Sie einen gut sichtbaren Hinweis auf diese Informationsquellen.

Für nähere Angaben stehen Ihnen die einzelnen örtlichen Touristenbüros sowie folgende Institution zur Verfügung:

Fremdenverkehrsamt für die AUVERGNE
Parc Technologique
Clermont-Ferrand La Pardieu
7, Allée Pierre de Fermat
63178 Aubière Cedex
Tel. 04.73-294949
Fax 04.73-341111

Geschichte

Ich will Sie hier keineswegs mit historischen Details sowie Jahreszahlen und einer endlosen Reihe von Herrschern langweilen, aber da Sie in Ihrem Urlaub auf Schritt und Tritt mit der Geschichte konfrontiert werden, möchte ich Ihnen wenigstens die wichtigsten Fakten aufschreiben:

Bereits vor rund 38.000 - 40.000 Jahren wohnten Neandertaler gefolgt von den „moderneren" Homo sapiens in der heutigen Auvergne (Vielleicht wohnten sie zeitweise sogar in unmittelbarer Nachbarschaft zueinander dort?! Siehe Tour 13). Bis zur Jungsteinzeit – etwa 6000 v. Chr. – entwickelte sich eine Kultur, die allmählich sesshafter wurde und sich der Tierhaltung, der Jagd und dem Fischfang widmete.

In der vorchristlichen Epoche bevölkerten die Keltischen Stämme der Arverner die heutige AUVERGNE. Sie prägten ihr eigenes Geld, trieben Handel und leisteten den römischen Besatzern – wie in Asterix und Obelix nachzulesen – während der gallorömischen Zeit energischen Widerstand. Im Spätsommer des Jahres 52 v. Chr. verloren die Arverner allerdings in der entscheidenden Schlacht von ALESIA, die von dem Arverner Vercingetorix (siehe Tour 3) angeführt wurde, ihr Land, und die AUVERGNE wurde romanisiert.

Im 5. Jahrhundert – während der Spätantike – eroberten die Westgoten unter König Eurich die Region. Und zu Beginn des 6. Jahrhunderts ging die heutige AUVERGNE im Frankenreich auf.

Während des Mittelalters wurde die Region mehrfach aufgeteilt und wieder getrennt, um letztendlich im 16./17. Jahrhundert an die französische Krone zu fallen. Während der Französischen Revolution (1789-1799) kam es 1790 zur Bildung der heutigen Départements ALLIER, HAUTE-LOIRE, CANTAL und PUY-DE-DÔME. Dabei umfassen die Départements ALLIER und HAUTE-LOIRE Teile der historischen Provinzen LYONNAIS, LANGUEDOC und

BOURBONNAIS. 1792 wurde die Erste Republik ausgerufen. (Übrigens folgten mit den Jahren bis heute 4 weitere Französische Republiken.) Zahlreiche Glockentürme der AUVERGNE fielen während der Revolutionszeit der Zerstörungswut der Revolutionäre anheim.

Napoléon führte mit seiner "Selbstkrönung" zum Kaiser 1804 die Monarchie wieder ein. Überhaupt steht der Name „Napoléon" nicht nur in ganz Frankreich für Besonderheiten, auch die AUVERGNE hat ihm beispielsweise die Popularität des Kurortes VICHY zu verdanken.

1940 wird VICHY Hauptstadt des unbesetzten Frankreichs (siehe Tour 12).

Zahlreiche Persönlichkeiten gehen aus „unserer" Region hervor, so ist beispielsweise Georges Pompidou von 1969 bis 1974 Staatspräsident und Valéry Giscard d'Estaing hat von 1974 bis 1981 das Amt des Präsidenten inne.

Die AUVERGNE mit den uns heute bekannten geografischen Grenzen entstand übrigens erst 1960.

Haustiere

Viele Wohnmobilfahrer unter uns reisen – wie wir – mit ihrem Hund, einige wenige nehmen die Katze oder gar den Vogel mit. Damit Sie bei eventuellen Kontrollen nicht in Schwierigkeiten geraten, lassen Sie uns Ihnen ein paar wenige Informationen geben, die sich vorwiegend auf das Mitführen von Hunden beziehen.

Hunde sind – wie prinzipiell in ganz Frankreich – auch in der AUVERGNE kein Problem. Wir waren mit unserer Julie zumeist herzlich willkommen, und das sicherlich nicht nur, weil sie eine waschechte Französin – geboren im PÉRIGORD – ist. Wir wurden ermutigt, sie mit ins Museum zu nehmen, und man brachte ihr unaufgefordert eine Schale frischen Wassers.

Dennoch sind einige wichtige Dinge zu beachten.

Tipps:

» *Ein EU-Pass, der von einem Tierarzt ausgefüllt sein muss und die Identifizierung sowie die gültigen Impfungen bescheinigt, ist mitzuführen. Dies impliziert, dass Ihr vierbeiniger Freund gechipt und gegen Tollwut geimpft sein muss. Das Gleiche gilt für Katzen und Frettchen.*

» *Die Einfuhr bestimmter Kampfhunde ist verboten, sofern sie nicht in einem vom Internationalen Hundeverband zugelassenen Stammbuch eingetragen sind.*

» *Für manche „Kampfhunde" gilt ein Verbot bezüglich der Mitnahme in öffentlichen Verkehrsmitteln oder Gebäuden sowie Leinen- und Maulkorbpflicht.*

Bei Fragen können Sie mithilfe der Zusendung eines Fotos Ihres Hundes die nötigen Antworten bei der Landwirtschaftsabteilung der Französischen Botschaft oder aber direkt beim Landwirtschaftsministerium unter folgender Adresse holen:

Pascale Vignal-Gautron
Tel. 01.49.55.84.72
pascale.vignal-gautron@agriculture.gouv.fr

Sollten Sie einen „normalen" Hund mitführen, so werden Sie feststellen, wie unproblematisch das Ganze ist. Zwar existieren einige Hunde-Verbots-Schilder, doch die meisten Franzosen ignorieren diese erfolgreich. Auch der Leinenzwang wird recht locker gehandhabt, was dem Hund bezüglich seiner natürlichen Lebensart hilft und wesentlich weniger Beißereien zur Folge hat.

Kartenmaterial

Für die Anreise sowie für die Groborientierung leistet eine Übersichtskarte von Frankreich im Maßstab 1:1 Mio. (gibt's beim WOMO-Verlag) gute Dienste. Zur richtigen Erkundung der AUVERGNE ist jedoch die Michelin-Karte 522 AUVERGNE/LIMOUSIN (gibt's auch beim WOMO-Verlag) im Maßstab 1:200.000 unentbehrlich.

Unser Tipp: Sie kaufen sich gleich den kompletten „Michelin Atlas Routier France" für knapp 20 Euro im Buchhandel, beim Zeitschriftenhändler oder in einem der großen Supermärkte Frankreichs. Uns war er nicht nur auf den zahlreichen Frankreichfahrten eine nicht mehr wegzudenkende Hilfe sondern beinahe ein Freund, besonders dann, wenn das Navi versagte.

Kinder

Für Kinder ist ein Urlaub mit dem Wohnmobil ideal. Die Umgebung ist vertraut, Mama und Papa sind stets in der Nähe, und es ist genügend Platz im Auto, um die Lieblingsspielsachen unterzubringen. Während der Fahrt können die Kleinen malen, puzzeln — oder auch schlafen. Ganz wie es beliebt. Wenn die Kinder mal „müssen" (immer ganz dringend!), brauchen Mami oder Papi nicht erst lange nach einer Toilette zu suchen. Das Klo ist in den meisten Fällen an Bord und kann auch mitten in der Stadt bei einem kurzen Halt am Straßenrand benutzt werden. Natürlich verläuft ein Urlaub mit Kindern anders als ohne. Das fängt schon bei der Anreise an: Nehmen Sie sich keine zu großen Etappen vor. Sowohl Sie als auch Ihre Kinder werden dann viel entspannter den Urlaub beginnen.

Tipps:

» *Sorgen Sie für ausreichendes Beschäftigungsmaterial für die Fahrt. Je nach Alter Ihrer Kinder sind das Schmusetiere, Malutensilien, CDs, Spiele, Puzzles oder Bücher.*

» *Denken Sie an die empfindliche Haut Ihrer Lieben. Sonnenhut und T-Shirt dürfen nicht fehlen.*

» *Suchen Sie vor dem Urlaub noch einmal Ihren Kinderarzt*

auf und sagen Sie ihm, wohin Sie fahren und wie lange Sie bleiben wollen. Er stellt Ihnen dann gern eine Liste mit Medikamenten für den Notfall zusammen.

» *Lesen Sie unter dem Stichwort „Packliste“, unter dem Abschnitt „Kinder“, was Sie sonst noch brauchen.*

Lebensmittel

Für die Anfahrt in den Urlaub nehmen wir normalerweise Brotbelag oder ein Fertiggericht mit. Ich muss gestehen, dass wir auch zu denen gehören, die am Wochenende losfahren. Wir müssen also von zu Hause soviel Verpflegung mitnehmen, dass wir über den Sonntag nicht verhungern. Natürlich ist das übertrieben, denn es gibt ja noch die Restaurants. Aber das ist ein anderes Kapitel (→ Restaurants). Immer mehr Supermärkte in Frankreich haben aber nicht nur am Samstag bis in die Abendstunden geöffnet, einige stehen Ihnen ebenfalls am Sonntagvormittag zur Verfügung. Dafür ist allerdings manchmal – besonders außerhalb der Sommermonate – der Montag „Ruhetag“.

Tipps:

» *Kommen Sie ja nicht auf die Idee, etwas das mit Fisch oder Käse zu tun hat, mit in die AUVERGNE zu nehmen! Die Auslagen in den Fisch- und Käsetheken (sogar in Supermärkten) sind ein Augenschmaus und strotzen vor Frische.*

» *Das Angebot an Fleisch ist in etwa mit unserem zu vergleichen. Lamm- und Hammelfleisch wird allerdings wesentlich häufiger angeboten als in Deutschland. Wir haben auch das Gefühl, es schmeckt besser als bei uns. Testen Sie selbst!*

» *Mit den französischen Würsten konnten wir uns bisher nicht anfreunden und unterlassen daher jede Stellungnahme. Lassen Sie sich überraschen!*

» *Beim Käse ist es – besonders in der AUVERGNE – ein Muss, ihn vor Ort zu kaufen: Wir haben noch keinen gefunden, der uns nicht schmeckt. Schwelgen Sie in der riesigen Auswahl und probieren Sie sich langsam durch. Am Ende Ihres Urlaubs haben Sie bestimmt einige Lieblingssorten gefunden. Merken Sie sich die Namen für den nächsten Urlaub. Sie kommen doch wieder!?*

» *Vom Wein brauchen wir nicht erst zu reden!? Wer Wein mit nach Frankreich nimmt, der begeht ein Verbrechen.*

Literatur

Ein Buch, welches Sie bei Ihrem Besuch in der AUVERGNE brauchen, haben Sie bereits hier vor sich liegen. Da wir natürlich nicht auf alle Interessen eingehen können möchten wir Ihnen im

Folgenden einige Tipps für weitere Literaturen geben:

Die grünen Michelin-Reiseführer, die sich in Frankreich einer großen Beliebtheit erfreuen, waren auch für uns – nicht nur, weil der Name „Michelin" in engem Zusammenhang mit der AUVERGNE steht – eine unersetzliche Hilfe auf unserer Reise.

Michelin Auvergne Berry; Der Grüne Reiseführer. Architektonische Kleinode, erloschene Vulkane und ursprüngliche Natur in sattem Grün; Verlag: Travel House Media; Michelin Touristikabteilung.

Ein Buch, das sich nicht nur Wanderfreunde zulegen sollten, sondern das beim Lesen auch Lust auf Wandern macht, ist folgendes, das sie übrigens auch über den WOMO-Verlag beziehen können:

Bettina Forst; Rother Wanderführer – Auvergne mit Massif Central und Vallee du Lot. Die schönsten Tal- und Höhenwanderungen; Bergverlag Rother.

Und da Bettina Forst unserer Meinung nach nicht nur informativ sondern auch interessant schreibt, möchten wir gleich noch eine Empfehlung aussprechen für ihr Buch

Auvergne, Cevennen, Massif Central; Reise Know-How Verlag Rump, Bielefeld.

Und noch ein Tipp:

Gabriele Kalmbach/Hans E. Latzke, Auvergne & Cevennen – das Zentralmassiv; DuMont Reiseverlag, Ostfoldern.

Bleibt last but not least:

Hans E. Latzke; Auvergne Tarn & Cevennen; DuMont Reiseverlag, Ostfildern.

Kauderwelsch Französisch aus dem Reise Know How Verlag (gibt's auch beim WOMO-Verlag)

sollte selbstverständlich in Griffnähe sein, wenn Sie die AUVERGNE bereisen.

Interessante Bildbände gibt es in der Region selber in Buchhandlungen, Touristenbüros oder auch in Supermärkten, allerdings sind die meisten von ihnen in Französisch, was aber die Wirkung der Fotos keineswegs schmälert.

Zum Schluss noch etwas zum Schmunzeln:

Goscinny/Uderzo, Band XI, Asterix und der Arvernerschild, DELTA Verlagsgesellschaft, Stuttgart,

ein Muss für jeden AUVERGNE-Fahrer.

Medikamente

Lesen Sie hierzu auch unter „Ärztliche Hilfe" nach. Arzneimittel, die Sie regelmäßig einnehmen müssen, brauchen Sie natürlich auch im Urlaub. Lassen Sie sich von Ihrem Arzt die nötige Menge verschreiben. Die folgenden Tipps verstehen Sie bitte nur als Anregung, Sie sollen schließlich keine komplette Apotheke mit sich führen.

Tipps:

» *Ihr „Arztkoffer", den Sie an Bord haben, ist der Erste-Hilfe-Koffer. Gehen Sie damit zu einer Apotheke und lassen Sie den Inhalt überprüfen. Verschiedene Teile sind nur begrenzt haltbar. Nebenbei wird eventuell verbrauchtes Material wieder aufgefüllt.*

» *Am häufigsten reagieren die Verdauungsorgane auf die geänderten Ess- und Lebensgewohnheiten im Urlaub. Gegen Durchfall helfen, ganz unproblematisch, Kohletabletten. Was Sie bei Verstopfung brauchen, kann Ihnen Ihr Apotheker sagen.*

» *Wenn Sie mit Kindern unterwegs sind, lesen Sie im Kapitel „Kinder" nach, was Sie brauchen.*

» *Denken Sie auch daran, dass jemand reisekrank werden könnte. Nicht jedem Pkw-Mitfahrer bekommt das Fahrgefühl im Wohnmobil.*

» *Zum Schluss noch 3 Mittel, die Sie immer dabeihaben sollten:*
1. Zedan oder ein ähnliches Mittel auf Zedernöl-Basis gegen Mückenstiche
2. Einen Insektenstift „zur Beseitigung des Juckreizes nach Insektenstichen", wenn 1. versagt hat.
3. Sonnenöl oder -creme

Packliste

Eine Kopiervorlage der Packliste zum Abhaken finden Sie im Service-Teil.

Radfahren

Das Land der Tour de France ist ausgesprochen radfahrerfreundlich. Allerdings macht es uns die AUVERGNE mit ihren zahlreichen Höhen und Tiefen nicht immer einfach, den Drahtesel ohne enorme Anstrengung zu bewegen. Dennoch sollten Sie, wenn Sie können, nicht darauf verzichten. Es ist nicht nur zum „Brötchenholen" – oder sollten wir eher „Baguette-holen" sagen? – das ideale Gefährt, bei einer Geschwindigkeit von höchstens 20 km/h können sie nämlich viel mehr entdecken, als wenn Sie mit dem Womo durch die Landschaft kurven.

Tipps:

» *Falls Ihr Womo nicht mit einem Fahrradträger ausgerüstet ist, achten Sie bei dem Kauf vor allem auf die Abstandshalter, die dafür sorgen, dass die Räder im oberen Bereich auseinander gehalten werden. Da ich selbst in der Zubehörbranche tätig bin, wurde ich schon mit den aberwitzigsten Konstruktionen konfrontiert. Jedes Rad sollte am Grundträger befestigt sein. Ein Abstandshalter von Fahrrad zu Fahrrad bringt außer einer Menge Scheuerstellen recht wenig.*

» *Wenn Sie bereits einen Heckträger montiert haben und Sie sich ebenfalls über die unzureichenden oberen Befestigungen ärgern, möchte ich Ihnen empfehlen, auf die Abstandshalter der im Handel befindlichen Alu-Träger-Systeme auszuweichen. Da die Alu-Rohre jedoch wesentlich dicker sind als die üblichen kunststoffbeschichteten Stahlrohre, müssen Sie einen kleinen Trick anwenden: Besorgen Sie sich im Baumarkt Isolation für Heizungsrohre. Dazu messen Sie den Durchmesser Ihres Grundträgers und kaufen die Isolation in der entsprechenden Stärke. Auf das so ummantelte Rohr können Sie dann Ihren Abstandshalter anschrauben.*

Reisezeit / Klima

Die beste Reisezeit für die AUVERGNE hängt ganz von Ihren Wünschen und Vorstellungen ab. Wie überall kann es zu jeder Jahreszeit schön sein. Aufgrund der allgemeinen Wetterlage können wir behaupten, dass man mit dem Wohnmobil am besten in den Monaten Mai bis September unterwegs sein sollte. Wegen der klaren Luft genießen Sie in der Regel in den Monaten April, Mai und September die besten Aussichten über die Vulkanberge. In den Wintermonaten ist in den Höhenlagen – und davon besitzt die AUVERGNE einige – mit Schnee zu rechnen.

Generell kann man sagen, dass die AUVERGNE für ihr eher raues Klima bekannt ist. Die Winter sind kalt, und in den Bergen herrscht Wintersportbetrieb. Im Frühjahr ist es wechselhaft, der Sommer ist größtenteils heiß, in den Bergen weht allerdings ein kühlender Wind. Der Herbst bezaubert mit seinen zahlreichen bunten Wäldern sowie vielen Sonnentagen.

Restaurants

Frankreich und Restaurants gehören untrennbar zusammen. Aufgrund der Vielfältigkeit hat sicherlich auch die AUVERGNE für jeden unserer Leser das Passende zu bieten.

Hier möchten wir Ihnen noch ein paar verschiedene französische Gaststätten vorstellen:

Eine **Brasserie** ist am ehesten mit unseren Gasthäusern zu vergleichen. Preiswerte und einfache Gerichte werden schnell und preisgünstig serviert.

Die **Cafés** entsprechen unseren Kneipen. Man trifft sich dort, um etwas zu trinken oder um sich zu unterhalten.

In einer **Crêperie** können Sie eine Vielzahl der französischen Pfannkuchen durchprobieren.

Es bleibt das **Restaurant**, das auch bei uns Restaurant heißt. Der „Michelin" vergibt nach sehr strengen Kriterien einen bis drei

Sterne. Sollten Sie ein passendes Restaurant gefunden haben, müssen Sie auch die Speisekarte lesen können. Am einfachsten und preiswertesten ist es immer, wenn Sie eines der Menüs bestellen. Wenn Sie allerdings „à la carte" speisen wollen, habe ich hier die wichtigsten Ausdrücke für Sie zusammengestellt:

Fische

anchois	Sardelle
anguille	Aal
brème	Brasse
cabillaud	Kabeljau
carpe	Karpfen
congre	Meeraal
dorade	Brassen
equille	Sandaal
hareng	Hering
lieu noir	Seelachs
lotte de mer	Seeteufel
loup de mer	Seebarsch
maquereau	Makrele
merlan	Wittling, Merlan
merlu	Seehecht
perche	Barsch
plie	Scholle
raie	Rochen
sandre	Zander
saumon	Lachs
sole	Seezunge
thon	Thunfisch
truite	Forelle
turbot	Steinbutt

Sonstige Meerestiere

araignée	Seespinne
bouquet	Seekrebs
coque	Herzmuschel
coquille St-Jacques	Jakobsmuschel
crabe	Krabbe
crevette	Garnelen
ecrevisse	Flusskrebs
grenouille	Frosch
homard	Hummer
huîtres	Austern
langouste	Languste
moules	Miesmuscheln
poulpe	Krake
praire	Venusmuschel
seiche/calamar	Tintenfisch
tourteau	Taschenkrebs

Fleisch

agneau	Lamm
bifteck	Beefsteak
boeuf	Rind
cervelle	Hirn
côtelette	Kotelett
escalope	Schnitzel
foie	Leber
langue	Zunge
lapin	Kaninchen
lièvre	Hase
mouton	Hammel
porc	Schwein
sanglier	Wildschwein
saucisses	Würstchen
veau	Kalb

Geflügel

canard	Ente
coq	Hahn
dinde	Pute
faisan	Fasan
oie	Gans
poulet	Huhn

Gemüse/Obst

ail	Knoblauch
concombre	Gurke
lentilles	Linsen
oignon	Zwiebel
pomme	Apfel
pomme de terre	Kartoffel

Getränke

cidre	Apfelwein
bière	Bier
eau minérale	Mineralwasser
vin	Wein
- blanc	Weißwein
- de table	Tischwein
- du pays	Landwein
- rouge	Rotwein

Schwarze Madonnen

In der AUVERGNE gibt es besonders viele Schwarze Madonnen – Vierges noires. Warum diese Madonnen schwarz sind, konnte bis auf den heutigen Tag nicht eindeutig geklärt werden. Am bekanntesten ist wohl die Schwarze Madonna von LE PUY, DIE SEIT DEM 13. Jahrhundert verehrt wird. Man sagt, dass König Ludwig IX. diese Statue von seinem Kreuzzug gegen Ägypten mitgebracht habe. Während der Französischen Revolution wurde diese Madonnenfigur öffentlich verbrannt.

Warum sich aber letztendlich die enorme Anzahl der Schwarzen Madonnen in der AUVERGNE so stark verbreitete, obliegt reinen Spekulationen. Die einen behaupten, sie seien Überbleibsel aus der Zeit der Kelten und haben deren Göttinnen ersetzt, andere führen ihre Existenz auf die Bibel zurück, da im Hohelied des König Salomons „...Seht mich nicht an, dass ich so gebräunt bin..." geschrieben steht.

Noch heute werden ihr zu Ehren spezielle Feste und Prozessionen in den verschiedenen Orten abgehalten.

Straßen und Verkehr

Wie überall in Frankreich sollten Sie auch in der AUVERGNE – wenn möglich – die Autobahnen (A) vermeiden. Damit sparen Sie zum einen Geld, denn ein Großteil von ihnen ist gebührenpflichtig, zum anderen wird Ihnen so ein schöneres Landschaftsbild vermittelt. Ideal erscheint uns in der Regel die Benutzung der gut ausgebauten Route Nationale (RN), wenn man etwas rascher vorwärts kommen möchte oder ein größeres Womo besitzt. Die Départementstraßen wiederum liefern uns Wohnmobilisten herrliche Picknick- und Übernachtungsplätze sowie idyllische Ortschaften und interessante Gegenden. Aber beachten Sie, dass diese mit einem D versehenen Straßen häufig kleiner und enger werden, wenn sie von der Mehrstelligkeit in die Einstelligkeit wechseln. Die Nummerierung am Straßenrand stimmt mit denen am Navi oder denen im Atlas nicht immer überein. Zudem mussten wir feststellen, dass die Franzosen scheinbar mit Vorliebe die Nummern wechseln. So kann schnell aus der D 28 die D 228 werden.

Auch ansonsten haben wir recht abenteuerliche Erfahrungen mit Frankreichs Straßen machen dürfen. So führte uns bei einem unserer Besuche die D 4 mittels einer Déviation – einer unumgänglichen Umleitung – auf eine landschaftlich interessante aber kurvenreiche und enge Strecke, auf der wir froh waren, dass es keinen Gegenverkehr gab.

Noch ein Tipp unter uns Womo-Fahrern: Vertrauen Sie nie ganz Ihrem Navi! Es könnte Sie unter Brücken hindurch führen wollen, die aus Ihrem chicen Alkoven ein Cabriolet machen würden, oder aber versuchen, Sie auf für Womos nicht passierbare Straßen zu leiten. Vermeiden können Sie dieses, indem Sie mitdenken sowie Ihren Beifahrer mit der neuesten Straßenkarte – idealerweise dem Straßenatlas von Michelin – beschenken. Die Karten bekommen Sie bei uns im WOMO-Verlag, den Michelin können Sie in Buchhandlungen sowie in nahezu jedem Supermarkt Frankreichs kaufen.

Ortsdurchfahrten sind nicht immer kommod. Fahren Sie vorausschauend und misstrauen Sie auch mal einer Abzweigung, die Sie zu einem Parkplatz oder in ein Stadtzentrum führen will. Sind Sie nicht sicher, ob das „passt", so vergewissern Sie sich lieber vorab zu Fuß.

Auch den Straßenschildern gegenüber können Sie ruhig ein wenig misstrauisch sein. So gab es beispielsweise eine Höhenlimitierung in Thiers – Tour 12 –, die nie zum Tragen kam.

An die überaus vielen Kreisverkehre – Rond Points – haben wir uns schon im Laufe der Jahre gewöhnt. Sie haben ihr Gutes: 1. passieren hier wesentlich weniger Unfälle als an „normalen" Kreuzungen, da man dort nicht so rasen kann, und 2. sind sie ideal, wenn man nicht weiß, wo man hin soll. Man fährt eben so oft im Kreis, bis der Beifahrer auf dem Atlas die richtige Ausfahrt gefunden hat! Ampeln findet man nur noch wenige.

Schließendlich möchten wir Sie noch auf die zahlreichen fest installierten sowie mobilen Radaranlagen in der AUVERGNE aufmerksam machen. Also immer schön an die vorgegebene Geschwindigkeit halten, wenn Sie nicht ein Porträtfoto von sich hinterm Steuer Ihres Womos als Souvenir nach Hause geschickt bekommen wollen.

Sprache

Zuerst die gute Nachricht: Mit ein paar Brocken Französisch werden Sie in Ihrem Urlaub nicht verhungern. Auf englische oder gar deutsche Sprachkenntnisse können Sie jedoch nur in ausgesprochenen Touristenorten oder in Grenznähe hoffen. Wenn Sie Bruchstücke Ihres Schulfranzösisch in Ihren heutigen Alltag hinüberretten konnten, gebrauchen Sie es! Ihr Gesprächspartner wird bemüht sein, sich Ihnen verständlich zu machen. Die angebliche Arroganz, die den Franzosen – und speziell den Auvergnaten – gegenüber Menschen angedichtet wird, die ihrer Sprache nicht mächtig sind, werden Sie kaum erleben, wenn Sie wenigstens ein paar Worte Französisch sprechen. Bemühungen werden immer honorier! Mein Tipp: Kaufen Sie sich einen kleinen Sprachführer (ein Wörterbuch nützt wenig!) wenn Sie von der Landessprache absolut keine Ahnung haben. Die wichtigsten Wörter und Worte haben wir Ihnen hier zusammengestellt:

ja/nein .... oui/non
Guten Tag .... bonjour
Guten Abend .... bonsoir
Auf Wiedersehen .... au revoir
bitte .... s'il vous plaît
danke .... merci
Verzeihung .... pardon
Sprechen Sie.deutsch/englisch....Parlez-vous allemand / anglais?
Was kostet das? .... Ça fait combien?
Können Sie das aufschreiben? .... Voudriez-vous l'écrire?
Wo/ Wohin?...Où?

links.. .à gauche
rechts ....à droite

Da die Franzosen sehr höfliche Leute sind, sollten Sie jedem dieser Ausdrücke entweder Monsieur oder Madame folgen lassen.

Und hier noch ein paar wichtige touristische Vokabeln nicht nur für die AUVERGNE:

abbaye...Abtei
beffroi...Bergfried
fôret/bois..Wald
château...Schloss
col..Pass
église..Kirche
étang...Teich
lac...See
fontaine...Quelle
monastère...Kloster
marché.. .....Markt
puy...erloschener Vulkan

Wenn Sie die Öffnungszeiten der Geschäfte oder aber die Markttage wissen möchten, so seien Ihnen die Wochentage verraten:

lundi...Montag
mardi...Dienstag
mercredi..Mittwoch
jeudi...Donnerstag
vendredi...Freitag
samedi..Samstag
dimanche..Sonntag

Verkehrszeichen

Die Verkehrszeichen sind natürlich mit unseren identisch. Einige französischsprachige Zusätze haben wir hier erklärt:

Accès interdit ....Einfahrt verboten
Camping-car.. .... Womo
Carrefour ....Große Kreuzung
Cédez le passage...................................... ...Vorfahrt gewähren
Chantier... ...... Baustelle
Déviation... ...... Umleitung
feux.. .... Ampel
Hauteur limitée....................................... .... Höhenbeschränkung
Passage à niveau... .... Bahnübergang
Ralentissez! .... Langsam fahren!
Rappel.. ...... Erinnerungshinweis
Sens unique.. ...... Einbahnstraße
Stationnement interdit.................................... ..... Halteverbot

Véhicules lents serrez à droite........Langsame Fahrzeuge rechts fahren!
Vent latéral.. ......Seitenwind
Vitesse contrôlée......... Geschwindigkeit wird überwacht/ Radar
Vous n'avez pas la priorité................ Sie haben keine Vorfahrt

Wasser

Nirgendwo sonst findet man so viele klare Bäche, Flüsse, Seen und Quellen wie in der AUVERGNE. Große Flüsse wie die *Allier*, die *Loire* oder die *Truyère* bestechen durch Fischreichtum und Freizeitangebote. Zahlreiche Schluchten bieten ein fantastisches Landschaftsbild. Kleinere Flüsse wie die *Besbre*, die *Sioule* oder die *Cère* offerieren Menschen, Pflanzen und Tieren ein wahres Paradies. Wasserfälle gelten als heimische Touristenattraktionen.

Zu den bekanntesten Kraterseen zählen der 92 m tiefe *Lac Pavin* in der Nähe von BESSE sowie der *Gour de Tazenat* in der Gemeinde CHARBONNIÈRES-LES-VIEILLES.Künstliche Stauseen, die zur Stromversorgung gebaut wurden, gibt es in größerer Zahl. Nahezu jeder Ort besitzt ein „Plan d'Eau“ mit einer Art Freizeitanlage. Allein daran merkt man, wie wichtig den Auvergnaten das Wasser ist.

Das wohl größte Phänomen der Region sind die zahlreichen Quellen, deren Wasser einen ntaürlichen – von den Vulkanen gebildeten – Filter durchlaufen, mit einem hohen Mineralgehalt aus der Erde sprudeln und als Mineral- oder Quellwasser vermarktet werden. Das bekannteste natürliche Mineralwasser, welches mittlerweile weltweit vermarktet wird, ist das stille Wasser VOLVIC, das unter dem Vulkan PUY DE DÔME entspringt. Auch Vichy, das natürliche, kohlensäurehaltige Mineralwasser aus der gleichnamigen Stadt, ist weit über die Grenzen FRANKREICHS bekannt. Vittel und Evian sind ebenso Begriffe in der Mineralwasserbranche. Ich persönlich bevorzuge das leicht salzig schmeckende SAINT-YORRE.

Wasserversorgung

In Ihrem Womo verfügen Sie vermutlich über eine Frischwasserreserve von 20 bis 150 Litern. Kleinere Wassermengen werden oft in Kanistern aufbewahrt, was die Befüllung natürlich erleichtert. Bei jedem Tankstopp bietet sich grundsätzlich die Möglichkeit, das Trinkwasser aufzufüllen. Gegen ein kleines Trinkgeld wird Ihnen jeder Tankwart erlauben, Ihren Wassertank aufzufüllen. (Wobei das Trinkgeld der entnommenen Wassermenge entsprechen sollte!) Kanister können an jedem Wasserhahn gefüllt werden, ein Schlauch zum Befüllen der eingebauten Tanks ist jedoch nicht immer vorhanden. Daher empfiehlt sich die Mitnahme einer speziellen „Trinkwassergießkanne“, die sich an jedem Wasserhahn füllen lässt und mit der man den eigenen Wassertank problemlos auffüllen kann.

Allerdings brauchen Sie bei der großen Dichte von Ver- und Entsorgungsstationen in dem hier beschriebenen Gebiet keine Angst zu haben an Wassernotstand leiden zu müssen. Wir haben einen etwa 5 m langen Schlauch und mehrere Gardena-Anschlussstücke dabei, die alle auf eine Kupplung passen, die am Schlauch befestigt ist. Damit hatten wir noch nie Probleme. Die Entsorgungsstationen des Typs „Flot Bleu" sind mit einem Schlauch ausgestattet, was nicht jedermanns Sache ist, weil man ja nie weiß, was der Vorgänger mit diesem Schlauch gemacht hat. Sie sind uns auch aufgrund ihrer Funktionsweise etwas suspekt. Allerdings sind die „Euro-Relais" in der Überzahl. Weitere Tipps finden Sie im „Allgemeinen Wohnmobil-Handbuch", das als Band 5 der WOMO-Reihe erhältlich ist.

Wenn Sie Bedenken bezüglich der Wasserqualität haben, oder Ihren Wassertank nicht innerhalb von 2 - 3 Tagen leeren können, empfehle ich Ihnen, das Wasser mit einem Mittel auf Silberionen-Basis zu behandeln. (Z. B. Micropur oder Certisil Argento.) Hierbei wird Ihr Trinkwasser einerseits entkeimt, andererseits haltbar gemacht. Nach 2 bis 3 Stunden Einwirkungszeit ist damit behandeltes Wasser keimfrei und 6 Monate haltbar. Eine Veralgung müssen Sie jetzt nicht mehr befürchten. Die Tatsache, dass ich ausgerechnet ein Mittel auf Silberionen-Basis empfehle, hängt damit zusammen, dass es gegenüber den anderen auf dem Markt befindlichen Mitteln Vorzüge aufzuweisen hat:

- *Es ist geruchs- und geschmacklos.*
- *Es ist 10 Jahre haltbar.*
- *Es wirkt durch Silberionen und ist daher frei von Chlor und Jod.*

Die Entkeimungstabletten erhalten Sie bei Ihrem Fachhändler in der richtigen Dosierung für Ihren Wassertank. Allerdings möchten wir auch hinzufügen, dass hier, in der AUVERGNE, die Wasserqualität kaum zu übertreffen ist.

Zeitungen

Im Sommer sind an vielen Kiosken deutschsprachige Zeitungen erhältlich. Sie sind meist vom Tag zuvor. Gehören Sie zu den Wohnmobilfahrern mit Satelliten-TV, so erübrigt sich zumeist die Nachfrage nach einer Tageszeitung. „Stern" und Spegel" sind, besonders in de Sommermonaten in den meisten „Maisons de la Presse zu erhalten.

Ab und zu sollten Sie sich eine französische Tageszeitung zulegen. Besonders wenn Sie längere Zeit an einem Ort bleiben. Selbst wenn Ihre Sprachkenntnisse nur mangelhaft sind, können Sie denen trotzdem alle Festlichkeiten entnehmen. Ort und Datum verstehen Sie sowieso, und um welches Fest es sich handelt, erkennen Sie mithilfe Ihres Sprachführers.

Service-Teil

Auf den folgenden Seiten haben wir viele Daten zusammengetragen, die Ihnen als Wohnmobilfahrer die Planung der Tour erleichtern soll.

Die Feste, Umzüge und sonstigen lokale Veranstaltungen sind hier nur aufgeführt, wenn sie überregionale Bedeutung haben. Wenn Sie sich dem Trubel aussetzen wollen, ist Ihnen die folgende Übersicht sicherlich dienlich. Ansonsten betrachten Sie sie — wie wir — als Warnung vor chaotischen Verkehrsverhältnissen.

Feste entlang der Route

In der gesamten Auvergne

Es gibt kein ein Dorf, das nicht sein lokales Fest feiert. Meist wird es zu Ehren des Ortsheiligen ausgerichtet, beginnt mit einer Messe und nimmt im Laufe des Tages zunehmend weltlichere Formen an. Solche Veranstaltungen entnehmen am besten einer Lokalzeitung entnehmen oder achten Sie auf ausgehängte Plakate. Auch die Verkehrsämter können Ihnen da Tips geben.

Tour 1

Hérisson: Konzerte klassischer Musik Mitte Juli bis Anfang August.

Montluçon: Fest der Charolais-Rinder im März.

Montluçon: Musikfestival im Juni

Montluçon: Marienprozession am Sonntag nach dem 8. September.

Tour 3:

Clermont-Ferrand: Internationales Kurzfilmfestival Ende Januar / Anfang Februar.

Clermont-Ferrand: Mittelalterfest in der Altstadt in der ersten Junihälfte.

Clermont-Ferrand: Wasserfest Ende Juli

Clermont.Ferrand: Jazzfestival Ende Oktaber / Anfang November.

Tour 4

Orcival: Prozession abends an Himmelfahrt. Abends zuvor Fackelzug und Messe.

Le Mont-Dore: Musikfestival Juli - August
Issoire: Musikfestival Mitte Juni bis Mitte Juli
Issoire: Tanzfest Mitte Juli

Tour 5
Aurillac: Internationales Straßentheaterfest am letzten Augustwochenende. Hierbei ist der Stellplatz gesperrt!
Aurillac: „Ländliche Lebensweise“ Mitte Oktober
Aurillac: Wettbewerb der Geschichtenerzähler - auf Französisch und Okzitanisch Ende November / Anfang Dezember.
La Roquebrou: Boogie-Woogie-Festival Mitte August.
Riom-ès-Montagnes: Gentiane-Fest Anfang Juli
Riom-ès-Montagnes: Käsefest im August

Tour 7
St-Flour: Treffen der Gebirgskulturen an Pfingsten

Tour 9
Le Puy-en Velay: Traditionelle Prozession der weißen Büßer am Gründonnerstag.
Le Puy-en Velay: Historische Straßentheateraufführungen Mitte September.
Le Puy-en Velay: Internationales Mongolfierentreffen am Wochenende um den 11.11.

Tour 11
La Chaise-Dieu: Musikfestspiele Mitte August.

Tour 12
Riom: Prozession in Kostümen aus dem 17. Jahrhundert am 11. Juni oder dem darauf folgenden Sonntag.

Feiertage

Neujahr, Ostermontag, 1. Mai, 8. Mai, Christi Himmelfahrt, Pfingstmontag, 14. Juli, 15. August, 1. November, 11. November, Erster Weihnachtstag

PACKLISTE

Dokumente und Wertsachen
- O Ausweise
- O Führerscheine
- O Kfz-Schein
- O Schutzbrief
- O Grüne Versicherungskarte
- O Krankenscheine
- O Impfausweis
- O Impfausweis Haustier
- O Bargeld
- O EC-Karten
- O Kreditkarten
- O Angelkarte/Jahres-fischereischein
- O ADAC Mitgliedskarte

Kleidung
- O Unterwäsche
- O Schlafwäsche
- O Hemden/Blusen
- O T-Shirts/Pullis
- O Jacke/Mantel
- O Rock/Hose/Kleid
- O Mütze/Sonnenhut
- O Sandalen/Schuhe
- O Wanderschuhe
- O Gummistiefel
- O Badesachen
- O Regenbekleidung

Bad
- O Handtücher/Lappen
- O Seife/Duschgel
- O Shampoo
- O Deo
- O Haarbürste/Kamm
- O Fön
- O Zahnbürsten/ -pasta
- O Zahnbecher
- O Rasierzeug
- O Körpercreme
- O Sonnenmilch/ -öl/ creme
- O Maniküretui
- O Handspiegel
- O Schminkutensilien
- O Fettstift
- O Papiertaschentücher
- O Tampons

Toilette/Wassertank
- O Spezialpapier
- O Toilettenchemie
- O Zusatz für den Frisch-/ Abwassertank

Kinder
- O Kindersitze
- O Fahrradsitze
- O Spielsachen
- O Spiele
- O Schmusetiere
- O Kinderbücher
- O Malsachen
- O CDs

Küche
- O Spüllappen
- O Spülmittel
- O Geschirrtücher
- O Küchenrollen
- O Flaschenöffner
- O Korkenzieher
- O Dosenöffner
- O Schere
- O Streichholz
- O Töpfe
- O Pfannen
- O Tassen / Gläser
- O Teller
- O Besteck
- O Schüssel
- O Sieb
- O Kochlöffel
- O Schneebesen
- O Suppenlöffel
- O Soßenlöffel
- O Tee-/Kaffeefilter

O Tee-/Kaffeekanne
O Gewürze
O Salz
O Zucker/Süßstoff
O Zwiebeln
O Knoblauch
O Tee
O Kaffee
O Milch
O Kakao
O Getränke
O Fertiggerichte
O Nudeln
O Püree
O Reis
O Würstchen
O Suppen
O Eier
O Marmelade
O Butter, Margarine
O Joghurt
O Müsli

Haushalt
O Nähzeug
O Sicherheitsnadeln
O Waschmittel
O Wäscheleine
O Wäscheklammern
O Klebeband
O Müllbeutel
O Schmutzwäschetüte
O Kerzen

Unterhaltung
O Spiele
O Bücher
O Kreuzworträtselheft
O CD-Player, CDs

Papiere
O Straßenkarten
O Wanderkarten
O WOMO-Führer
O Reiseführer
O Sprachführer
O Adressenliste
O Schreibzeug

Bett
O Betttücher
O Kissen/Decken

Apotheke
O Persönliche Medikamente
O Schmerztabletten
O Durchfalltabletten
O Mittel gegen Stiche
O Antiseptisches Puder
O Wundsalbe
O Heftpflaster
O Fieberzäpfchen
O Fieberthermometer
O Hustensaft
O Grippemittel
O Verhütungsmittel

Sonstiges
O Handy/Autoladekabel
O Fotoapparat
O Videaokamera
O Speicherkarten
O Akkus
O 12-Volt-Ladegerät
O Fernglas
O Taschenlampe
O Uhr / Wecker
O Navi
O Sonnenbrille
O Kompass
O Regenschirm
O Rucksäcke
O Decke/Matte
O Campingmöbel
O Schlauchboot
O Grill/Holzkohle
O Werkzeugkasten
O Fahrräder/Luftpumpe
O WOMO-Knackerschreck
O Mitbringsel für evtl. Einladungen

Stichworte

Zum Schluss: In eigener Sache, oder der Sache aller!?

Urlaub mit dem Wohnmobil ist etwas ganz besonderes. Man kann die Freiheit genießen, ist ungebunden, dennoch immer zu Hause, lebt mitten in der Natur wo man für sein Verhalten völlig selbst verantwortlich ist!

Seit mehr als 25 Jahre geben wir Ihnen mit unseren Reiseführern eine Anleitung für diese Art Urlaub mit auf den Weg. Außer den umfangreich recherchierten Touren haben wir viele Tipps allgemeiner Art zusammengestellt, unter ihnen auch solche, die einem WOMO-Urlauber eigentlich selbstverständlich sein sollten. Weil wir als Wohnmobilist die Natur in ihrer ganzen Schönheit und Vielfalt hautnah erleben dürfen, haben wir auch besondere Pflichten ihr gegenüber, die wir nicht auf andere abwälzen können.

Jährlich erhalten wir zahlreiche Zuschriften, Grüße von Lesern, die mit unseren Reiseführern einen schönen Urlaub verbracht haben und sich herzlich bei uns bedanken. Wir erhalten Hinweise über Veränderungen an den beschriebenen Touren, die von uns bei der Aktualisierung der Reiseführer Berücksichtigung finden.

Aber: Wir erhalten auch Zuschriften über das Verhalten von Wohnmobilurlaubern, die sich egoistisch, rücksichts- und verantwortungslos der Natur und ihren Mitmenschen, nachfolgenden Urlaubern und Einheimischen gegenüber verhalten.

In diesen Briefen geht es um die Themen Müllbeseitigung, Abwasser- und Toilettenentsorgung. Es soll immer noch Wohnmobilfahrer geben, die ihre Campingtoilette nicht benutzen, dafür lieber den nächsten Busch mit Häufchen und Toilettenpapier „schmücken“, die den Abwassertank nicht als Tank benutzen, sondern das Abwasser unter das WOMO trielen lassen, die ihren Müll neben dem Wohnmobil liegenlassen und davondüsen, alles frei nach dem Motto: „Nach mir die Sintflut!“

Liebe Leser!

Wir möchten Sie im Namen der gesamten WOMO-Familie bitten: Helfen Sie aktiv mit, diese Schweinereien zu unterbinden! Jeder Wohnmobilfahrer trägt eine große Verantwortung, und sein Verhalten muss dieser Verantwortung gerecht werden. Bestimmt hat mancher, dem Sie auf Ihrer Tour begegnen und der sich unwürdig verhält, das gleiche Büchlein in der Hand wie Sie. Er weiß zumindest jetzt, worum es geht. Sprechen Sie ihn an und weisen Sie ihn auf sein Fehlverhalten hin. Der nächste freut sich, wenn er den Stellplatz sauber vorfindet, denn auch er hat sich seinen Urlaub verdient!

Vor allem aber: Wir erhöhen damit die Chance, dass uns unsere über alles geliebte Wohnmobil-Freiheit noch lange erhalten bleibt. Helfen Sie mit, den Ruf der Sippe zu retten! Verhindern Sie, dass Einzelne ihn noch weiter in den Schmutz ziehen!

Wir danken Ihnen im Namen aller WOMO-Freunde

Ihr WOMO-Verlag

Der WOMO®-Pfannenknecht

ist die saubere Alternative zum Holzkohlengrill.

* Kein tropfendes Fett,
* Holz statt Holzkohle,
* vielfältige Benutzung –
* vom Kartoffelpuffer bis zur Gemüsepfanne.

Massive Kunstschmiedearbeit, campinggerecht zerlegbar, Qualitäts-Eisenpfanne von Rösle, bequeme Handhabung im Freien, einfachste Reinigung.

Nur 49,90 € – und nur bei WOMO!

Der WOMO®-Aufkleber

* passt mit 45 cm Breite auch auf Ihr Wohnmobil.
* ist das weit sichtbare Symbol für alle WOMO-Freunde.

Nur 2,90 € – und nur bei WOMO!

Der WOMO®-Knackerschreck

* ist die universelle und **sofort sichtbare Einbruchssperre**.
* Wird einfach in die beiden Türarmlehnen eingehängt, zusammengeschoben und abgeschlossen. (tagsüber unter Einbeziehung des Lenkrades, nachts direkt, somit ist Notstart möglich).
* Passend für Ducato, Peugeot, MB Sprinter sowie VW (LT & T4).
* Krallen aus 10 mm starkem (Edel-) Stahl, d. h. nahezu unverwüstlich.

Ab 44,90 € – und nur bei WOMO!

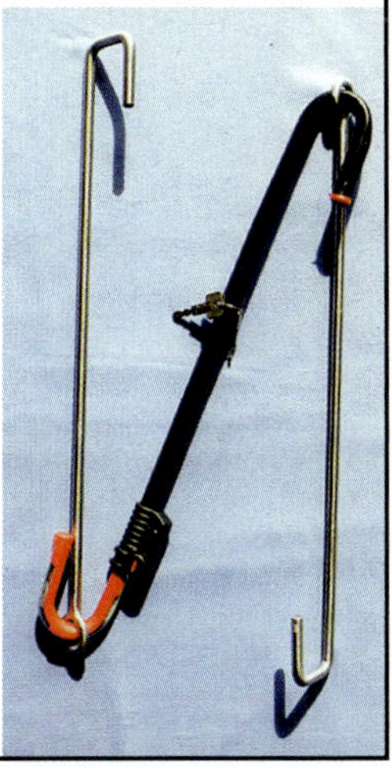

Info-Blatt für das WOMO-Buch: Auvergne '11

(ausgefüllt erhalte ich 10% Info-Honorar auf Buchbestellungen direkt beim Verlag)

Lokalität: Seite: Datum:
(Stellplatz, Campingplatz, Wandertour, Gaststätte, usw.)

unverändert gesperrt/geschlossen folgende Änderungen:

Lokalität: Seite: Datum:
(Stellplatz, Campingplatz, Wandertour, Gaststätte, usw.)

unverändert gesperrt/geschlossen folgende Änderungen:

Lokalität: Seite: Datum:
(Stellplatz, Campingplatz, Wandertour, Gaststätte, usw.)

unverändert gesperrt/geschlossen folgende Änderungen:

Lokalität: Seite: Datum:
(Stellplatz, Campingplatz, Wandertour, Gaststätte, usw.)

unverändert gesperrt/geschlossen folgende Änderungen:

Lokalität: Seite: Datum:
(Stellplatz, Campingplatz, Wandertour, Gaststätte, usw.)

unverändert gesperrt/geschlossen folgende Änderungen:

Lokalität: Seite: Datum:
(Stellplatz, Campingplatz, Wandertour, Gaststätte, usw.)

unverändert gesperrt/geschlossen folgende Änderungen:

Meine Adresse und Tel.-Nummer:

Nur komplett ausgefüllte, zeitnah eingesandte Infoblätter können berücksichtigt werden!

Wir bestellen zur sofortigen Lieferung: (Alle Preise in € [D]. Preisänderungen vorbehalten)

- ❑ Wohnmobil Handbuch .... 19,90 €
- ❑ Wohnmobil Kochbuch .... 12,90 €
- ❑ Multimedia im Wohnmobil .... 9,90 €
- ❑ Heitere WOMO-Geschichten ...... 6,90 €
- ❑ Gordische Lüge – WOMO-Krimi . 9,90 €
- ❑ WOMO-Aufkleber "WOMO-fan" .. 2,90 €
- ❑ WOMO-Pfannenknecht .... 49,90 €
- ❑ WOMO-Knackerschreck .... 44,90 €

Fahrzeugmarke:___________________

WOMO-Reiseführer: Mit dem WOMO ins/durch/nach....

- ❑ Allgäu .... 17,90 €
- ❑ Auvergne .... 17,90 €
- ❑ Baltikum (Est-/Lettland/Litauen) 18,90 €
- ❑ Bayern (Nord-Ost) .... 19,90 €
- ❑ Belgien & Luxemburg .... 17,90 €
- ❑ Bretagne .... 17,90 €
- ❑ Burgund .... 17,90 €
- ❑ Dänemark .... 17,90 €
- ❑ Elsaß .... 18,90 €
- ❑ Finnland .... 18,90 €
- ❑ Franz. Atlantikküste (Nordhälfte) ... 17,90 €
- ❑ Franz. Atlantikküste (Südhälfte) ..... 17,90 €
- ❑ Griechenland .... 19,90 €
- ❑ Hunsrück/Mosel/Eifel .... 19,90 €
- ❑ Irland .... 18,90 €
- ❑ Island .... 17,90 €
- ❑ Korsika .... 17,90 €
- ❑ Kreta .... 14,90 €
- ❑ Kroatien (Dalmatien) .... 17,90 €
- ❑ Languedoc/Roussillon .... 17,90 €
- ❑ Loire-Tal/Paris .... 17,90 €
- ❑ Marokko .... 18,90 €
- ❑ Normandie .... 17,90 €
- ❑ Norwegen (Nord) .... 19,90 €
- ❑ Norwegen (Süd) .... 17,90 €
- ❑ Österreich (Ost) .... 19,90 €
- ❑ Österreich (West) .... 17,90 €
- ❑ Peloponnes .... 17,90 €
- ❑ Pfalz .... 17,90 €
- ❑ Piemont/Ligurien .... 19,90 €
- ❑ Polen (Norden/Masuren) .... 17,90 €
- ❑ Polen (Süden/Schlesien) .... 17,90 €
- ❑ Portugal .... 17,90 €
- ❑ Provence & Côte d'Azur (Osthälfte) . 18,90 €
- ❑ Provence & Côte d'Azur (Westhälfte) 17,90 €
- ❑ Pyrenäen .... 17,90 €
- ❑ Sardinien .... 17,90 €
- ❑ Schottland .... 17,90 €
- ❑ Schwabenländle .... 17,90 €
- ❑ Schwarzwald .... 17,90 €
- ❑ Schweiz (Ost) .... 17,90 €
- ❑ Schweiz (West) .... 17,90 €
- ❑
- ❑ Schweden (Nord) .... 17,90 €
- ❑ Schweden (Süd) .... 17,90 €
- ❑ Sizilien .... 17,90 €
- ❑ Slowenien .... 17,90 €
- ❑ Spanien (Nord/Atlantik) .... 17,90 €
- ❑ Spanien (Ost/Katalonien) .... 17,90 €
- ❑ Spanien (Südost/Murcia) .... 17,90 €
- ❑ Spanien (Süd/Andalusien) .... 17,90 €
- ❑ Süd-Italien (Osthälfte) .... 17,90 €
- ❑ Süd-Italien (Westhälfte) .... 17,90 €
- ❑ Süd-Tirol .... 17,90 €
- ❑ Thüringen .... 19,90 €
- ❑ Toskana & Elba .... 19,90 €
- ❑ Trentino/Gardasee .... 17,90 €
- ❑ Tunesien .... 17,90 €
- ❑ Tschechien .... 18,90 €
- ❑ Türkei (West) .... 18,90 €
- ❑ Umbrien & Marken mit Adria .... 17,90 €
- ❑ Ungarn .... 17,90 €

.... und jährlich werden's mehr!

* WOMO * * WOMO * * WOMO * * WOMO *

Absender:

Datum Unterschrift

Auv'11

WOMO®-VERLAG

Versandabteilung

Wiesenweg 4-6

98634 Mittelsdorf/Rhön

DIE REISE- UND ERLEBNISFÜHRER

* Bequeme Touren durchs ganze Urlaubsland.
* Viele Plätzchen für freie Übernachtungen mit GPS.
* Genaue Hinweise auf viele Trinkwasserstellen.
* Die schönsten Badeplätze, die nicht jeder kennt.
* Bergtouren und Spaziergänge für groß und klein.
* Die besten Anreiserouten, Fähren, usw.
* 300 Tipps und Tricks – für Ausrüstung, Reisevorbereitung und Urlaub.
* Ausgefeilte Profipackliste.
* Spezialkarten mit supergenauen Einträge der freien Stellplätze, Trinkwasserstellen und Entsorgung.

DAS KOCHBUCH

* Einrichtung der WOMO-Küche.
* Lebensmittel-Grundausstattung.
* Konserven selbst gemacht.
* Backen in der Bratpfanne – Kuchen, Pizza, Brote.
* Viele, viele WOMO-Rezepte für zwei Gasflammen – einfach, schnell und lecker!
* Einkochen im Urlaub.
* Spezialrezepte für den Dampftopf.
* Der WOMO-Pfannenknecht.

DAS HANDBUCH

* Beratung bei Kauf und Miete.
* Gas-, Wasser-, Elektroinstallation.
* Einrichten des Wohnmobils.
* Tipps & Tricks fürs Wochenende.
* 3200 freie deutsche Stellplätze.
* 700 deutsche Entsorgungsstationen.
* Urlaubsvorbereitung, Profipackliste.
* .Stellplatz-Infos für ganz Europa.
* Wohnmobil und Wintersport.
* Der WOMO-Urlaubspartner-Service.
* Gastankstellen in ganz Europa.

Unsere Bücher erhalten Sie in jeder Buchhandlung oder auf Rechnung direkt vom Verlag. Hier gibt's auch die aktuellen Infos über unsere ständigen Neuerscheinungen. (Versandkosten 1,20 €, ab 10 € portofrei / Ausland 4 €, Preisänderungen vorbehalten).

24 Std.-Bestell-Telefon: 036946-20691*Fax: 036946-20692
Internet: www.womo.de * eMail: verlag@womo.de**